同济大学“十四五”规划教材

Übersetzungstheorie und -praxis für das Sprachenpaar Deutsch-Chinesisch

德汉译介

理论与实践

王颖频 赵亘 编著

同济大学出版社 · 上海
TONGJI UNIVERSITY PRESS · SHANGHAI

内 容 简 介

本教材以同济大学外国语学院为德语专业研究生开设的专业核心课近十年的教学实践和积累为基础，依托同济大学研究生线上精品课程项目（2021—2022）编写而成。全书分为五章，分别是“导论”“理论部分”“实践部分 1：翻译练习”“实践部分 2：译本分析”“实践部分 3：学期论文”，理论部分各章节后面都列出了主要参考文献，书后还附有时文介绍举例、理论思考题参考答案、第三章拓展作业参考译文以及全书参考文献。

本教材不仅适合德语专业硕士研究生和从事相关翻译教学的老师，也可为其他外语专业的教师和学生、翻译研究者、语言学习爱好者等提供参考。

图书在版编目(CIP)数据

德汉译介理论与实践 / 王颖频，赵亘编著. —上海：同济大学出版社，2023.10

ISBN 978-7-5765-0962-5

Ⅰ. ①德… Ⅱ. ①王… ②赵… Ⅲ. ①德语—翻译—研究 Ⅳ. ①H335.9

中国国家版本馆 CIP 数据核字(2023)第 207125 号

德汉译介理论与实践

Übersetzungstheorie und -praxis für das Sprachenpaar Deutsch-Chinesisch

王颖频　赵　亘　**编著**

责任编辑　戴如月　夏涵容　**责任校对**　徐逢乔　**封面设计**　潘向蓁

出版发行　同济大学出版社　www.tongjipress.com.cn
（地址：上海市四平路 1239 号　邮编：200092　电话：021-65985622）
经　　销　全国各地新华书店
排　　版　南京文脉图文设计制作有限公司
印　　刷　苏州市古得堡数码印刷有限公司
开　　本　787 mm×1092 mm　1/16
印　　张　16.25
字　　数　406 000
版　　次　2023 年 10 月第 1 版
印　　次　2023 年 10 月第 1 次印刷
书　　号　ISBN 978-7-5765-0962-5

定　　价　79.00 元

作者简介

王颖频

同济大学外国语学院德语系教授、留德博士，教育部高等学校外国语言文学类专业教学指导委员会德语专业教学指导分委员会委员(2018—2022)。1999 年上海市高校优秀青年教师，2003 年同济大学首届“师德师风”十佳教师，2007 年全国精品课程(“大学德语”，排名第三)，2008 年上海市浦江人才，2009 年上海市教学成果二等奖(排名第三)，2014 年上海市教学成果一等奖(排名第三)。历年来在国内外发表和出版论著 70 多项，包括中德文专著 3 部、译著两部、教育部国家级规划教材两部、学术论文 30 多篇。主要研究方向：翻译学、外语教学、会话分析、语用学。

赵　亘

1982 年 8 月出生，同济大学外国语学院德语系讲师，博士。同济大学德语专业本科和硕士研究生毕业，复旦大学翻译学方向博士毕业。2007 年任现职以来出版专著 1 部，在国内外发表学术论文数十篇，主持上海市哲学社会科学规划课题 1 项，并多次获得全国德语教学大赛二等奖、三等奖。主要研究方向：翻译学、语言学。

前　言

在当前全球化、数字化时代，国与国之间的交流与交往正在多领域、多方位、多层面、多维度地，且以前所未有的规模和形式开展。人们对担当文化桥梁作用和跨文化交流使者的翻译人员和语言工作者也寄予了更多的期望，希望通过他们更好地表达自己、理解他人。在实现中华民族伟大复兴的新征程上，每一个中国人都肩负着弘扬中华优秀传统文化、传播新时代中国文化的重任，要讲好中国故事，让世界听到中国声音，让世界更好地了解中国、理解中国话语，让中国智慧、中国方案、中国力量为全人类的发展发挥应有的作用。在此背景下，高层次（应用性）翻译人才和语言工作者的培养成为高校外语专业和翻译专业不可推卸的重要责任和神圣使命。

高层次翻译人才与初级译者的区别主要在于，前者的翻译活动是有目的、有意识、有策略的行为，这在很大程度上得益于翻译理论的学习和指导。曾有人认为"翻译没有也不需要理论"，这个观点过于强调译者的被动性，甚至盲目性。理论能对翻译活动提供切实可行的指导和参考，理论素养无疑是译者诸多能力中一个不可或缺的重要组成部分，这一点今天已成为学界的共识。理论学习可以使人们了解翻译过程中哪些因素需要特别加以分析和权衡，哪些方面可以发挥自己作为译者的能动性和创造性；理论学习可以使人们知其然并知其所以然，用所学理论观照、反思自己的翻译实践活动，可以有效提升其翻译决策能力和实际翻译能力，翻译过程将变得有理有据、有章可循，翻译实践也将变得更有目的性、意识性和策略性。

对于德语专业硕士研究生一年级的翻译理论与实践课程来说，一方面要使学生对中西翻译史、重要的翻译理论有一定的了解，进而培养学生翻译研究的兴趣、带领学生了解翻译研究的基本方法，另一方面也希望学生能将学到的理论运用于翻译实践，提升翻译能力，因此该课程所用教材需兼顾理论与实践，既有研究性又有实践性，而目前国内还比较缺乏此类教材。国内已有的德语翻译教材大多适用于德语专业本科高年级阶段，如《德汉翻译教程》（杨寿国，上海外语教育出版社，1985）、《德汉翻译教程》(张崇智,外语教学与研究出版社,2002)、《新德汉翻译教程》(第二版)(王京平/杨帆,上海外语教育出版社,2020);三进教材《汉德翻译教程》(姜锋/綦甲福,外语教学与研究出版社,2022)适用于本科生学习汉德翻译。三进教材《高级汉德翻译教程》(张世胜,外语教学与研究出版社,2022)虽适用于研究生阶段,但仅涉及汉德翻译。《翻译理论与实践——功能翻译学的口笔译教学论》(朱小雪等,北京大学出版社,2010)主要是供教师参考的理论用书,且仅涉及功能翻译理论。值得一提的是《新编德语翻译学教程》(桂乾元,外语教学与研究出版社,2020),该书内容丰富、涵盖面广,既有理论也有实例分析,但总体来说侧重理论,实践较少,且该书体量庞大,很难在一个学期里使学生对翻译和翻译研究相关内容有概括性的了解。德国的翻译教材,如高立希的《Handbuch Didaktik des Übersetzens und Dolmetschens》(Kautz, iudicium, 2000)及诺德的《Textanalyse und Übersetzen》(Nord, Julius Groos, 2009),都主要涉及翻译教学法,适合从事翻译教学的老师们参考,不适合中国高校德语专业的研究生学习。

因此,我们以同济大学外国语学院为德语专业研究生开设的专业核心课"译介学理论与实践(一)"(为期1学期)近十年的教学实践和积累为基础,依托同济大学研究生线上精品课程建设项目(2021—2022)编写了本教材。本课程一方面希望研一学生通过线上理论学习了解中西译学发展的大致脉络及基本的翻译理论,通过线下译本分析学习如何进行基于理论的译本分析和有意义的翻译研究,为学生今后可能从事的翻译研究打下基础;另一方面拟通过具体的翻译练习探讨如何将理论运用于实践,进而提升学生的翻译能力和文化传播能力。目前理论视频已上传至同济大学线上课程平台"同学堂"①,而本教材的编写和出版将更好地促进本课程的多维建设,进一步优化教学效果。

本教材在理论部分进行了精心的选编,使学生能在较短的时间内对中西译论及重要的翻译理论有个概括性了解;并将文化翻译方法、典籍翻译的问题与对策作为专门的切入点加以阐述,以期加强学生的文化传播意识和能力;之后对译本分析方法进行多视角的介绍和举例说明,为学生提供方法论的指导和帮助。本教材的实践部分包括翻译练习、译本分析和学期论文三个板块,拟选择典型实例,进行翻译练习的讲评、学生译本分析和学期论文的成果展示和评析。我们在选择翻译练习时尽可能兼顾不同的文本类型,加深读者针对不同文本类型选择不同翻译策略进行处理的印象,我们还提供不同语篇类型的作业文本供读者拓展练习;在选取译本分析课堂

① 目前仅限同济大学师生观看。

报告 PPT 和学期论文时，我们选择源于同一学生的成果进行评析，以体现两个阶段在内容和思路上的延续性。所谓"授之以鱼不如授之以渔"，这一理念贯穿整个实践部分的编写，希望通过翻译练习、译本分析和学期论文的实例评析，帮助学生逐步学习如何在翻译实践、译本分析及翻译研究过程中发现问题、分析问题、解决问题，进而提升翻译活动和翻译研究的应对能力和实际操作能力，成为高层次翻译（研究）人才。

本教材不仅适合德语专业硕士研究生和从事相关翻译教学的教师，也可为其他外语专业的教师和学生、翻译研究者、语言学习爱好者等提供参考。本教材提倡培养学生的自主学习能力、团队协作能力、反思探究能力、理论思考能力、翻译研究兴趣、文本分析能力、译本分析能力、理论指导下的翻译实践能力和中国话语对外传播能力。这对于新时代的外语人才培养具有重要意义。

本教材由王颖频和赵亘共同编著，王颖频主要负责教材建设整体思路的策划、教材各章节内容框架的确定以及前言，导论，理论部分 2.3.2、2.7、2.8、2.9 的编写，赵亘主要负责理论部分 2.1、2.2、2.3.1、2.4、2.5、2.6 和实践部分的编写，全书由王颖频修改、完善并统稿。教材中的图、表和例子都根据所出现的章节进行统一编号，如图 1-1、表 2-3、例 4-2 分别表示第一章的第 1 幅图、第二章的第 3 个表格、第四章的第 2 个例子。此外，教材理论部分的各个主题后面列出了思考题，供读者带着问题进行学习；理论部分各主题后也相应列出了主要参考文献，供读者自行进一步查阅及深度学习。

本教材的编写和出版得到了 2022 年同济大学研究生教材建设项目的资助，在此表示衷心的感谢！同时也感谢同济大学出版社对本选题的支持，以及编辑戴如月和夏涵容女士认真、负责的工作付出！在此还要特别感谢同济大学外国语学院德语系的硕士研究生（特别是 2020 级、2021 级和 2022 级同学）在"译介学理论与实践"课上的积极参与和互动，感谢你们充满兴趣地投入到一个个小研究中，又把研究结果通过精心制作的 PPT、富有激情的课堂报告和认真撰写的学期论文一步步呈现出来，使师生在共享课堂乐趣的同时互相促进、教学相长，也丰富、促进了本课程！

由于时间较为仓促，编者水平有限，教材中难免有不当之处，敬请读者批评、指正！

编者

王颖频　赵　亘

2023 年 7 月 19 日

目　　录

一、导论

本教材的编写基于同济大学外国语学院为德语专业硕士研究生开设的“译介学理论与实践”这门翻译学课程（以下简称“译介学课程”）近十年的教学实践和积累。2021 年本课程获得同济大学研究生院线上精品课程建设立项，我们在原有的基础上进一步优化教学方案，拓展和深化课程内涵，并将原来线下进行的三大教学板块（翻译理论、翻译练习和译本分析）拓展成为部分线上（理论视频、翻译练习、时文介绍）和部分线下（译本分析）进行的四大教学模块（见表 1-1）。目前本课程线上建设项目已通过学校审核验收，理论视频已上传至同济大学线上课程平台“同学堂”①，并从 2022 年秋季学期开始了线上线下相结合的教学实践。这个优化方案一方面将学生从文献阅读和理论报告中解放出来，使学生有更多的时间和精力思考、消化和运用所学理论，关注翻译实践过程及翻译相关的各要素，促进其自主学习能力和理论反思能力，另一方面也能通过增加的时文介绍板块，帮助学生养成拓展阅读的习惯，与时俱进地关注国际、国内时事，进而提升中国话语的对外传播意识和能力。

现在我们来介绍本课程的线上线下内容板块、教学安排、教学目标和意义。

表 1-1　译介学课程线上线下内容板块

教学形式	教学内容	时间安排	学习数量	学习任务
线上教学	理论视频	第 2～8 周	每周 3～4 讲	观看视频，学习理论，完成思考题
	翻译练习	每 3～4 周 1 次	5 次左右	完成翻译练习，线上提交、评阅
	时文介绍	第 3～16 周	14 次（2～3 人一组）	借助媒体文章学习德语和翻译，完成词汇梳理
线下教学	译本分析	第 1 和 9～17 周	每周 2～3 个报告	分析评价译本，提高反思能力

① 目前仅限同济大学师生观看。

如表 1-1 所示，线上教学分三个部分：(1)理论视频(包括译介理论和译本分析方法)：从第 2 周到第 8 周，请同学们先在同济大学线上课程平台“同学堂”(链接：https://tongxuetang.tongji.edu.cn)观看理论视频，共 24 讲，每讲约 15 分钟，每周完成 3～4 讲的学习内容和相关思考题。(2)翻译练习：每 3～4 周布置一次练习，一个学期 5 次左右，学生单独完成，线上平台进行作业提交和批改。(3)时文介绍：从第 3 周到第 16 周的 14 周里，请同学们 2～3 人为一组，在网上选取值得推荐的德汉对照文本，完成词句梳理，然后每周一组在线上平台或微信课程群进行分享交流。

线下教学除了第 1 周课程导论和教学安排介绍以外，还有从第 9 周到第 17 周的线下译本分析，每周 2～3 个报告，请同学们在前期线上教学和理论学习的基础上，选择合适的视角和切入点，对教师提供或自己找到的相关文本及其译本进行分析和评价，进一步提升其理论水平和反思能力。为了给学生提供与教师面对面交流和答疑解惑的机会，从第 2 到第 8 周的线上教学过程期间，可以灵活机动地适当加快理论学习进度，以便安排 1～2 次线下教学(见表 1-2)，在课堂上进行翻译练习讲评和理论内容答疑互动。

表 1-2　译介学课程的教学进度表(以一个学期 17 个教学周为例)

周次	模块教学内容				教学安排
	翻译理论	时文介绍	翻译练习	译本分析	
1	课程导论、教学安排		1		线下 1
2	1(中国译论)	1			线上 1
3	2(西方译论+译者主体性)	2	2		线上 2
4	3(等值理论+文本类型理论)	3			线上 3
5	练习 1+2 讲评，理论互动	4	3		线下 2
6	4(功能翻译理论)	5			线上 4
7	5(文化翻译+典籍翻译)	6	4		线上 5
8	6(译本分析方法)	7			线上 6
9	练习 3+4 讲评，理论互动	8	5		线下 3
10		9		1(文学文本 1)	线下 4
11		10	6	2(文学文本 2)	线下 5

（续表）

周次	模块教学内容				教学安排
	翻译理论	时文介绍	翻译练习	译本分析	
12		11		3(政治文本 1)	线下 6
13		12		4(政治文本 2)	线下 7
14		13		5(典籍文本 1)	线下 8
15		14		6(典籍文本 2)	线下 9
16		15		7(机动)	线下 10
17	课程评估、回顾与展望、提交学期论文				线下 11

由于时文介绍具有时效性，所以本教材不设立专门的章节进行阐述，仅在导论中对其目的和方法加以说明，并在附录部分展示 1 个实例，供读者参考。时文介绍板块旨在让学生充分利用数字化时代的网络资源，养成拓展阅读的习惯，从媒体文章了解时事、学习相应的德语表达，拓展其德汉词汇量和话语能力，并通过分享达到与时俱进、共同进步的目的。资料来源可以包括《北京周报》、中华网、北京国际广播电台、《今日中国》、人民网等网页及“德语达人”“人民网德语视界”“孔子学院”（德国孔院杂志）等公众号。

北京周报（http://german. beijingreview. com. cn/）

中华网（http://german. china. org. cn/）

北京国际广播电台（http://german. cri. cn/）

今日中国（http://german. chinatoday. com. cn/）

人民网（http://german. people. com. cn/）

“德语达人”公众号（deutchmeister）

“人民网德语视界”公众号（rmwdysj）

“孔子学院（Confucius Institute）”公众号（ciglobal）

每组同学选取特定主题的德语或汉语文章及其译文，任课教师要对选题及文章内容的政治正确性和恰当性进行把关。征得任课教师同意后，学生再根据文章内容分段或分部分进行词汇、词组和句式的整理和归纳，并按规定时间展示和分享所制作的德汉对照文本及相关词句梳理。词句梳理可如表 1-3 所示，该表内容来源于文

章 *Deutscher Professor in Wuhan: „Das Vertrauen in die chinesische Kompetenz lässt uns hierbleiben“*（出处：Beijing Rundschau 21022020 http://german.beijingreview.com.cn/）。在词句整理过程中，既要重视某主题下的词汇运用，也要培养篇章大局观，尽量不要聚焦单个词，而要关注词的搭配和有用句式。

表 1-3　时文介绍词句整理举例

德语	汉语
an einer ganzen Reihe wichtiger nationaler wissenschaftlicher Forschungsprojekte teilnehmen	参与一系列国家科研项目
für … mit dem … Preis ausgezeichnet werden	因为……被授予……奖
gegen eine Ausreise entscheiden	决定不回国
eine 24-Stunden-Hotline für Ausländer einrichten	为外国人设立 24 小时热线
Aufrechterhaltung der Logistik	物流的维持
die weitere Verbreitung des Coronavirus verhindern	阻止新冠病毒的进一步传播
mehr Aufgaben im Haushalt übernehmen	承担更多的家务
nach dem Ausbruch der Epidemie	疫情暴发以后

本课程线上理论视频的教学内容主要介绍译介学理论，概括性地阐述中西译论的发展脉络，以及重要的译介学理论和观点。视频内容共 24 讲，具体内容如下：

1. 课程导论（1 讲）
2. 中国译论（2 讲）
3. 西方译论（3 讲）
4. 译者主体性（2 讲）
5. 等值理论（2 讲）
6. 文本类型理论（2 讲）
7. 功能翻译理论（4 讲）
8. 文化翻译（3 讲）
9. 传播学视角下的典籍外译（2 讲）
10. 译本分析方法（3 讲）

从这些标题可以看出，理论视频的内容主要包括中西译论和翻译理论，也涉及翻译方法和译本分析等方面的方法论。通过线上理论学习，大家可以对翻译理论及译本分析方法有个大概的了解，为后续的线下译本分析打下基础。

那么我们为什么要学习译介学理论呢？

首先,从宏观上来讲,译介学理论的学习是培养各类翻译实践和翻译研究人才的需要。与过去的译者相比,翻译职业化时代中译者的角色和任务有着本质上的不同:过去,从事宗教、典籍、文学名著、社科经典翻译的不少译者是同时代的文化精英,既精于源语文化及作品,又精于目的语文化。而当下,应用性翻译分工更细,缺乏必要的理论指导,单凭经验很难具有针对性。随着科技的发展和大数据时代的到来,人工翻译、计算机辅助翻译和人工智能翻译几分天下;译者变成语言服务工作者,翻译不仅指译本,还是翻译产品,要求快捷、精准、合适的优质翻译服务。梁启超曾说过:“择当译之本,定公译之本,养能译之才。”译本的选择、翻译策略的确定、翻译评价体系的构建、翻译人才的培养、翻译批评的开展,这一系列构成翻译事业的链条环节要共同理性繁荣,都离不开翻译研究的发展,离不开译员理论水平的提高。

第二,从学科角度而言,作为译者有必要对翻译领域近几十年产生的理论发展有所了解,从而深化自己对翻译行为的认识。20世纪翻译研究经历了两次重要的转向,即五六十年代的语言学转向和90年代的文化转向。语言学研究把翻译从经验主义中解放出来,将过去近两千年来一直拘泥于经验范畴进行讨论或争论不休的问题置于科学的层面加以探讨;而文化研究则把翻译从原文中心论中解放出来,以译文为中心,对制约翻译产生与接受的机制进行描述性研究,力图对诸如译者的主观因素、语言转换中的文化移植、影响翻译的文本外因素等语言途径难以深入分析的问题及翻译史上的众多翻译现象提供解释。两次的理论转向从经验到科学、从规定到描述、从语言到文化的翻译研究之路科学地展现了翻译的复杂性,使人们对翻译的理解不断深入。近年提出的“知识翻译学”(杨枫,2021)从一个更高的立意把人们的目光聚焦到“翻译即知识的传播与接受”的问题,被称为翻译研究的知识转向,从这一新视角出发,必将更加科学地揭示翻译活动的本质,进而有力地促进翻译学科和中国翻译学的理论发展,促进中华优秀传统文化和新时代中国话语的对外传译实践。

第三,翻译领域涉及的文化传播现象及其理论可以为我们呈现中外文化交流图景,帮助我们了解各时代文化交流中凸显的重大社会问题。可以说,翻译史辉映了文化交流史,而在特定历史阶段的主流翻译对象是形成该阶段主流译学观念的重要因素。比如:第一阶段,主流翻译对象是宗教文献,这奠定了“原文至上”“忠实于原文”等最基本的译学观念。第二阶段,主流翻译对象是文学名著、社科经典,这深化了译学观,学者们提出了翻译风格、形式与内容的矛盾等问题。第三阶段,文学翻译边缘化,主流翻译对象是实用文献,理论更注重翻译的功效。

第四,本课程的学习有助于同学们讲好中国故事、传播中国话语,使世界更好地了解中国文化、理解中国智慧。当前，随着中国在政治、经济、外交、社会、教育、健康、生态等领域的对外交流日益密切，无论是文化界、经济界、企业界还是翻译学界，都越来越关注中译外问题，重视中国文化、中国方案、中国话语的对外传播和译介，包括经典外译、学术外译、政治语篇外译、经济文本外译等。建立在千百年来以引进、译入外来文化为目的的译入翻译基础上的译学理念已经很难有效指导今天的译出翻译行为和实践，前者甚少考虑翻译行为以外的种种因素，而译出翻译却要重视传播手段、接受环境、译入国的意识形态、诗学观念等。这既是挑战，也是机遇。此外，还要了解目前对外传播大环境下外宣翻译（包括政治话语、内政外交思想、发展理念等）与传统文化传播的区别，要兼具国际视野和中国视角，才能更好地讲好中国故事。

总之，无论是从事翻译实践还是进行翻译研究，都有必要对翻译学的发展和相关理论有一定的了解，才能具备一定的理论知识，用以指导自己的实践，对翻译行为和过程进行有理有据的选择和决策，对翻译结果进行批判性的思考和评价，进而提升我们的翻译理论水平和翻译实践能力。这也是本课程的初衷。

本课程一方面希望使研一学生通过线上理论学习了解中西译学发展的大致脉络及基本的翻译理论，通过线下译本分析学习如何进行基于理论的译本分析和有意义的翻译研究，为今后可能进行的翻译研究打下基础；另一方面拟通过具体的翻译练习探讨如何将理论运用于实践，进而提升学生的翻译能力和文化传播能力。因此本课程兼顾理论与实践，既有研究性，又有实践性。本课程的教学目标可以总结如下：

1. 提升翻译理论水平、理论反思能力和翻译学领域的科研能力

研究生阶段的翻译理论课程力求为大家搭建翻译学领域的理论框架，帮助大家厘清中西译论的发展脉络。希望学生在系统化学习后能提升翻译理论水平，并用理论指导自己的翻译实践和译本分析，同时培养自己的翻译研究兴趣和理论思辨能力，为进行翻译研究打下基础。

2. 提高对语言、文化和知识传播现象与内涵的分析能力

翻译是一种依托语言的文化交流行为和知识传播行为。课程希望学生通过理论学习和译本分析提升文化感知力，在传统语言比较的基础上，进一步融合翻译中的文化和知识传播现象，多方位观察与分析翻译行为、翻译过程和翻译结果，从而对翻译进行更深层次的理解与反思。

3. 提高和优化翻译实践能力

理论学习旨在指导实践行为。本课程采用理论学习、翻译练习与译本分析相

结合的方法，旨在为学生提供优化翻译实践的理论依据。通过理论学习，学生可以不断对自身的翻译体验加以反思，或逐步形成自己的翻译准则，以优秀译本为蓝本，体会其在语言和文化多层次运用中的翻译策略与技巧，加深对各类翻译理论的理解，从而获得初步的理论和实践经验，提升翻译实践能力。

本课程期末以学期论文的方式进行考查，学期论文可以基于学期中的译本分析实践，也可以另找译本进行分析。要求学生根据教学内容，选择一个合适的文本和恰当的视角或切入点做一个小型的翻译研究，并撰写 5 000～6 000 字的学期论文，题目自拟。论文题目和内容要能体现本课程带来的收获和启发，及自己对翻译的有益思考和独特见解，并从德汉翻译视角看问题。实例分析要紧密结合理论，言之有物，并注意学术论文写作规范。

因此，本书作为课程配套教材，主要分为以下几章：

第一章　导论

第二章　理论部分

第三章　实践部分 1：翻译练习

第四章　实践部分 2：译本分析

第五章　实践部分 3：学期论文

为了给大家提供更好的参考，理论部分各章节后面都列出了主要参考文献，本书最后有全部的参考文献，读者可自行阅读、加深理解。在学习过程中，大家还可以进一步检索相关文献，拓展阅读。

思考题

1. 作为德语专业硕士研究生，为什么要学习译介学理论？
2. 本课程四大教学内容板块的教学目的分别是什么？

导论参考文献

谢天振，2012. 新时代语境期待中国翻译研究的新突破[J]. 中国翻译，1.

许钧，2012. 翻译研究之用及其可能的出路[J]. 中国翻译，1.

杨枫，2021. 知识翻译学宣言[J]. 当代外语研究，5.

二、理论部分

本章将先简要梳理中国译论与西方译论的发展史，在此基础上简要阐述等值理论、文本类型理论、功能翻译理论等主要的翻译理论，然后对文化翻译、典籍翻译作进一步深入说明，最后介绍译本分析的方法、步骤，以期为读者呈现基本的译学理论发展框架，并引导读者对具体译本展开理论思考。

2.1 中国译论

翻译在中国可谓源远流长，可以追溯到东汉时期，至今已有两千多年的历史，在不同的历史阶段有着不同的翻译实践重点。从东汉到北宋时期，由于吸纳佛教文化，翻译的对象主要是各类佛教经文；明末清初，传教士带来了西方科学著作，翻译重点从宗教类文本转移至科技文本；清末民初开始，经五四运动至中华人民共和国成立，以西学东传为主，翻译传播西方人文、科学知识和各类西学著作，西学随之不断涌入；中华人民共和国成立以来，翻译实践的重点在于成立初期对马克思主义著作的汉译及苏联先进科学技术文本的俄译汉工作，改革开放时期对国外先进科技知识的汉译，以及全球化时代的当下对于新时代中国文化的对外传译。随着中国的快速发展和崛起，如何讲好中国故事，使中国文化走出去，让世界了解中国，尤其是习近平新时代中国特色社会主义思想、新时代中国话语及中华优秀传统文化的对外传译，成为重要的时代命题，我国的翻译实践重心因此逐渐从外译汉转向汉译外。

从翻译数量与内容聚焦度而言，中国历史上早期的佛经翻译，之后的科技翻译、近现代的西学翻译以及当代的中国文化外译可谓中国翻译史上的四大高潮。针对不同时期的不同翻译实践，学界对翻译中的一些问题也进行了相应的研究和探讨，理论源于实践，基于不同的翻译实践内容，译论也有一定的差异。下面，我们以中国翻译史的四个高潮为线索，梳理各阶段产生的主要译论。

2.1.1 早期佛经翻译论

在东汉至北宋的一千多年里，持续的佛经翻译不仅为中国留下了许多宝贵的佛教典籍，也产生了多位专注于从事翻译工作的僧侣翻译家。他们在翻译佛经的实践过程中，都对翻译有一定的思考，对翻译方法有一定的提炼和总结，为之后的佛经及其他文本翻译提供了理论和实践基础。这里我们选择四位代表性的僧侣翻译家——支谦、道安、鸠摩罗什和玄奘，简要介绍他们的翻译思想。

第一位支谦是三国时期佛经翻译家，他曾经翻译了《大明度无极经》《大阿弥陀经》等 88 部，共计 118 卷佛经。除了独立翻译，支谦还与他人合作翻译，并开始在译文中加入译注。他的翻译思想体现在他撰写的《法句经序》中，这是我国现存最早的翻译理论性文章。支谦在文中提出译文应注重“文”（即文章的遣词造句等外在形式），反对译文尚“质”（即文章的中心内涵等实质内容），反映了我国翻译史上很早就存在“文”“质”两派之分。

第二位佛经翻译家是前秦高僧道安，他撰写了《摩诃钵罗若波罗蜜经钞序》，提出“五失本”和“三不易”。“五失本”是道安根据梵语和古汉语语言特征的差异而提出的翻译思想，“五失本”的意思是翻译佛经在五种情况下会失去本来面目：(1)经文是外语，其语序相对于汉语来说是颠倒的，汉译时要作修改以顺应汉语语序和表达习惯（一者，胡语尽倒，而使从秦，一失本也）；(2)佛经原文风格质朴，而汉人喜欢文采，为迎合广大汉语读者，将译文修饰成有文采的篇章（二者，胡经尚质，秦人好文，传可众心，非文不合，斯二失本也）；(3)佛经原文的论述往往不厌其烦，尤其是颂文部分，更是再三重复，汉译时被删减（三者，胡经委悉，至于叹咏，叮咛反覆，或三或四，不嫌其烦，而今裁斥，三失本也）；(4)经文在长行之后有“义说”部分，类似汉语韵文最后总结的“乱辞”，内容重复，字数达五百至一千，汉译时被删去（四者，胡有义说，正似乱辞，文无以异，或千五百，刈而不存，四失本也）；(5)经文中讲完一件事告一段落，但在陈述下一件事前，要先重复前面的内容才可继续，汉译时删去重复的内容（五者，事已全成，将更傍及，反腾前辞，已乃后说，而悉除此，此五失本也）。也就是说，针对梵语和汉语具有不同的语序和句法结构、不同的语体风格以及梵语经文中的内容重复现象，道安提出翻译时需进行相应的删减和修饰，以顺应汉语表达习惯，迎合汉语读者。而“三不易”指的是佛经翻译具体有三种困难：(1)由于时移世易，翻译佛经时要改古适今，很不容易（圣必因时，时俗有易，而删雅古，以适今时，一不易也）；(2)愚笨和智慧相差甚远，要把圣人的微言大义传达给后世俗众，很不容易（愚智天隔，欲以千岁之上微言，传使合百王之下末俗，二不易也）；(3)释迦牟尼死后，他的大弟子阿难等人出经时尚且反复斟酌，兢兢业业，而今过了近千年，要平凡人以现在的理解来传译佛经原文的意思，谈何容易（阿难出经，去佛未久，今离千年，而以近意量裁，彼阿罗汉乃兢兢若此，此生死人而平平若此，岂将不知法者勇乎？斯三不易也）。

第三位鸠摩罗什是后秦僧人，他翻译了《摩诃般若波罗蜜多心经》《妙法莲华经》《维摩诘经》《阿弥陀经》《金刚经》等 74 部，共计 384 卷佛经。他在中国译论史上最早提出了如何保存原文的文体与风格这一重要观点，对之后的文学翻译产生重大影响。他的翻译倾向于意译，不仅重视传达原著的旨意和文体风格，而且译文流畅洗练。

第四位是众所周知的玄奘。这位唐代高僧于贞观三年（即公元 629 年）西行取经，16 年后回到长安。之后，他组织唐朝的佛经翻译工作，共译出 75 部，计 1 335 卷佛经。除了译入汉语外，他还将《老子》《大乘起信论》等著作译入梵语，传入印度。他在佛经翻译实践中多用直译法，同时运用补充法、省略法、变位法、分合法等翻译技巧，其翻译方式世称“新译”。作为佛经翻译时代最伟大的翻译家，玄奘的翻译思想主要体现在以下三个方面：(1)提出译文应尽量忠实于原文、易于理解、通顺流畅（传经深旨，务从易晓，苟不违本，斯则为善，文过则艳、质甚则野）；(2)提出“五不翻”原则，即神秘语、多义词、中国没有的物名、久已通行的音译及为宣扬佛教需要的场合这五种情况不作翻译，而采用音译处理，如“般若”这个音译显得庄重，而译为“智慧”就显得轻浅；(3)提出译场应不断完善，翻译活动的不同环节有不同的人负责，他主持的译场有 11 种分工，包括译主、证义、证文、度语、笔受、缀文、参译、刊定、润文、梵呗以及监护大使。

这四位代表性僧侣翻译家不仅在中国历史上为我们留下了宝贵的文献，也为后世奠定了理论基石。他们在语言结构、文体风格、翻译技巧与方法等方面的思想在今天仍有借鉴意义。

2.1.2 明末清初科技翻译论

到明代末年，中国的翻译重点发生转移。明末清初（即 17 世纪至 18 世纪中叶万历至乾隆时期）兴起了第二次翻译高潮，这与欧洲传教士来华传教有密切关联。意大利传教士利玛窦（Matteo Ricci）等人采用“学术传教”，以传教为宗旨，同时介绍西方学术，促进了科学文化的发展。这一时期的翻译作品包括宗教著作和天文、数学、机械等自然科学著作，例如《天学圣录》《几何原本》《远西奇器图说录最》等。雍正初期（1724 年），清朝开始放逐传教士，标志着学术著作翻译的终止。本阶段，译论的主要代表人物有徐光启、李之藻、魏象乾。

徐光启是我国历史上将翻译范围从宗教和文学扩大到自然科学领域的第一人。他翻译了西洋历书、几何原本、泰西水法等。尽管他没有留下系统的翻译理论，但其翻译思想散见于译书序言中，包括以下几个方面：(1)翻译的目的是求知、求真理。翻译应裨益民用、裨益当世。(2)翻译时要抓重点，抓急需。徐光启重视西方数学的严密理论和逻辑体系，因而翻译了相关书籍。(3)想要超越前人和外国人，就必须对对方的语言等进行彻底了解，之前须先学会翻译。他提出“欲求超胜，必须会通，会通之前，必须翻译”。翻译是吸取别国长处的先决条件和手段，只有学会翻译，将别国多年积累的科技成果以最快速度为我所用，才能超越前人。

李之藻是明代天文学家、翻译家。他师从传教士利玛窦，学习天文、数学、地理、哲学、逻辑学等，20 岁时作《中国十五省地图》，非常精确，后翻译刻制《万国地图》屏风，翻译《浑盖通宪图说》、西方初等数学《同文算指》、亚里士多德名著《寰有诠》、逻辑学著作《名理探》等，为中西思想学术交流作出了很大贡献。他与徐光启一样没有提出系统的翻译理论，但 1613 年他曾撰写《请译西洋历法等书疏》，论述西方能超出中国的原因，其中分析了翻译科技书籍的必要性。

魏象乾是清朝雍正、乾隆时人，为御用专业翻译，专门从事汉译满工作，其所著《繙清说》是我国最早的内部出版的翻译研究单篇专著，也是我国古代最为精辟的译论文章，全文仅 1 600 字，字字珠玑。他认为正确的翻译应该“了其意、完其辞、顺其气、传其神；不增不减、不颠不倒、不恃取意”，即要了解原文意思，完整表达原文的措辞，保留原文风格，传达原文神韵，既不增译也不删减，既不颠倒原文顺序，也不断章取义。书中他还抨击了当时的乱译之风，较全面地总结了当时的翻译实践经验。在实践中，魏象乾对比了满文和汉语的差别后认为，把汉语译成满文时要进行适当的增减，因为汉语意思含蓄，如不增译，就无法传达原意。

2.1.3 近现代西学翻译论

清朝末年，鸦片战争之后，中国内外交困，为了救国图强，一部分先进知识分子开始向西方寻求真理，他们积极翻译、引进和传播西方自然科学、社会科学和哲学等方面的知识，促进了翻译的发展，在我国近代史上掀起了清末民初西学翻译的高潮。

甲午中日战争前，洋务派代表曾国藩、李鸿章、张之洞发起“中学为体，西学为用”的洋务运动，主要采取了两方面举措：一是输入一些外国工业，造船制炮，镇压革命并抵抗外侮；二是改革教育，培养买办和外事翻译人员，刊译西方自然科学和社会科学的书籍。例如，兴办新式学堂，官派留学生出国，培养了大批学者型翻译家；提倡中外合作译书；在总理各国事务衙门下设立同文馆，这是清代最早培养译员的洋务学堂和从事翻译出版的机构。甲午中日战争后，维新派发动“维新变法”，光绪皇帝根据康有为、梁启超等人的建议，颁布 100 多道变法诏书，其中就包括了创办京师大学堂；设立译书局，翻译外国新书；派遣留学生出国等。

面对内忧外患，洋务派、维新派都意识到翻译救国的重要性，组织翻译了大量书籍，其翻译成果和翻译思想对我国翻译的发展起到了不可磨灭的作用。在洋务派、维新派人士的共同努力下，当时的中国兴起了翻译西方著作、学习西方思想的高潮，译论代表人物有马建忠、严复、梁启超和林纾。

马建忠于光绪二年（1876 年）被派赴法留学，1880 年回国开始办洋务，后转而参与维新变法。1898 年出版《马氏文通》一书，以西方语文的语法作为范本，研究了古汉语的语法规律，创建了一套汉语语法体系，建立了中国的语法学。他在译论方面的贡献主要有：(1)提出“善译”标准，强调译文与原文两种语言应在意思和风格上没有出入，要翻译好，必先透彻了解两种语言的异同，把原文意思融会贯通后，再模仿和遵照原文的风格和语气翻译成文。(2)提议创办“翻译书院”，培养同时精通汉语和洋文的译书之才，提出选拔和培养人才的建议和标准，强调翻译书院必须教、学、译、出书相结合。他的观点至今仍有借鉴意义。

严复是清末著名的资产阶级启蒙思想家、翻译家和教育家。甲午中日战争失败后，他致力于翻译工作，1898 年翻译出版《天演论》，到 1909 年先后译出亚当·斯密的《原富》、孟德斯鸠的《法意》等西方名著，共达 160 多万字，是把西方资本主义经典著作系统介绍到中国的第一人。他吸收和运用我国古代佛经翻译思想精髓，结合自己丰富的翻译实践经验，提出著名的“信、达、雅”三字理论，是我国传统翻译理论的纲领。“信”是指译文要忠实于原文，应如实恰当地把原文翻译出来。“达”是指译文要通顺畅达，符合译入语的语法及用语习惯，字句通顺，没有语病。“雅”是指用“汉以前字法句法”做到文风上“文雅”的翻译。他的译论对中国翻译理论的发展贡献极大。

梁启超在戊戌变法期间提倡翻译日本书籍。变法失败后他流亡日本，以日译西书为桥梁，翻译介绍西方的政治、思想、文化等，进行思想启蒙活动。他对我国佛经翻译有过系统研究，编写了《佛教之初输入》《中国佛教史》等，对研究和总结我国的佛经翻译起到了承上启下的作用，推动了我国翻译史的研究。他的译论收录于 1897 年发表的《变法通议》中的第七章“论译书”。他认为：(1)译书有两个弊端：一是因遵循汉语习惯而丧失英文原意，二是因遵循英语习惯而使汉语译文晦涩难懂（译书有二蔽：一曰循华文而失西义；二曰循西文而梗华读）；(2)鸠摩罗什、玄奘等人都精通汉语和梵文，翻译时了解原文的意思，不需要别人润饰，只要记下来直接翻译成汉语，这是最好的翻译方法；(3)翻译的书籍应让读者彻底明白原文意思，若丧失原文的意思，只部分保留原文，对原文内容进行增减，或颠倒顺序，这是错误和有害的(凡译书者，将使人深知其意，苟其意麋失，虽取其文而删增之，颠倒之，未为害也)；(4)译者必须与作者的学识专业差不多，才能翻译出理想的作品来；(5)提倡制定中西名目表，规范人名地名、官制、名物、度量衡、纪年的译法。

林纾是与严复并列的翻译大师。他虽不懂外语，却与朋友合作翻译了40多部世界名著，并在译文中大量使用白话和许多外来语，为五四运动的开展起到了启蒙作用，林纾也因此被公认为我国近代文学翻译的开山祖师和翻译界泰斗。其翻译思想主要有以下几点：(1)翻译不是容易的事，译书要谨慎。(2)译文要忠实于原著。但由于他自己并不懂外语，在具体翻译中常删改原作，有时甚至使原作面目全非。(3)译名应统一。他提议由政府设局，制新名词，择其醇雅可与外国名词相通者，加以界说，以惠学者。

五四运动促进了现代新文学运动的开展，至新中国成立之前，一大批文人试图通过翻译西方社会科学和文学书籍来传播民主思想，这推动了中国翻译的迅速发展。这一时期的翻译家们就翻译的动机与态度、翻译材料的选择标准、翻译的程序、翻译的可能性、文学翻译方法、重译、对直译和歪译的看法等问题进行了深入探讨。该时期的译论代表人物主要包括胡适、林语堂、鲁迅等。

胡适是我国现代著名历史学家、文学家。他提倡大量翻译西洋文学作品，且用白话来翻译，是新文化运动的领袖之一。从1919年起，他陆续翻译了都德、莫泊桑、契诃夫等人的短篇小说，以及易卜生的《娜拉》等。其主要翻译思想如下：(1)提出翻译西洋文学名著的两种方法，一是只译名家著作，不译二流以下的著作；二是全用白话。(2)认为文学作品主要功能是娱乐、教育与宣传，因此主张翻译外国文学应使它化成明白流畅的本国文字。(3)译者有“三重责任”：一要向原作者负责，求不失原，即原文是一篇好文章，译出来也必须是一篇好文章；二要对读者负责，求他们读懂；三要对自己负责，求不自欺欺人。(4)认为严复“信、达、雅”三原则中的“信”不是字字照译，那样译出来的文章不一定好。为了让读者看懂，重新组织句子，有时甚至整段删掉是可以的。宁愿译75%的原文让读者看懂，也不译100%让其看不懂。

林语堂是我国当代著名文学家和语言学家，长期寓居美国从事英文著译工作。最系统、最有名的翻译论著是《论翻译》(1933年)。其主要翻译思想是：(1)翻译是门艺术，无捷径可走，主要依赖译者对原文文字及内容的透彻了解，译者应有相当的国文程度，及译事上的训练。(2)翻译标准有三方面：即忠实、通顺、美。

鲁迅提出了一系列有关翻译的论述，在翻译界影响很大。首先，他极力反对当时在翻译中只求译文通顺而宁可错译的主张，主张“宁信而不顺”“以信为主，以顺为辅”，将忠实于原文放到首要位置。其次，他认为翻译方法应“直译为主，意译为辅”，直译并非死译，或逐字翻译，而是既保存原作思想内容，又通过竭力保留原作外貌来保存原作的精神姿致。再次，针对当时翻译界“翻开第一行就译”的现象，他强调“复译”和正确的翻译批评的必要性。

2.1.4 中国当代译论

中华人民共和国成立以来，翻译事业得到空前发展，翻译理论建设得到很大促进。

中华人民共和国成立初期，国际形势导致以俄语翻译为主流，基本采取集体翻译，译入了大量俄语著作（包括马克思、恩格斯、列宁、斯大林等人的著作），形成了相当宏大的翻译队伍，此为中华人民共和国成立后第一次翻译高潮。70 年代后期，随着改革开放的深入，迎来了第二次翻译高潮。中国翻译界出现百家争鸣、百花齐放的局面。这一阶段的代表人物和观点有很多，如董秋斯 1951 年提出“翻译是一门科学”的观点，是我国翻译界提出该主张的第一人；还有傅雷、钱钟书、茅盾、郭沫若、朱光潜、许渊冲等。

傅雷的“神似说”为中国翻译文艺美学流派的形成奠定了基础。“神似说”包括三点：(1)理解和领悟原作，透彻了解原作的精神和细节；(2)把所了解和体会到的意思在译入语中忠实而生动地表达出来；(3)既要传达原作的内容，又要做到与原文气息贯通，保持原作的风格。

钱钟书是当代中国最博学的大学者之一，留下不少传世之作，他对我国翻译理论建设的最大贡献体现在《林纾的翻译》一文中提出的“化境说”。他认为文学翻译的最高理想可以说是“化”，把作品从一国文字转换成另一国文字，既能不因语文习惯的差异而露出生硬牵强的痕迹，又能完全保存原作的风味，就算得入于“化境”。有人将这种造诣的翻译比作“投胎转世”，躯体换了一个，但精魄依然故我。

许渊冲是 20 世纪将中国古典诗词译成英、法韵文的唯一专家，在国内外出版了中、英、法文的文学作品 50 余部，包括中文专著《文学翻译六十年》、英文专著《中诗英韵探胜》、法文专著《中国古诗词三百首》等，还翻译了《诗经》《楚辞》《李白诗选》《西厢记》《红与黑》《包法利夫人》等名著。其代表性译论是“美化之艺术”五字经，即“三美、三化、三之”。“三美”是文学翻译的本体论，指“意美、音美、形美”；“三化”是方法论，指“等化、浅化、深化”；“三之”是目的论，指“知之、好之、乐之”。

21世纪以来，国际形势风云变幻，中国在政治、经济、外交、社会、教育、科技、生态、健康等各个领域取得快速发展，而随着中国的崛起和国际地位的提升，向世界传播中国文化，发出中国声音，讲好中国故事，让中国文化走出去，让更多人了解中国与中国道路，使中国智慧和中国方案更好地为全世界和人类命运共同体的和谐发展作出贡献，成为新时代中华儿女的神圣使命。因此翻译实践除了传统的外译汉，更多还聚焦于汉语文本和中国话语的外译，其中就包括《习近平谈治国理政》、历年政府工作报告等各级各类政治文本的外译、中华学术外译、中华优秀传统文化的对外传译等。与此同时，西方流派纷呈的译学理论也大量译介到中国，中国不断借鉴和吸收西方翻译界系统化的当代翻译理论，产生了丰硕的研究成果。有很多学者专门从事着翻译研究和翻译理论研究，代表人物有谢天振、刘宓庆、许钧、方梦之、黄有义、穆雷等。

谢天振主要著有《译介学》《比较文学与翻译研究》《隐身与现身：从传统译论到现代译论》等，他是中国比较文学译介学创始人、中国当代翻译学最重要的奠基人之一，是中国第一个从理论上论证翻译文学归属问题的学者，也是中国最早论述翻译研究文化转向的学者。谢天振专门指出，在传统译论向现代译论的转变过程中，译者从隐身变为现身，充分彰显了译者在翻译过程中的主体性。他的译论在后文还将提到。

刘宓庆提出，中国翻译理论体系是一个三足鼎立的体系，是由翻译语言学、翻译美学和翻译文化学形成的一个结构体。翻译语言学的最高层次就是翻译语言哲学，从哲学高度审视翻译中的重大语言问题，以及中国翻译理论研究需要重视的方法策略问题，如"本位与外位""功能代偿""翻译的美学观"等。刘宓庆的主要理论观点收录在其多次再版的《翻译与语言哲学》一书中。

许钧在翻译研究文化转向的背景下，基于巴斯奈特(Bassnet)和勒菲弗尔(Lefevere)等人的观点，提出了翻译文化观，即关于翻译与文化之间内在关系的认知和看法。他认为，文化差异是翻译研究的立足点和出发点，不仅要重视翻译内部研究，也要关注翻译外部研究。翻译研究应当在语言转换分析的基础上，着力考察翻译对于文化(尤其是译入语文化)的意义和影响、翻译在文化史上的作用以及文化对于翻译的制约，因为翻译活动最根本的属性是一种语言转换实践活动、一种符号转换活动。许钧的翻译文化观从宏观层面阐明了翻译在推动文化多样性中发挥的作用，从微观层面分析不同形式的翻译选择背后所蕴含的社会文化因素。

方梦之对霍姆斯(Holmes)的译学图谱进行了修正，提出了应用翻译研究的新定位。在其译学体系中，翻译研究分为理论研究和应用研究两部分，理论研究又分为一般研究、描写研究和专门研究，既明确了描写研究是理论研究的一种，也区分了“将翻译理论应用于相关实践”和“对应用翻译进行理论研究”，赋予了应用翻译研究以理论探索之责。他将“应用翻译”作为一个次级学科的元概念，概括出应用问题的信息性、劝导性、匿名性、时效性等共性特征，并辨明了应用翻译的目的性原则、理论原则和实践原则，为开展应用翻译实践提供了价值判断的标准。

黄友义是常年从事党政文献及外宣翻译的专家，曾任中国外文局副局长兼总编辑，他带领团队翻译《习近平谈治国理政》（第一至三卷）。针对外宣翻译，黄友义提出“三贴近原则”，即贴近中国发展的实际、贴近国外受众对中国的需求、贴近国外受众的思维习惯。由于对外宣传的需求变化很大，不断有新的受众需要了解中国传统文化，另外对历史文献和传统文化的解释也在变化，他认为一方面对传统文化的翻译要一直进行下去，另一方面还要翻译“今天的中国”，要第一时间把中国声音传播出去，把中国故事讲好。

穆雷的翻译研究成果涵盖了普通翻译、应用翻译和翻译史研究三个方面，具体涉及翻译本体、翻译学科建设、翻译研究方法论等。她认为，翻译教学离不开翻译理论，根据国际和国内翻译教学现状，提出构建与国际翻译教学体制接轨的翻译教学体系。此外，在《翻译研究方法概论》一书中，她分析了翻译学研究的各个环节步骤，提出要将史学研究方法应用到翻译史的研究中去。针对译者，她提出了译者性别身份流动性的概念。

至此，我们简要梳理了中国历史长河中主要的翻译阶段和译论代表人物。总体来看，译论伴随着翻译对象的改变而同步发展，也有围绕翻译活动核心本质的探讨，不同时期呈现不同的译论视角，体现了汉语言文化专属的翻译思想。近年提出的“知识翻译学”（杨枫，2021）从一个更高的立意和更新的视角把人们的目光聚焦到“翻译是跨语言的知识加工、重构和再传播的文化行为和社会实践”，简单而言就是翻译即知识的传播与接受。知识翻译学自提出以来，就迅速得到学界的广泛关注，被称为翻译研究的知识转向，从这一新突破出发，必将更加科学地揭示翻译活动的本质，进而有力地促进翻译学科和中国翻译学的理论发展，促进中华优秀传统文化和新时代中国话语的对外传译实践。

思考题

1. 中国译论经历了哪些发展阶段？
2. 中国各阶段译论对我们的翻译工作有哪些启发和现实意义？

中国译论参考文献

陈小慰,2006. 新编实用翻译教程[M]. 北京:经济科学出版社.

贺学耘,陈水平,石红梅,等,2010. 翻译理论综合案例教学:中西方译学理论选介[M]. 北京:中国人民大学出版社.

胡开宝,2021. 对话与多元——试析许钧翻译文化观点的特征、内涵与意义[J]. 中国翻译,6:68-73+192.

金鑫,2019. 穆雷翻译研究综述[J]. 开封教育学院学报,6:40-41.

蓝红军,2020. 应用翻译理论体系建构的方法论原则——方梦之译学思想的启示[J]. 上海翻译,6:12-16+95.

刘军平,覃江华,2012. 西方翻译理论名著选读[M]. 武昌:武汉大学出版社.

秦慈枫,陶李春,2022. 做优时政话语翻译,全力讲好中国故事——黄友义先生访谈录[J]. 外语教学理论与实践,4:22-29.

许钧,穆雷,2009. 中国翻译研究(1949—2009)[M]. 上海:上海外语教育出版社.

杨枫,2021. 知识翻译学宣言[J]. 当代外语研究,5.

张柏然,刘华文,张思洁,2008. 中国译学:传承与创新[M]. 上海:上海外语教育出版社.

张举栋,2019. 刘宓庆的翻译语言哲学之路:历程与展望[A]//谭渊. 外语教育. 武汉:华中科技大学出版社:211-220.

2.2 西方译论

西方翻译活动最早可以追溯到公元前 3 世纪,距今也已有 2 000 多年的历史。西方翻译活动和译论的发展大致可分为三个阶段。第一,古代阶段,从公元前 3 世纪中叶至公元 16 世纪。第二,近代阶段,从公元 17 世纪至 19 世纪末。第三,现、当代阶段,从 20 世纪初至今。

2.2.1 古代西方译论

西方翻译史发展的第一阶段,即公元前 3 世纪至公元 16 世纪,这一漫长的历史时期中经历了四次翻译高潮。

第一次高潮始于公元前 3 世纪中叶,延续近 1 000 年。突出的成果是,安德罗尼柯(Andronicus)等罗马文学三大鼻祖用拉丁语翻译了希腊荷马史诗《奥德赛》及希腊戏剧,把古希腊文学介绍到罗马,促进了罗马文学的诞生和发展。拉丁语版本的《奥德赛》是西方翻译史上的第一部译作。第二次高潮产生于罗马帝国后期至中世纪初期，从公元5世纪至11世纪，这一时期的主要翻译成果是《圣经》等宗教文本。第三次高潮为公元11至12世纪，翻译的主要对象为希腊典籍文本。公元14至16世纪，是西方古代翻译史上的第四次高潮，这一时期，欧洲正值文艺复兴运动，在这场思想和文学的革新运动中，翻译活动深入思想、政治、哲学、文学、宗教等各个领域，产生了一大批杰出的翻译家和翻译作品。空前高涨的翻译活动也促进了译论的发展，许多翻译理论家同时也是翻译家、文学家、哲学家、艺术家，翻译研究呈现出明显的实践性和跨学科特征。

古代西方译论的代表人物包括西塞罗、贺拉斯、奥古斯丁、哲罗姆和路德。

西塞罗(Cicero)是古罗马共和国政治家、哲学家、著名演说家、散文家、律师和拉丁语大师，西方翻译史上最早的翻译理论家，翻译过许多古希腊名著。西塞罗的译论源于其翻译实践，主要集中在《论最优秀的演说家》和《论善与恶之定义》这两本书中。他提出翻译的两种基本方法："解释者"式翻译和"演说家"式翻译，前者是词语对应即直译，后者是具有译者创作性质的意译或活译。西塞罗支持后者，极力反对逐词对译的死译而主张活译，在忠实于源语的前提下译文应尽可能符合译入语的规范。他说，"我不是作为解释者，而是作为演说家进行翻译的""我所保存的是语言的整体风格和感染力"。

第二位贺拉斯(Horatius)是古罗马著名政治家、文艺批评家、翻译家，他的主要翻译论著是《诗简》中的《诗艺》。他主张"意义对应意义"，认为应该用灵活的方式进行翻译，跟在原文后面亦步亦趋地模仿原文的语言，只会作茧自缚。他比西塞罗更加明确地表达了反对逐词对译和墨守成规的观点。

第三位奥古斯丁(Augusinus)学识渊博，其著作分为神学、释经、伦理证道、哲学和自传五类，其中《论基督教育》是一本从神学角度论述语言学的书，是古代西方语言学和翻译理论的重要文献。奥古斯丁的翻译思想可总结为四个方面：(1)译者必须具有三个条件：通晓两种语言、熟悉所译题材、具有一定的校勘能力。(2)根据译本读者的要求，选用不同的风格。(3)翻译应注重词的形式和结构的传译。奥古斯丁的翻译观更趋向于直译。(4)《圣经》翻译必须依靠上帝的感召。

第四位哲罗姆(Jerome)是早期西方基督教会四大权威神学家之一，也是出色的翻译家和翻译理论家。他最著名的译著是由他主译的拉丁文《圣经》，即《通俗拉丁文本圣经》，该译本成为罗马天主教唯一承认的文本，在某种程度上甚至取代了希伯来语和希腊语文本，成为后世欧洲各国许多译者的原本。在西方古代翻译家中，哲罗姆的翻译方法最为系统和严谨，并提出了切实可行的翻译原则。他的译论主要有三个观点：(1)翻译不能始终字当句对，而必须采取灵活原则。各种语言在多方面有很大差异，“翻译应该是译意而不是译词”。译者可以掺入自己的性格色调，使译作像原作一样优美。(2)宗教翻译应有别于文学翻译。后者可用译入语读者容易理解的风格来传递原文风格，前者则应采用直译，原文的句法结构不得有半点改动，否则就会损害《圣经》的深刻含义。(3)正确的翻译必须依靠正确的理解。这一观点主要针对奥古斯丁的“上帝的感召”论点。

第五位路德(Luther)是德国神学家、辩论家、社会学家、翻译家和宗教改革的领袖，路德的宗教改革实践从《圣经》翻译开始。他先后将希腊语版的《新约》和希伯来语版的《旧约》译成德语，分别于1522年和1534年出版。路德的翻译原则是通俗、明了，能为大众接受，所以是第一部大众《圣经》。其翻译所用的语言被誉为德语的典范，对宗教改革、德语的统一、德国文学和语言的发展具有重大意义。路德在译论方面作出了巨大贡献，其主要观点有：(1)主张用大众语言进行翻译。(2)主张翻译应使用意译方法，同时他强调翻译时要将原文的语言现象放在首位，要对原文措辞进行细致研究才可能得到正确的译文。(3)主张翻译七原则，即可改变原文的语序；可合理运用语气助词；可增补必要的连词；可略去没有对等形式译文的原文词语；可用词组翻译单个的词；可把比喻译成非比喻，把非比喻译成比喻；注意文字上的变异形式和解释的准确性。(4)翻译必须集思广益。

上述西方译论的鼻祖和奠基人开拓了西方译论发展的两条泾渭分明的脉络，即文艺学派和语言学派，从此开始了西方翻译史上愈演愈烈的流派之争。

2.2.2 近代西方译论

17世纪以后至19世纪末是西方翻译史上的第二个重要发展时期。这一时期的代表性成果是17世纪英国翻译出版的钦定本《圣经》，它与古希腊《七十子希腊文本圣经》、古罗马安德罗尼柯的《奥德赛》和哲罗姆的《通俗拉丁文本圣经》并称翻译史上四大杰作。钦定本《圣经》首先是集体翻译的成果；其次，它的翻译过程中使用了大量参考书，汲取不同版本的优点和当时的《圣经》研究成果，其学术性和忠实性大超以往英译本；同时，钦定本《圣经》遵循严格的翻译原则，排除个人偏见和随意增删现象；译本中93％的词汇来自英语本族语，对英国宗教、文化和英语语言文学产生极大影响。

这一时期，欧洲进入启蒙运动时期，西方各国出版了许多文学译著，涌现了大量优秀翻译家和翻译理论家。他们开始提出更全面、更系统、具有普遍意义的理论模式，促进了多层次、多视角的翻译研究，开辟了崭新的、逐渐科学化的途径。该时期主要的翻译家和翻译理论家有德莱顿、泰特勒、阿诺德、巴托、歌德、施莱尔马赫、洪堡等。

德莱顿(Dryden)是英国著名诗人、剧作家、文学评论家、翻译家和翻译理论家。德莱顿翻译了大量文学作品，其译文流畅、地道、优美，能够再现不同作家的写作风格。他的译论主要收录在1900年出版的《德莱顿文集》和《奥维德诗简》的序言中。德莱顿的翻译理论自成体系，较为全面。首先，他提出翻译是一门艺术。他是第一个明确提出翻译是艺术并加以阐述的人。德莱顿认为译者必须具有艺术家的气质，具有敏锐的艺术鉴赏力和丰富的表现力，才能把握和再现原作的艺术特征。其次，德莱顿强调原作者才是主人，译者只是在别人庄园里劳动的奴隶，必须受到原作者意思的制约，没有改动的特权。另外，在西方翻译史上，德莱顿第一次提出了翻译的三种类型，一是逐词译(metaphrase)，即所谓的戴着脚镣在绳索上跳舞；二是拟译(imitation)，即逐词译的另一极端形式，不是翻译而是创作；三是释译(paraphrase)，即在翻译时表达了原文的思想或意义而又不被词所羁绊。他的三分法突破了传统二分法的局限，具有重要的启示意义。

第二位泰特勒(Tytler)是英国爱丁堡大学历史学教授。他最为翻译界所熟知的作品是《论翻译的原则》，其中提出了"好的翻译"的定义，第一个明确提出了同等效果原则。此外，他还提出了翻译三原则：(1)翻译应将原文思想内容完整再现出来。完善的翻译方法介乎两个极端之间，一是仅顾及原作的意思和精神，不问表现方式；另一个是刻板拘泥于原作句子的安排、次序和构造。他认为，原文含糊的地方，译者可加以纠正，原文以暗含方式表达的东西，译文可用明确的方式表达。(2)译文的风格和笔调应与原文的性质相同。好的译者应能立即发现作者文体风格的真正性质，包括庄严、典雅、平易、活泼、华丽或是朴素。(3)译文应做到和原作同样流畅。

第三位阿诺德(Arnold)是英国诗人、文学评论家、教育家和翻译家。其译论主要集中在由《荷马史诗》译本所触发的与另一翻译理论家纽曼(Newman)的争论中，如《论翻译荷马史诗》《再论翻译荷马史诗：答弗朗西斯·纽曼》等，论及纽曼翻译的《伊利亚特》、荷马史诗的其他译本，以及很多翻译问题。阿诺德的主要译论观点是：(1)翻译荷马必须首先弄清荷马的文风特点，比如笔触轻快、风格简朴、语言简练、思想自然、风格崇高等。(2)要保留荷马语言的基本特征，必要时需要牺牲字面上对原作的忠实。(3)译诗必须具有诗人的洞察力。译诗必须译得像诗。阿诺德认为，纽曼受限于对荷马的语言学分析，因而没有注意到荷马作品体现"诗"的体裁。(4)译作必须具有与原作相同的感染力，而检验译作感染力的应当是学者而非读者。针对阿诺德的观点，纽曼进行了反驳，他认为：(1)荷马是古人，翻译时必须再现他所使用的古人的语言；(2)衡量译作的主要标准应当是一般读者而不是学者的反应；(3)原作越杰出，译作则越不可能与之比肩，因此，衡量译者的尺度应是“谁是缺点最少的译者”。

第四位巴托(Batteux)是法国艺术哲学奠基人、文艺理论家、哲学教授，是18世纪欧洲最有影响力的文学理论和翻译理论家之一，他的《论文学原则》是翻译领域的一部重要著作。巴托在书中从一般语言技巧的角度探讨翻译原则，观点新颖，其重形式而轻内容的理论虽有偏颇之处，但他的语法原则对欧洲的翻译界产生了一定的影响。书中，巴托着重论述了翻译中语序的处理问题，并提出十一条原则，概括而言是：翻译是用一种语言表达另一种语言的事物、思想、用词和风格的过程；在翻译过程中，译者不得对原文做任何增减，不得改变原作意思；思想上，译文要保持原作色彩、程度和细微差别；风格上，译文要保持原文的激情、风趣和生气；用词上，译文要自然、形象、富有说服力；原作者是思想、用词的绝对主人。巴托不仅提出了理论，还将理论付诸实践，比如他在所译的亚里士多德的《诗学》一书中，始终保留原语序，句子长短也与原文接近，做到了形式对等。

第五位是德国诗人、剧作家、小说家和评论家歌德(Goethe)。歌德的作品有很多至今耳熟能详，包括《少年维特的烦恼》《威廉·麦斯特的学习时代》《诗与真》《威廉·麦斯特的漫游时代》《浮士德》。歌德认识到翻译对于文化交流的重要性，自己也很重视翻译实践，其上乘的译作有口皆碑。他的译作有切里尼的《自传》、狄德罗的《拉摩的侄儿》和卡尔德隆的戏剧作品等。他的译论几乎体现在他的全部著作中，主要见于《诗与真》《西东合集》《致卡莱尔书简》等。他提出翻译可以分为文化传播式翻译(informative translation)、改编式或模仿式翻译(adaptation/parodish translation)和逐行对照式翻译(interlinear translation)，此翻译三分法是歌德译论思想的集中体现。下面，我们以《浮士德》中同一个片段的三个译本为例来展示这三种翻译类型。该片段取自“献词”(Zueneigung)，类似于作品的序言，表达了歌德对逝去岁月的怀念，也打上了他的感情和文学烙印。歌德在献词中使用了朗朗上口的八行诗形式，这种源于意大利的诗节形式被认为很有诗意，其音韵显得颇为庄重，在传入德国后常被用于庄严的叙事场合，表达严肃的内涵和思想，歌德通常用这种体裁书写反思及追忆的主题。德国的八行诗一般具有abababcc(即六交韵＋两对韵)的押韵形式，这在本片段原文中体现得比较明显。

表 2-1 《浮士德》片段绿原译文

德语原文	绿原译文
Ihr náht euch wiéder, schwánkendé Gestálten. Die frúh sich einst dem trúben Blíck gezeigt. Versúch' ich wóhl, euch diésmal féstzuhálten? Fúhl' ich meín Hérz noch jénem Wáhn geneígt? Ihr drängt euch zu! nun gut, so mögt ihr walten. Wie ihr aus Dunst und Nebel um mich steigt; Mein Busen fühlt sich jugendlich erschüttert Vom Zauberhauch, der euren Zug umwittert.	你们又临近了,游移不定的身影, 想当初一度呈现于矇眬的目光。 敢情这次我试着要把你们握紧? 难道我的心仍然倾向那个痴想? 你们拥上前来！来吧,随你们高兴, 尽可从烟雾之中围着我袅袅飘飏; 环绕你们的行列荡漾着一股灵气, 它使我的心胸感受到青春的战栗。

表 2-1 展示的是绿原(1994)的译文。绿原是诗人,但在翻译本片段时,尤其在原文一些韵律明显的诗体和抒情之处,采用了散文体表达方法,这符合绿原的译诗思想,他认为以汉语复现德语原文的风采几乎是徒劳的。所以他放弃了复现原文诗歌形式的译法,转而运用比较自由、平实的散文体,希望用这种方法传达出原作的思想和内容。虽然译文中也可以看到绿原押了一些韵,但基本没有什么规律。总体而言,这种译法属于文化传播式翻译,旨在帮助读者了解原作的内容和外来文化,并不十分关注形式。

表 2-2 《浮士德》片段郭沫若译文

德语原文	郭沫若译文
Ihr náht euch wiéder, schwánkendé Gestálten. Die frúh sich einst dem trúben Blíck gezeigt. Versúch' ich wóhl, euch diésmal féstzuhálten? Fúhl' ich meín Hérz noch jénem Wáhn geneígt? Ihr drängt euch zu! nun gut, so mögt ihr walten. Wie ihr aus Dunst und Nebel um mich steigt; Mein Busen fühlt sich jugendlich erschüttert Vom Zauberhauch, der euren Zug umwittert.	浮沉着的幻影啊,你们又来亲近, 曾经显现在我蒙眬眼中的幻影。 在这回,我敢不是要将你们把定? 我的心情还倾向在那样的梦境? 你们逼迫着我的胸心呀,你们请! 尽可升出云雾里在我周围飞腾; 我的心旌感觉着青春般地摇震, 环绕你们的灵风摇震我的心旌。

表 2-2 所示的是郭沫若(1928)译文。他的译文韵尾一致、押韵整齐,符合中国读者所喜闻乐见的汉语诗歌形式,可见他在翻译的时候是在把握原文意义与情景的基础上,摆脱原文用目的语重新进行组织和表达,将原文的形式和内容糅到了中国的诗歌风格中。相较于翻译,郭沫若的译文更近似于创作。这种译法属于改编式或模仿式翻译。

表 2-3 《浮士德》片段钱春绮译文

德语原文	钱春绮译文
Ihr náht euch wiéder, schwánkendé Gestálten. Die frǘh sich einst dem trǘben Blíck gezeigt. Versúch' ich wóhl, euch diésmal féstzuhálten? Fǘhl' ich meín Hérz noch jénem Wáhn geneígt? Ihr drängt euch zu! nun gut, so mögt ihr walten. Wie ihr aus Dunst und Nebel um mich steigt; Mein Busen fühlt sich jugendlich erschüttert Vom Zauberhauch, der euren Zug umwittert.	你们又走近了,缥缈无定的姿影, 当初曾在我蒙眬的眼前浮现。 这次我可要试图把你们抓紧? 我的心似乎还把那幻想怀念? 你们过来吧!很好,随你们高兴, 你们已从云雾中飘到我身边; 在你们四周荡漾的魅惑的气息, 使我胸中震撼着青春的活力。

表 2-3 展示的是钱春绮(1982)译文。他采用逐句直译,尝试在保持原意的前提下,尽可能再现原文的形式,因此模仿了原文六交韵加两对韵的韵式,他的译文在内容和形式上都趋近原文,这对于德汉这两种差异较大的语言来说实属不易。这种译法属于逐行对照式翻译,虽逐句直译,但又非一一对应的"死译",而是兼顾了形式与内容。这是歌德最为推崇的译法,他认为逐行对照式翻译是层次最高的翻译,能产生完美的译文。

第六位代表是德国神学家、古典语言学家施莱尔马赫(Schleiermacher),他于 1813 年发表论文《论翻译的方法》,对德国翻译理论界产生重大影响。其主要观点如下:(1)翻译分笔译和口译。施莱尔马赫是第一个把口笔译明确区分并加以阐述的人。他认为口译者主要从事商业翻译,笔译者则主要从事科学艺术翻译。(2)翻译分为真正的翻译和机械的翻译。前者指文学和自然科学作品的翻译,后者指实用性翻译,翻译对象大多是有形可见或精确定义的内容。(3)翻译必须正确理解语言思维的辩证关系,指说话人和语言之间的双重关系。一方面每个人都受到从小所学和所说语言的制约,另一方面凡是思想、智能独立的人都能创造语言。这属于语言哲学范畴。(4)翻译有两种不同途径,即译者要么尽量不打扰原作者而让读者靠近作者,要么尽量不打扰读者而让作者靠近读者。

近代西方译论的第七位代表人物是德国语言学家、哲学家和教育改革家洪堡(Humboldt)。18 世纪末至 19 世纪初,德国逐渐成为西欧翻译理论研究中心,洪堡对此有特殊贡献。洪堡的译论主要收录于《按语言发展的不同时期论语言的比较研究》《论人类语言结构的差异及其对于人类精神发展的影响》以及他翻译的《阿伽门农》序言。关于翻译,洪堡的主要观点有:(1)语言决定思想和文化。语言(词语)是生活现实的反映,其反映方式是各民族特有的。各民族的语言是各民族的心灵。思维取决于语言。(2)语言差距大而互不可译,但可译性与不可译性是一种辩证关系。"人类先天具有的语言使用能力是一种普遍存在的能力,因此所有语言中必定都具有理解所有语言的秘诀。”语言之间既有个性又有共性，因而所有语言是可以互译的，翻译是一种解释的过程。此外，洪堡的最大贡献在于提出二元论的语言观，对20世纪的语言学发展产生了很大影响，先后出现了索绪尔（Saussure）、乔姆斯基（Chomsky）等现代语言学家的二分法语言观，即认为可以从语言系统（langue, language, competence）和言语（parole, speech, performance）两方面来分析语言。

2.2.3 现当代西方译论

进入20世纪，尤其是“二战”后，翻译范围之广、形式之多、规模之大和成果之丰是西方翻译史上任何时期都不可比拟的。这一时期的特点有：(1)翻译实践规模空前。文学翻译仍是翻译的一个重要方面，各国编辑出版各种名著译丛，但商业、外交、科技方面的翻译也蓬勃发展起来，大大超过了文学翻译。(2)翻译教学蓬勃发展。随着联合国、欧洲共同体等国际机构的建立，翻译人员的需求大增，一些培养翻译人才的翻译学校相继成立，如1957年成立巴黎译校、1971年渥太华大学成立翻译学院。提供翻译教学的还有语言学校、语言系、翻译系等。(3)理论研究缤彩纷呈。各国建立各种翻译协会，创办各种翻译刊物，促进了翻译和翻译研究。加拿大的《媒他：翻译家杂志》(*Meta: Journal des Traducteurs*)于1956年创刊；英国翻译家公会和语言学专家研究会的刊物《语言学家》(*The Linguist*)创刊于1962年；法国文学翻译家协会成立于1973年；美国共有30多个翻译工作者组织；其他很多国家有全国性的翻译组织。(4)机器翻译发展迅速。英国人布思（Booth）和美国人韦弗（Weaver）最早提出这一概念，机器翻译随之成为现代翻译领域的一门新兴科学。

这一时期的第一位译论代表是英国动物学家、著名的语言学家、翻译理论家塞弗里（Savory）。他的代表作《翻译的艺术》发表于1957年，深刻论述了翻译的历史、分类、性质、原则和方法、古希腊罗马作品及《圣经》翻译和科技翻译等问题。其内容和观点可归纳如下：(1)翻译的性质和原则。翻译是一种选择的艺术，建议译者在选择时记住，作者说了什么，作者意指什么和作者如何说的。塞弗里提出了12条翻译指导原则，即：必须表现原文文字/意思；读起来像原文/译文；反映原文风格/带有译者风格；读起来像原文同时代作品/译者同时代作品；可/不可对原文进行增删；诗歌应该译成散文/韵文。译者可以根据个人爱好、原文、译文、读者要求进行选择。(2)翻译分成四类：完美翻译、等值翻译、综合翻译、科技翻译。(3)读者分析法理论。要获得好的翻译效果，须根据读者的要求，提供不同性质和风格的译文。读者分四类：完全不懂原文（则意译）；正在学习原文语言（则直译）；曾经学过原文语言后来又忘了（则期望译文读起来像译文）；精通原文（则希望译文读起来像原文）。

第二位译论代表卡特福德（Catford）是英国著名的语言学家、翻译理论家。他1965年发表的《翻译的语言学理论》是英国翻译理论语言学派的代表作，主要探讨翻译的性质、类型、等值、转换、限度等重要问题。其主要翻译思想包括以下几点：（1）翻译的性质是用一种等值语言（目的语）的文本材料去替换另一种语言（源语）的文本材料。（2）翻译就其程度而言，可分为全文翻译和部分翻译；就语言层次而论，分为完全翻译（从语法结构到词汇都有对等形式）和有限翻译（语音、词形、语法和词汇翻译）；就语言的等级而言，分为级受限（固定在语言结构低层，如逐字对译）和级无限翻译（如意译）。（3）翻译的中心问题是寻求等值成分。需区分文本等值和形式对应，前者指特定语境中译文与原文的等值，后者指译文和原文的语法范畴具有对应性。（4）翻译的转换指把原文变为译文时偏离形式对应，转换有两种：层次转换（语法和词汇层次间的互相转换）和范畴转换（偏离两种语言的形式对应）。（5）翻译有两种不可译性：语言方面（如原文中一词多义，目的语中没有对应）和文化方面（由于不同的社会风俗、时代背景等）。针对文化不可译性，译者可把原文移植过来，使读者通过上下文和语言环境理解原义，或采用加注方式给予说明。

第三位是英国著名翻译理论家和翻译教育家纽马克（Newmark），他是翻译理论语言学派的代表人物，典型的实践型翻译理论家，代表作有《翻译探索》《论翻译》《翻译短评》《翻译教程》等。其主要译论如下：（1）坚持语言共性论，是其交际翻译策略的理论依据。（2）提出语义翻译和交际翻译两种策略。前者注重译文是否忠实于原作，把原文的内容和信息置于首位；后者注重译文读者的反应和译文的通顺，当实际效果与原文内容发生冲突时，内容让位于效果。两者可交换使用，这取决于不同的语域、语言的使用、文本类型和功能等。（3）翻译中意义的走失理论。意义走失的原因在于，原文内容与该国特有的自然环境、社会制度和思维习惯有关，译者和原作者运用语言的方式不同等。（4）文本的功能理论。任何表达型文本侧重表达，而非读者接受，应侧重语义翻译。而信息型文本或呼唤型文本注重受众的接受，应侧重以读者为中心的交际翻译。（5）翻译是科学也是艺术。

第四位是美国著名语言学家、当代西方翻译理论的主要奠基人奈达（Nida）。其翻译理论主要包括：（1）语言共性论。语言有共性，也有个性。共性多于差异。各种语言的表达效能是一致的。（2）译文读者中心论。译者应更多从译文读者的角度来考虑译文的成败。翻译的正确与否取决于译文读者能在什么程度上正确理解译文。（3）功能对等理论。他首先提出著名的“动态对等”（dynamic equivalence）概念，认为翻译是指从语义到文体在目的语中用最切近原文信息而又最自然的对等语再现源语信息。他更强调信息对等，而不是形式对应。后来奈达把“动态对等”改为“功能对等”，并对信息作了进一步界定，不仅包括思想内容，也包括语言形式。(4)翻译过程可分为四个阶段：分析、转换（把分析得到的意义从源语转移到目的语）、重组（按目的语规则重新组织译文）和检验（对照源文本检测目标文本）。

除了以上这些代表人物，当代西方译论自 20 世纪 70 年代以来还产生、发展了功能翻译理论。功能翻译学派认为，光靠纯语言学理论并不能解决翻译研究中的所有问题，因此他们借鉴交际理论、行为理论、信息论、语篇语言学等思想，将研究视角从源语文本转向目的语文本，在进行翻译研究时注重文本的类型以及译文的功能。功能翻译学派的代表人物及其理论有莱斯（Reiss）的文本类型理论、费米尔（Vermeer）的目的论、曼塔莉（Manttari）的翻译行为理论及诺德（Nord）的功能加忠诚理论。

1971 年莱斯出版《翻译批评的可能性与局限性：翻译质量评价的范畴和标准》（*Möglichkeiten und Grenzen der Übersetzungskritik. Kategorien und Kriterien für eine sachgerechte Beurteilung von Übersetzungen*），首次把功能范畴引入翻译批评，将语言功能、语篇类型和翻译策略相联系，发展了以原文与译文功能关系为基础的翻译批评模式，形成了功能派的雏形。

费米尔是德国功能派翻译理论创始人，于 20 世纪 70 年代末提出目的论（Skopostheorie），试图弥合翻译理论与实践的断层。1978 年费米尔在《普通翻译理论框架》（*Ein Rahmen für eine allgemeine Translationstheorie*）一文中针对语言学派各种重形式译论的薄弱环节，率先提出重社会文化及交际功能的翻译目的理论。1984 年与莱斯合著的《普通翻译理论基础》（*Grundlegung einer allgemeinen Translationstheorie*）为功能派标志性专著。该理论认为，翻译是基于源语文本的一种翻译行为，任何翻译行为都有一个目标或目的。决定翻译目的的最重要因素是受众，即译文预期的接受者，他们有自己的文化背景知识、对译文的期待以及交际需要。翻译是“目的语情景中为某种目的及目的受众而产生的语篇”。翻译必须遵循一些准则：目的准则（是最高准则，即目的决定行为，译者根据翻译目的和目标文本的功能而不是源文本来决定翻译手段和策略，解决意译和直译、动态对等和形式对等等问题）、语内连贯法则（译文必须具有内部连贯性，是可理解的）、语际连贯法则（也称忠实法则，译文与原文之间也应有连贯性）。

诺德是德国功能派翻译理论的积极倡导者，她首次用英语全面系统地介绍功能派的各种学术思想，其代表性论著《文本分析与翻译》（*Textanalyse und Übersetzen*）于 1988 年出版，1991 年出版第二版和英语版，2009 年出版第四版。她阐述了以翻译为目的的文本分析所需要考虑的内外因素，以及如何在原文功能的基础上制定契合翻译目的的翻译策略，并将翻译分为工具型翻译（instrumental）和文献型翻译（dokumental）。前者的目的是实现希望达到的功能和目的，会在译语语篇中给予某些辅助性的解释，采用一定的语用学转述，如增补或改变表达方式，属前瞻式翻译（prospektiv）。后者是文献记录式的回顾式翻译（retrospektiv），指用目的语的表达手段基本上忠实地反映源语语篇，包括逐词逐句翻译和语文式翻译。她于1997年提出功能加忠诚（Funktion ＋ Loyalität）的指导原则。

功能翻译理论推翻了原文的权威地位，使译者得以摆脱等值理论的羁绊，在译论史上具有重要意义。功能翻译理论在本教材后文还将专门介绍，此处不再赘述。

思考题

1. 西方译论中有哪些观点给你留下了深刻的印象，为什么？
2. 严复的“信、达、雅”思想与泰特勒提出的翻译三原则、歌德的翻译三分法有何异同？
3. 中国译论和西方译论总体有哪些异同？

西方译论参考文献

贺学耘，陈水平，石红梅，等，2010. 翻译理论综合案例教学：中西方译学理论选介[M]. 北京：中国人民大学出版社.

刘军平，覃江华，2012. 西方翻译理论名著选读[M]. 武昌：武汉大学出版社.

孙瑜，2014.《浮士德》汉译者主体性及主体间性研究[M]. 上海：上海译文出版社.

谭载喜，2006. 西方翻译简史[M]. 北京：商务印书馆，1991年1版，2004年2版.

KAUTZ U, 2002. Handbuch Didaktik des Übersetzens und Dolmetschens[M]. München.

NORD C, 2009. Textanalyse und Übersetzen: Theoretische Grundlagen, Methode und didaktische Anwendung einer übersetzungsrelevanten Textanalyse[M]. 4. überarbeitete Auflage. Tübingen: Jilius Groos.

REISS K, 1971. Möglichkeiten und Grenzen der Übersetzungskritik: Kategorien und Kriterien für eine sachgerechte Beurteilung von Übersetzungen[M]. München: Max Hueber.

REISS K, VERMEER H J, 1984. Grundlegung einer allgemeinen Translationstheorie[M]. Tübingen: Max Niemeyer Verlag.

VERMEER H J, 1978. Ein Rahmen für eine allgemeine Translationstheorie[J]. Lebende Sprachen 3: 99-102.

2.3 译者的主体性

2.3.1 译者的隐身与现身

如果你有过翻译经历，或许会有这样的困扰，原文明明白白，理解并不费力，但用目的语表达时却总有"词不达意"的感觉，甚至有"话在嘴边难出口"的困境，或者实难找到合适的目的语表达，或者原文的意境经过了自己的转换，在笔下流出的却是另一种感觉。可见，译者的翻译行为，即其自身对原文理解和目的语表达所作出的选择与处理，或多或少影响着翻译结果。

关于翻译中译者的作用和地位、译者究竟应该隐身还是现身这个问题，一直是译界讨论的焦点，进入 20 世纪后半叶，更成为中外译学界关注的热点问题。在此我们也来探讨一下译者角色和译者主体性这个问题。首先我们来看传统译论中关于译者身份、角色的一些观点。在传统译论中，由于认为翻译等同于对原作信息的传递，翻译中译者自然而然应该隐身。许多译者自古以来都自觉居于幕后，不表现自己，这与历史上译者和研究者对翻译行为的界定密切相关。

17 世纪法国著名翻译家于埃(Huet)就明确提出翻译要忠实于原文和原作者，要求"翻译的语言要流畅，要能够再现原文作者的崇高，而且带给读者的感受要相当于原文带给原文读者的感受"。他特别强调，不要在翻译时施展自己的写作技巧，也不要掺入译者自己的东西去欺骗读者，因为他要表现的不是他自己，而是原作者的风采。他认为翻译最好的方式就是在两种语言所具有的表达力允许的情况下，译者首先不要违背原作者的意思，其次要忠实于原文的遣词造句，最后尽可能地忠实展现原作者的风采和个性，一分不增，一分不减。于埃的翻译观可以说代表了当时中西传统译论中的主流翻译观。

英国著名翻译理论家泰特勒(Tytler)在 1790 年发表的《论翻译的原则》一书中，明确提出了在中西翻译史上影响深远的翻译"三原则"，第一，译本应该完全转写出原文作品的思想；第二，译文写作风格和方式应该与原文的风格和方式属于同一性质；第三，译本应该具有原文所具有的所有流畅和自然。站在泰特勒的立场上看，译者在翻译时也是没有权利现身的，译者要做的无非就是传达原文的思想，传递原文的写作风格和方式，再现原文的流畅和自然，仅此而已。

再看国内译学界，曾有人把泰特勒的"三原则"与严复的"信达雅"相联系，认为严复受到泰特勒的影响，由此我们也可以发现中西翻译思想的相通之处，在译者隐身和现身这一问题上，中西翻译家和思想家的观点显然是异曲同工的。在严复提出“信达雅”以后的半个多世纪里，国内译界的主流翻译观并无实质性变化。继严复之后，影响较大的有傅雷的“神似”说，认为就效果而论，翻译应当像临画一样，所求的不在形似而在神似，在傅雷心目中，理想的译文仿佛是原作者的中文写作。这个观点在钱钟书的笔下又有了进一步的发挥和阐述。钱钟书的“化境”说，从根本而言，其所秉持的观点与严复、傅雷的观点是一脉相承的，他认为，文学翻译的最高标准是化，把作品从一国文字转变成另一国文字，既能不因语文习惯的差异而露出生硬的痕迹，又能完全保存原有的风味，那就算得入于“化境”。在他看来，译者在翻译时自然也应该隐身，而无权现身。

传统译论视角下，译文应当忠实于原文，译者应完全客观地在目的语中再现原文，译文中最好不留任何翻译的痕迹，翻译就是传递原作信息的过程，译者应该是隐身的，且没有权利现身，这种观念深深扎根于翻译家和研究者脑海中。但同时，翻译的事实又提示当代翻译研究者，传统译论在对翻译的理解和认识上存在着某些偏颇之处。这也导致了传统译论向现代译论的转向。

英国翻译理论家贝克(Baker)认为，传统的口笔译研究，对于同时代的政治和伦理道德问题，一向采取回避态度，因为这些问题必然会使该领域从事实践和理论的研究人员注意到译者面临的道德困境和责任。人们坚持一种天真的理念，以为翻译，尤其是口译，是完全中立而纯粹的语码转换，不存在译者个人思想的介入。相信译者对现实的叙述能够完好无损地传递语言及其他符号信息。学者们因此在“模糊了的真相的”理论模式和个案研究中投入大量时间和精力，以为这样就能逐步化解口笔译过程中产生的各种麻烦。贝克的观点直指传统译学理念的要害，以及千百年来许多翻译家、翻译研究者的认识误区，即把社会对翻译的期望、译者的责任以及翻译家为自己设定的追求目标与翻译的客观事实，尤其是与翻译的本质目标混为一谈，从而模糊了翻译的真相、翻译的本质。翻译，包括翻译行为和译者的隐身与现身，也就成为传统译论向现代译论视角转变的一个标志性切入点。20 世纪 80 年代以来，国外翻译研究出现了文化转向，学者们把翻译从“原文中心论”中解放出来，以译文为中心，对制约翻译产生与接受的机制进行描述性研究，力图对诸如译者的主观因素、语言转换中的文化移植、影响翻译的文本外因素等语言途径难以深入分析的问题及翻译史上的众多翻译现象提供解释。

国内学者卢康华、孙景尧于 1984 年率先提出了“译介学”概念，谢天振则是中国第一个从理论上论证翻译文学归属问题的学者，也是中国最早论述翻译研究文化转向的学者，他对译介学作了更加深入的阐述，完成了译介学理论的基本建构，就译者主体性问题作出了明确的解读。他认为，译介学是比较文学理论下的一个分支学科。严格而言，译介学研究不是一种语言研究，而是一种文学研究或者文化研究，它关心的不是语言层面上源语与目的语之间如何转换的问题，它关心的是原文在这种外语和本族语转换过程中信息的失落、变形、增添、扩伸等问题，它关心的是翻译（主要是文学翻译）作为人类一种跨文化交流的实践活动所具有的独特价值和意义。

具体而言，译介学与传统意义上的翻译研究之间的差别首先在于审视翻译（文本、事件、行为等）的视角不一样：传统翻译研究多局限于两种语言文字的转换层面，关注如何才能更好、更忠实地传递原文信息，而译介学则是跳出了传统翻译研究仅仅关注语言文字转换的框框，从一个广阔的跨文化交际层面上去审视翻译，考察翻译作为一种跨文化交际行为所受到的文本以外的、与译出语境和译入语境相关的各种制约因素，以及译本在译入语环境中的接受、传播和影响等问题。也就是说，译介学是在已经翻译好的、既成事实的译本基础上进行研究，它将研究对象置于不同民族、文化或社会背景下，对文学关系、文化交流等问题进行考察和分析。

译介学认为，文学翻译与文学创作具有相同的意义，显而易见不再是简单的语言文字转换，而是一种创造性工作。文学翻译过程中，译者扮演着创作者角色，他面临的问题几乎与原作者一模一样。例如，他要考虑如何使所述的事件生动有趣，如何使所塑造的形象富有魅力，如何使人物的语言具有个性，如何使作品体现一定的风格等。由此可见，文学翻译家所考虑的问题已经超出了原作文本的语言问题框架，而进入了作家的创作领域。译者需要有能体会到原作人物感情、思想、行为的能力，需要有把这一切重新表现出来的能力，即再创造的能力。同时，译者为了达到某一主观愿望而造成一种译作与原作的客观背离，则体现了译者的叛逆性。创造性与叛逆性是一个和谐的有机体。说翻译是叛逆，那是因为它把作品置于一个完全没有预料到的参照体系里（指语言）；说是创造性的，那是因为它赋予作品一个崭新的面貌，使之能与更广泛的读者进行一次崭新的文学交流。译者的创造性叛逆不仅延长了作品的生命，而且赋予了它第二次生命，这无疑肯定并提高了文学翻译家的地位。译介学肯定了译者的风格有其存在的理由，也有其原作无法取代的独特价值。

其实无论是文学翻译，还是应用文本的翻译，无论是笔译还是口译，每一次的翻译实践都凝聚着译者的努力和心血，需要译者充分发挥自己的主观能动性，以便透彻理解原文意涵，并用合适的目的语将其表达出来。

2.3.2 译者主体性的体现

随着译论的发展，译者被赋予了更多主体性和自主权，现在我们就来谈一谈译者主体性在翻译中的具体体现。翻译是一个精细活，在翻译准备、翻译手段选择、翻译难点处理等方面都会体现出译者的参与和努力。为了能比较直观地展示翻译中的译者主体性，我们在下文将聚焦翻译中的文本类型分析、重命名和增译、文化因素翻译难点处理这三个方面，并通过实例加以阐述。

第一，译者主体性体现在翻译的准备工作中，包括拓展原文主题相关的词汇和信息、阅读平行文章及专业相关的资料、准备好技术设备（如电脑）、对译文读者及其特点（如阅读期待、认知水平等）进行分析和预判等。当下，应用性文本翻译变得越来越重要，此类翻译的一项重要准备工作便是文本类型分析，因为不同的文本类型会具有不同的语言、语篇、语体等特点，相同的文本类型在不同的语言体系中也会有不同的特点。我们可以从译文的宏观层面（涉及语篇、语体、语用和格式等）和微观层面（涉及词、句运用）看出译者在文本类型分析这个环节是否有其主体性的介入和参与。

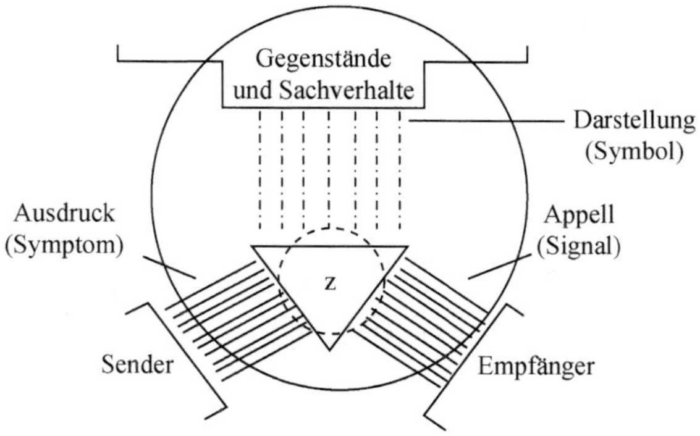

图 2-1　布勒的语言功能工具模式（Organon-Modell）（朱锦，2016：19）

受布勒（Bühler）语言功能三分法（图 2-1）的启发，莱斯将文本类型主要分为三种：第一种信息型文本，即重内容文本；第二种表情型文本，即重形式文本；第三种感染型文本，即重感染文本。布勒关注的是语言功能，而莱斯不仅把语言功能具体化到文本的功能，而且把语言和文本的功能与翻译策略联系起来，为翻译策略寻求理据。在文本类型分析的基础上，译者可以比较客观地分析文本的特点和功能，进而选择比较合理的符合文本类型的翻译方法，翻译行为因此具有了一定的目的性、策略性和可操作性。

以德汉禁止类公示语为例，两者有着明显的语言和语用差异，进行德汉互译时应该依据两者的异同作出较为合理的译文选择。

表 2-4　德汉禁止类公示语语用对比(Wang et al., 2015)

	汉语禁止类公示语	德语禁止类公示语
表达方式	较模糊的表达方式,较注重人际关系	较明确的表达方式,且较注重内容和信息的客观性
情态标记和礼貌策略	通过“给出理由”(如“门口通道 严禁停车”),或用“门口禁止停放车辆 谢谢配合”等礼貌用语缓和禁止语气	用被动句或间接性表达缓和语气。间接性表达是指通过突出某群体的权利(如 Zutritt nur für Mitarbeiter)替代禁止话语,或通过一个声明或描述(如 Hier ist kein Parkplatz)达到预期效果,或通过要求受众做什么代替禁止他们做什么(如 Ein- und Ausgang. Tag und Nacht freihalten)

有研究(Wang et al., 2015)显示(表 2-4),汉语禁止类公示语倾向于较模糊的表达方式,较注重人际关系;而德语禁止类公示语则倾向于较明确的表达方式,且较注重内容和信息的客观性。德汉禁止类公示语还有不同的情态标记和礼貌策略,汉语禁止类公示语倾向于通过“给出理由”(如“门口通道 严禁停车”)或用“门口禁止停放车辆 谢谢配合”等礼貌用语缓和禁止语气;德语禁止类公示语则倾向于用被动句或间接性表达缓和语气。间接性表达是指通过突出某群体的权利(如 Zutritt nur für Mitarbeiter)替代禁止话语,或通过一个声明或描述(如 Hier ist kein Parkplatz)达到预期效果,或通过要求受众做什么代替禁止他们做什么(如 Ein- und Ausgang. Tag und Nacht freihalten)。翻译此类公示语时,就要考虑到两种语言在礼貌策略、情态标记、习惯表达等方面的不同,目的语中有现成表达时可以直接用作译文。比如 Zutritt nur für Mitarbeiter 可以译为“闲人免进”或“非工作人员禁止入内”。

再比如,汉语禁止类公示语表达同一个意思会有很多不同的语言手段,如:

请勿践踏草坪;
草坪养护 禁止踩踏;
碧草如茵 足下留情;
请勿践踏 青青小草 请您呵护;
小草对您微微笑 请您把路绕一绕
……

这些表达中,有的直截了当,有的含蓄礼貌,有的写明禁止踩踏的理由,有的进行生动的图景描写,充分体现了汉语的优美和丰富的表现能力,也反映了汉语禁止类公示语的一个特点,除了传达禁止信息,还包含一种教育目的和功能,这从另一个侧面体现了汉语禁止类公示语对人际关系的重视。但译入德语时若也想在译文中展现中文多种多样的表达方式,却是吃力不讨好的事,因为这与德语读者的阅读习惯并不相符。德语公示语主要聚焦于文本的内容和信息功能，且德语中有比较简洁的固有表达，如“Wir bitten, den Rasen nicht zu betreten.”或者“Bitte den Rasen nicht betreten.”。

文本类型分析除了宏观层面的文本格式、语用风格以外，还包括微观层面的语言特点。

例如，中德某两个高校机构间合作协议的一部分涉及双方的合作内容。

例 2-1

原文： Austausch von wissenschaftlichen Informationen und Veröffentlichungen auf dem Gebiet der Forschung und Ausbildungsmaterialien.

译文 1： 学术信息及研究领域著作和教学材料的交换。

译文 2： 双方交流学术信息及科研和教材方面的出版物。

例 2-2

原文： Gegenseitige Besuche durch Wissenschaftler und Studierende.

译文 1： 学者和学生之间的互访。

译文 2： 互派访问学者和交换生。

上面两例中的德语原文有一个明显的特征，那就是名词词组，如下划线所示。名词化表达的运用使德语协议文本言简意赅、简洁明了、信息量丰富。如果我们把这一特点移植到汉语译文中去，若原文较短，照搬原文的名词化表达方式或许行得通，但也可能导致误解，如例 2-2 的译文 1 就可能会被误解为学者访问学生、学生访问学者，而没有交代清楚中德双方合作过程中互派访问学者和交换生这一举措的具体所指。若原文较长，照搬原文结构产生的译文读上去势必非常拗口，定语太长，不符合汉语普遍的表达习惯，如例 2-1 的译文 1。因此，针对此类德语文本中的名词化表达，翻译成汉语时不如换成句子形式（例 2-1 的译文 2）或动宾结构（例 2-2 的译文 2）。

总之，从译文的宏观和微观层面，我们可以观察到译者在文本类型分析这个环节的所作所为，是毫无作为的被动受制，还是将其译者主体性进行合理的介入和发挥。

第二，从翻译手段的选择和运用上可以看出译者参与翻译过程、决定翻译策略和方法的主观能动性发挥。我们以重命名和增译为例。重命名即重新命名，严格意义上来说，用重命名法生成的译文似乎已经跟原文没有什么关联了。但重命名并不是随意而为之，而是译者在分析文本类型及考量和顺应语言、语境等多方面因素的基础上作出的合理的翻译选择和决策，重命名其实就是译者主体性介入翻译过程的体现。

例 2-3 （http://german.beijingreview.com.cn/, 20120225）

原文：“四十而不惑”：交流增互信、合作促发展

译 文： China-Besuch von Bundeskanzlerin Angela Merkel: Gemeinsames Handeln in der Krise

例 2-3 是《北京周报》网络版一则报道的标题。汉语标题在传达信息的同时，也借助语典的运用抓住了读者的注意力，调动了读者的阅读兴趣，成功体现了标题在信息和感染方面的功能。该标题的德译却与原文相去甚远，变成了 China-Besuch von Bundeskanzlerin Angela Merkel: Gemeinsames Handeln in der Krise，字面意思是，“德国总理默克尔的访华之行：在危机中共同应对”。虽然这个德语标题和汉语原文从形式到内容都有很大的区别，却是一个比较成功的翻译处理结果，从中体现了译者的主体性思考及其对语言结构、语境等因素的考量。译文保留了原文的两部分结构，用冒号隔开，但摈弃了原文的句子形式，转而采用了德语新闻标题中较常用的名词词组，简明扼要。其次，该标题包含默克尔访华的信息，对德语读者来说是吸引他们阅读的关键词。如果将原标题按原文语言特点字面翻译成德语，不仅显得太长，且原文所具有的表情、感染功能在德语读者面前也已不复存在，因为中德两国读者的阅读习惯和审美期待是有差异的。此外，由于没有提示报道的重要信息，即默克尔访华，读者自然会感到困惑，搞不清标题的两个部分之间能有什么关联。

除了重命名，比较明显体现译者主体性发挥的还有增译，包括语法增译、语用文化增译、语义及逻辑增译等。

例 2-4 （于丹，2007：后记）

原文：对《论语》的情感，一向是“敬”而不“畏”；对《论语》的感觉，从来是朴素而温暖。

译文： Schon immer habe ich großen Respekt vor Konfuzius gehabt, jedoch nie ehrfürchtige Distanz empfunden. Für mich waren die Gespräche des Konfuzius, auf Chinesisch Lun Yu genannt, ein im positiven Sinne schlichtes, dabei von großer Wärme erfülltes Buch.

例 2-4 针对原文的无主句，译者添加了主语 ich。汉译德过程中的语法增译处理不仅使译文符合德语语法规范，也使译文的意思变得更加明晰。此外，本例还有语用文化增译。对于原文中《论语》这个中国文化经典作品的名称，译者考虑到目的语

读者的文化认知，采用了解释性翻译 die Gespräche des Konfuzius, auf Chinesisch Lun Yu genannt（孔子的谈话，汉语称为《论语》），不仅点明了《论语》的汉语读音，也说明了《论语》即孔子的言论。针对原文后半句中的“朴素”这个词，译者添加了 im positiven Sinne（积极意义上的）进行补充说明，这样做可能源于中德双方对“朴素”和 schlicht 具有不同联想和理解。根据词源学，schlicht 在德语中相当于 schlecht，后经语义发展转义为“低价的、不好的”，运用于文学作品中，可表示“简单、没有技巧、朴素”等意思。可见，schlicht 在德国文化和德国人眼中并不具有与“朴素”在汉语文化中相同的意涵。

第三，文化因素翻译。

例 2-5 （莫言，2009:15）

原文： 大奶奶和姑姑被接到解放区，姑姑在那里念抗日小学。

译文： Nachdem beide wieder in die durch die Kommunisten befreiten Gebiete gebracht worden waren, kam meine Tante in die Kangri-Grundschule.

例 2-5 出自莫言 2009 年长篇小说《蛙》，由德国译者郝慕天（Martina Hasse）于 2013 年译成德语出版。原文中的“抗日小学”涉及的是富有时代特征和历史文化内涵的学校名称“抗日”。译者没有将其按字面意思译成 die Anti-Japan-Grundschule 或 die Grundschule des Anti-Japan-Kriegs，而是音译为 Kangri-Grundschule。这个处理隐去了抗日战争时期的文化历史语境，将该名称弱化为一个普通的校名。译者的处理不无道理，若要解释或说明抗日小学这个名称所蕴含的特殊含义，势必要添加信息而使译文表达显得冗长，若用文外补充解释则会影响读者的阅读节奏。对于一般的小说翻译来说，让读者了解到这是解放区的一所小学，原文信息便已基本得到了传达。但同时译文读者也失去了进一步了解关于抗日小学这个当时中国历史时代背景产物的机会，该汉语名称不仅体现了特定的年代背景，也隐含了日本侵华、中国全民抗日的事实。鉴于该名称涉及严肃的历史事实，为了客观反映和传达出原文所蕴含的信息，似乎更宜通过加注说明。由此可见，译者对文化因素的翻译处理清楚体现了其主体性的发挥，没有这种主体性参与，文化因素的翻译便是一句空话。

译者的主体性、意识性和策略性体现在所有的翻译活动和翻译过程中，任何的翻译处理方式也都应该是相关译者主体性的体现和发挥，译者在翻译过程各阶段的主体性发挥并不是割裂的，而是相辅相成的。

思考题

1. 传统和现代译论分别如何看待译者主体性这个问题?
2. 译者主体性可以体现在哪些翻译环节?

译者主体性参考文献

何自然,李捷,2012. 翻译还是重命名——语用翻译中的主体性[J]. 中国翻译,1.

莫言,2009. 蛙[M]. 上海:上海文艺出版社.

王颖频,2018. 语用顺应论视角下的德汉翻译研究和MTI翻译教学[M]. 上海:上海译文出版社.

谢天振,2014. 隐身与现身:从传统译论到现代译论[M]. 北京:北京大学出版社.

于丹,2007. 论语心得[M]. 北京:中华书局.

朱锦,2016. 德语语言学导论[M]. 北京:外语教学与研究出版社.

MO Y, 2013. Frösche[M]. tr. HASSE, M. München: Carl Hanser Verlag.

WANG Y P, LI S S, 2015. Kontrastive pragmatische Untersuchung zu chinesischen und deutschen Verbotsschildern. [德汉禁止类公示语语用对比研究]//钱敏汝,魏育青,2015. 跨语言 跨文化 跨学科——日耳曼学的边界扩展. 北京:外语教学与研究出版社.

YU D, 2009. Konfuzius im Herzen[M]. tr. FIEDERLING J. München: Droemer Verlag.

2.4 等值理论

本节我们将主要介绍和阐述奈达(Nida)和科勒(Koller)这两位翻译理论家对于“等值”的理解及其等值理论内涵。

2.4.1 奈达及其翻译理论

等值理论的主要代表人物尤金·奈达(Eugene Albert Nida)是美国著名的语言学家和翻译理论家(1914—2011),他生前是圣经翻译领域的权威,1968年曾任美国语言学会主席。

奈达著述颇丰,从1964到2001年他的主要翻译理论著作有1964年的《翻译科学探索》(*Toward a Science of Translating*),1969年与塔伯(Taber)合著的《翻译的理论与实践》(*The Theory and Practice of Translation*),1975年的《语义的成分分析》(*Componential Analysis of Meaning*),1986年与瓦德(de Warrd)合著的《从一

种语言到另一种语言》(*From one Language to Another*),1996 年的《跨语交际的社会语言学视角》(*The Sociolinguistics of Interlingual Communication*)及 2001 年的《语言与文化:翻译中的语境》(*Language and Culture: Contexts in Translating*)。这些著作反映了奈达翻译思想的变化,具体可分为三个发展阶段:描写语言学阶段、交际理论阶段和社会符号学阶段。

早期,奈达的观点带有明显的美国结构主义色彩,其著作主要有 1943 年的《英语句法概要》和 1959 年的《从圣经翻译看翻译原则》,这两部著作也浓缩了他描写语言学阶段的主要翻译思想。在这一时期,奈达注重的是语言的句法现象和词法现象,他试图通过对句法、词法和语言翻译问题的描写来阐明语言的结构性质。奈达深受美国结构主义语言学家布龙菲尔德(Bloomfield)和人类语言学家萨丕尔(Sapir)的影响,十分重视语言素材的搜集和分析。他认为,言语差异不是语言之间不可逾越的障碍,而是可以将这种差异作为相同本质的不同现象进行描写。

之后,奈达的理论研究从结构主义视角转向了翻译交际视角。这一阶段,奈达的主要理论观点收录于 1959—1969 年的几部著作中。1964 年,他的翻译研究达到一个高峰,当年出版的《翻译科学探索》对整个翻译界都具有里程碑意义,1969 年出版的《翻译理论与实践》是对《翻译科学探索》一书的补充与发展,书中的理论描写与实践讨论相结合,为建立其理论体系进一步打下基础。该阶段,奈达的翻译交际理论包含了翻译科学说、翻译交际说、动态对等说、翻译功能说以及四步模式说五个方面。

(1) 奈达认为“翻译即科学”。科学是指,翻译过程中采用处理语言结构的科学途径、语义分析的途径和信息论来处理翻译问题,也就是翻译理论家和译者采取一种语言学的、描写的方法来解释翻译过程。奈达 1947 年出版的《论圣经翻译的原则和程序》即被视为翻译科学派的起始点。

(2) 奈达认为“翻译即交际”。奈达翻译交际说的理论基础在于语言共性论,即世界上所有的语言都具有同等的表达能力,能使说该语言的本族人表达思想、描述世界、进行社会交际。因此奈达提出,翻译的首要任务是使读者看了译文就能一目了然,翻译行文要流畅自然,读者无需源语文化背景知识就能看懂。

(3) 奈达提出动态对等说,认为翻译是从语义到语体,在目的语中用最切近、最自然的对等语再现源语信息。这句话的英语原文和德语译文分别为:[英]“Translating consists in reproducing in the receptor language the closest natural equivalent of the source language message, first in terms of meaning and secondly in terms of style.”和[德]“Übersetzen heißt, in der Empfängersprache das beste

natürlichste Gegenstück zur Ausgangsbotschaft zu schaffen, erstens was den Sinn und zweitens was den Stil anbelangt.”。这里的“自然”指不能有翻译腔;“切近”指意义与原文最接近的译文;关于“对等”,则没有绝对的对等,应寻求“切近又自然的对等语”。在动态对等的框架下,奈达认为,翻译应当符合四个标准:译文要达意;译文要传神;译文措辞要通顺自然;译文读者的反应应与原文读者的反应相似。奈达提出的“动态对等”强调信息而非形式的对等,是之后翻译界“功能对等”的前身,也是《圣经》翻译的指导理论。

(4) 奈达在形成动态对等思想之后,进一步提出翻译必须以读者为服务对象。翻译的正确与否取决于译文读者能在什么程度上正确理解译文。奈达眼中译文达到正确成功的前提是,译文读者的反应基本等同于原文读者的反应。在此基础上,他进一步提出翻译时需注意语言交际功能,译文的功能包括表达功能、认知功能、人际功能、信息功能、祈使功能、司事功能、情感功能和美学功能。

(5) 奈达提出翻译的四步模式说。首先,译者需要进行文本分析,将源语的表层结构转换为深层结构 X,转换的重点在于源语的语义,而语义包含了文本的语法意义、所指意义和内涵意义。然后,译者要进行转换,把分析源语所得到的深层结构从源语转移到目的语,得到目的语深层结构 Y。接着,译者进行语言重组,按目的语规则重新组织目的语的表层结构。最后,译者对译文进行检验,译者对照源语文本检测目的语文本,可采用抽词法来检验译文的可懂程度,即随机抽取译文词汇来检验译文的表达效果。

在翻译交际说之后,奈达的翻译思想又进一步转变到社会符号学阶段,其观点主要体现在 1986 年出版的《从一种语言到另一种语言》和 1996 出版的《跨语交际的社会语言学视角》。这一时期,奈达逐步采用社会语言学和社会符号学的方法来阐释翻译问题,把语言看作一种符号现象。奈达的理论在这一阶段经历了四个变化:(1)他强调文本的一切都具有意义,包括言语形式,他认为不可轻易牺牲文本的外在形式;(2)奈达指出在翻译中应当对语言的修辞特征予以重视;(3)奈达提出了“功能对等”来取代“动态对等”;(4)奈达不再采用语法意义、所指意义和内涵意义的区分法,而是把意义区分为修辞意义、语法意义和词汇意义,这三类意义又各分为所指意义和内涵意义两个层次。

奈达翻译理论体系中的“等值”最初来自数学和形式逻辑,指的是等式中元素的“可逆明确分配”,即另一种形式的恒等式。他指出,翻译的不是语法形式,而是传达某种思想内容和效果的文本。因此,从实践需求角度来看,译文和原文之间的“关系”更值得关注,这一关系涉及“等值”(Äquivalenz)的问题。从信息传递角度来看,翻译过程中改变的只是形式，而非内容，也就是“等值”。因此，奈达关于“等值”的界定是“Der Übersetzer muss sich um Gleichwertigkeit und nicht um Gleichheit bemühen.”，译者应当注重等值（Gleichwertigkeit）而不是完全的相等（Gleichheit）。

在其“等值”理论体系中，奈达关注的首先是目的语中的语言符号功能，而相对较少关注其意义内涵。他区分了形式对等和动态对等。形式对等关注信息本身的内容和形式，源语和目的语文本里的不同成分、不同元素都要尽可能匹配，这让人联想到施莱尔马赫的异化翻译法（Verfremdung/verfremdende Übersetzungsmethode）。动态对等则强调信息对等，而不是形式对应，译者追求源语读者对原文的反应与目的语读者对译文的反应尽可能一致，这让人联想到路德的德语化翻译法（die Methode des Verdeutschens），即翻译必须采用大众的语言，将原文译成地道的德语。

奈达的翻译优先准则包括以下四个方面：上下文一致优先于字面一致；动态即功能对等优先于形式对应；语言的口头形式优先于书面形式；听众或读者的需要优先于传统的语言形式。而检验译文质量的最终标准在于以下三个方面：能使读者正确理解原文信息，即“忠实于原文”；易于理解；形式恰当，吸引读者。也就是说，译文必须完全符合目的语的要求，以达到原文所能达到的目的。

2.4.2 科勒及其翻译理论

科勒（Werner Koller）是瑞士翻译理论家，1979 年他出版论著《翻译学导论》（*Einführung in die Übersetzungswissenschaft*），并在书中提出了其经典的等值理论体系。

对于以往出现的“等值”（Äquivalenz）概念，科勒认为有不同的定义和内涵，比如有内容上的（inhaltlich）、语篇层面的（textuell）、语体方面的（stillistisch）、表达形式上的（expressiv formal）、动态的（dynamisch）、功能的（funktionell）、交际的（kommunikativ）、语用的（pragmatisch）以及文本效果方面的（wirkungsmäßig）等值。而在界定“等值”这一概念时，需要从三个方面进行思考。首先，“等值”其实表示两个文本间存在的翻译关系，最好用“等值关系”（Äquivalenzrelation）这个词替代“等值”。其次，提到等值概念必须说明与等值相关的范畴（Bezugsrahmen），即源语语篇和目的语语篇在哪些方面达到等值。再者，目的语等值体（ZS-Äquivalente）与源语文本间存在特定的等值关系，但因为这种等值关系源自不同的等值范畴，因而译文和源语文本既有共同点，也存在差异。

科勒认为，等值关系（Äquivalenzrelation）是一种原文和译文之间通过翻译建立的关系，即 die übersetzungskonstituierende Relation zwischen Zieltext und Ausgangstext。

译文能够成立的条件在于，译文既与原文相关联，也与目的语读者的交际语境相关联。译文与原文之间最极端的关系就是逐字翻译，译文与目的语交际语境之间最极端的关系则表现为，译文与原文大相径庭。他认为，在原文和目的语交际语境之间，译文不能绝对地偏向某一边。

科勒提出的等值要求是，源语语篇在内容、风格、功能、美学等范畴中某一方面的特点在译文中必须得到保持，同时译文表达必须兼顾目的语读者在语言风格、语篇和语用等方面的交际语境。科勒提出了五个具体的等值范畴或等值层面，即本义等值(denotative Äquivalenz)、隐含义等值(konnotative Äquivalenz)、文本规范等值(textnormative Äquivalenz)、语用等值(pragmatische Äquivalenz)和形式-审美等值(formal-ästhetische Äquivalenz)。

- **本义等值**

本义是指语言表达的具体所指对象。科勒将语言间的本义等值关系分为五大类，也就是说，不同语言的词汇间(包括单词与固定搭配)存在以下五种对应关系：

(1) 一对一对应关系(Eins-zu-eins-Entsprechung)。它指的是，源语和目的语存在本义能够完全匹配的对应项，比如德语的 vier 与汉语的“四”，德语的 die Schweiz 与汉语的“瑞士”。在分析一对一对应关系时，难点在于目的语词汇体系中可能会存在多种近义的词汇表达，比如英语的 car 能够对应德语的 Auto 或 Wagen，译者需要根据语境加以区别。

(2) 一对多对应关系(Eins-zu-viele-Entsprechung)。它指的是，源语表达为一个上义词，而目的语中没有同样的上义词，只有多个下义词。比如，德语的 Großvater 包含了汉语的“祖父”和“外公”两个下义词。在具体处理时，译者可以通过上下文或基于常识推断出具体所指含义。或者尽管存在接近的多个近义词，但具体含义的差别在上下文中影响不大，译者选择哪一个并无影响。如果译者无法确定源语上义词的具体含义，但必须要译出，此时可采取两种策略：或使用所有下义词的集合，用并列连词连接；或使用另一个上义词，这种处理方法要求译者对译文的相关措辞作出相应改变。

(3) 多对一对应关系(Viele-zu-eins-Entsprechung)。它指的是，源语词汇为下义词，而目的语中只有上义词。例如，针对汉语原文“外公”，其中“女方的……”这个含义却无法使用德语中仅有的上义词 Großvater 表达出来。这种情况下可以采取的策略是，译者添加其他成分(如形容词、所有格等)来表达缺失的含义。如汉语的“外公”可译为德语的 Großvater mütterlicherseits。

(4) 一对零对应关系(Eins-zu-Null-Entsprechung)。它指的是，目的语存在词汇空缺现象，目的语中没有意义对应的词，尤其是文化专有项（指特定国家独有的政治、制度、社会文化、地理等方面的名称和表达）。科勒针对这种“零对应”提出了五种翻译策略。

a. 译者直接使用源语表达，并加注引号。译者可以不对源语词汇作任何形态上的改变，而直接使用这类外来词 Zitatwort(Fremdwort)，如英语的 joint venture。或者译者对源语词汇在语音、书写、形态上稍作改变，以适应目的语的相应标准，成为一种借词(Lehnwort)，如英语的 performance 进入德语后变成 Performanz，英语的 google 进入德语后成为 googeln。

b. 译者对源语进行逐字（逐成分）翻译，即借译(Lehnübersetzung)，如英语的 data processing 译成德语的 Datenverarbeitung，英语的 public relation 译成汉语的“公共关系”。

c. 译者采用目的语中意义相近的表达来进行近义替代，即 Wahl der am nächsten liegenden Entsprechung。如英语的 public relation 译为德语的 Öffentlichkeitsarbeit，汉语的“饺子”“汤圆”等译为英语的 dumpling。如果目的语表达和源语存在或多或少的意义偏差，译者可在括号中标明原文。

d. 译者采用释义、加注、定义等方法进行解释。但如果一个表达在语篇中频繁出现，甚至可能成为术语时，就不宜采用这种注释方法。另外，译者在使用前三种方法处理一对零关系时，也可采用注释方法作为搭配，如引入一个新表达时，可用注释等方法进行准确的解释。

e. 译者可以对源语进行改写。即译者用目的语中的另一表达，来代替源语表达，以达到同样的交际作用。例如，不同语言中打招呼的方式各不相同，所以不宜采用逐字对应的翻译方法，汉语的“吃了吗?”应当译为德语的“Guten Tag!”。改写的难点在于，改写或是保留原文特色，译者需要加以抉择，并且清楚了解改写(Textreproduktion)和对应翻译(Textproduktion)之间的界限。

(5) 一对部分对应关系(Eins-zu-Teil-Entsprechung)。它指的是，目的语表达与源语表达相比，缺少源语的一些义素，意义上只能部分等值。经典例子是对颜色的命名及一些抽象词汇。如 Preußisch Blau(普蓝)部分对应于汉语的“藏青色”。这种一对部分的现象之所以产生，可能因为不同语言中词场的大小不同，划分标准不同，也可能是因为不同的文化赋予了词汇不同的义素。

- **隐含义等值**

隐含义是指同一所指对象存在不同的表达(Ausdrucksmöglichkeit)，如表示“死亡”，我们有“去世”“逝世”“驾崩”“驾鹤西去”等不同表达。隐含义是交际者通过言语表达方式(特别是通过在近义表达中做出特定的选择)所传达出的意思,涉及社会、地域、使用频率等方面。科勒认为翻译中只能大体上实现隐含义等值,且不同的词汇隐含义对语篇的作用各不相同,译者需要进行判断,并确定是否需要在译文中体现相应的隐含义。

科勒指出,具有隐含义的表达在语篇各个层面(词、词组、句、超句等)的使用频率、分布和组合,共同形成了某个语篇的风格。译者进行风格翻译的难点在于,两种语言的隐含义往往并不是一一对应的。这种情况下,译者具体的翻译策略取决于目的语中可供选择的表达,以及具体语篇的翻译等值要求。当隐含义在译文中无法体现时,也可采用注释的手法,但注释法具有局限性,在文学性语篇中就不能大范围使用。

- **文本规范等值**

不同类型的语篇有不同的格式规范。科勒提出,译文和原文应遵循同一语篇类型的语言使用规范。例如,中德合同文本都各自呈现两种语言文化中符合合同文本的规范形式。语篇类型(Textsorte)不仅决定了语言表达手段,也决定了篇章结构。同一类型语篇在目的语中的语言使用规范可能会与源语有所不同,译者可以作出相应调整,也可以参考目的语中同一类型的平行文章,做出翻译决策。

- **语用等值**

语用等值是指译文语篇能被译文读者所接受,其产生的交际功能与源语语篇在原文读者中产生的相同。语用等值的产生背景在于,原文读者和译文读者在理解语篇时有不同的语境条件,译文读者缺少的背景知识需要译者在译文中加以补充。

例 2-6 (钱钟书,2008:6)

原文: 父亲是前清举人,在本乡江南一个小县里做大绅士。

译文: Sein Vater hatte noch unter der Qing-Dynastie das zweite kaiserliche Beamtenexamen bestanden und war ein einflussreicher Landedelmann in einer kleinen Kreisstadt im Süden.

例 2-6 源于《围城》。"父亲是前清举人"翻译成德语为"Sein Vater hatte noch unter der Qing-Dynastie das zweite kaiserliche Beamtenexamen bestanden."。译者在此处顺应了译文读者对汉语文化的认知语境,考虑到德国人普遍不了解"举人"这个文化概念,因此对其背景信息进行了补充说明,从而使译文与原文之间达成语用等值。

- **形式-审美等值**

形式-审美范畴与语篇的美学、形式或个人风格有关,决定了语篇的艺术特点。

科勒指出，译者在译文中实现与原文相似的艺术创作，以原作者的创作意志为标准，实现作品的艺术特色。形式-审美上的创作手段和表达形式不仅出现在文学性语篇，也出现在非文学语篇中，但在两者中的重要性不同。在文学性语篇中形式-审美等值是决定性的，而对于非文学语篇来说，译者在形式-审美层面的等值操作并不会对文本的作用产生影响。

相比于奈达，科勒的等值分层更为具体，也为译者提供了较为详细的操作路径。

思考题

1. 你如何理解等值这个概念?
2. 等值有哪些分类视角?

等值理论参考文献

刘军平，覃江华，2012. 西方翻译理论名著选读[M]. 武昌：武汉大学出版社.

谭载喜，2006. 西方翻译简史[M]. 北京：商务印书馆，1991 年 1 版，2004 年 2 版.

王颖频，2018. 语用顺应论视角下的德汉翻译研究和 MTI 翻译教学[M]. 上海：上海译文出版社.

KOLLER W, 2004. Einführung in die Übersetzungswissenschaft [M]. 7. Aktualisierte Auflage. Wiebelsheim: Quelle & Meyer Verlag.

STOLZE R, 2011. Übersetzungstheorien. Eine Einführung [M]. 6. Auflage. Tübingen: Narr Verlag.

2.5 文本类型理论

前面谈到译者主体性时已经提到，译者可以通过对文本类型及其特点进行分析，选择合适的翻译策略和方法，进而更好地发挥译者主体性。下文我们将详细介绍文本类型理论。

2.5.1 莱斯和文本类型理论

莱斯长期从事翻译研究与教学工作，是 20 世纪 70 年代德国功能学派的代表人物。她在 1971 年出版的《翻译批评的可能性与局限性：翻译质量评价的范畴和标准》一书中首次提出涉及语言功能、文本类型及翻译策略的理论，即文本类型理论。莱斯认为，文本的结构对译文具有重要影响。莱斯提出文本类型理论的主要目的在于建立一个全面、客观的翻译批评和评估模式。她的理论基础是德国心理学家、功能语言学家布勒提出的语言功能三分法。

布勒的语言功能工具模式(图 2-1)包含四个组成因素:第一,符号;第二,事物与事实,即语境;第三,说话者或信息发出者;第四,受话者或信息接受者。在文本中,符号即语言,其功能产生于它和其他因素之间的关系。例如,符号与客观事物之间的关系为"表现"关系,符号与说话者之间是"表情"关系,符号与受话者之间是"感染"关系。布勒根据该语言工具模式中的因素及其之间的关系,确认了语言的三种功能,即表达功能或信息功能、表情功能和感染功能。布勒的语言功能理论在语言学界影响甚广,后来不少语言学者的理论中都有其影子,如雅克布(Jakob)的语言功能理论、韩礼德(Halliday)的三个语言纯理功能和纽马克的"语言功能及文本类型"等。

莱斯以这个被广泛认可的语言功能模式为基础,建议根据文本的主要功能把所有文本划分为三种类型,即信息型(informativ)、表情型(expressiv)和操作型(operativ)。莱斯对语言功能、语言特点和文本类型三者之间的关系描述见表 2-5。她认为,信息型文本的功能在于传递信息,文本聚集于内容而非形式,语言逻辑性较强;表情型文本的功能在于进行艺术性的情感表达,语言具有审美特征,文本焦点是信息发出者表达情感的方式,因此注重形式;感染型文本也称操作型文本,其功能在于感染或影响信息接受者,语言具有对话性,关注文本对受众的感染效果。

表 2-5 语言功能、语言特点和文本类型三者的关系

语言功能(Funktion der Sprache)	语言特点(Dimension der Sprache)	文本类型(Texttyp)
表达功能(Darstellung)	逻辑性(logisch)	重内容(inhaltsbetont)
表情功能(Ausdruck)	美学性(ästhetisch)	重形式(formbetont)
感染功能(Appell)	对话性(dialogisch)	重感染(appellbetont)

除了按文本的主要交际功能将其分为三种类型外,莱斯还按文本的惯例常规将其分为不同的文本种类。莱斯所说的文本种类就是日常生活中常用的语篇体裁。

表 2-6 文本类型与文本种类(Reiss, 1976:19)(Stolze, 2011:113)

文本类型(Texttyp)	文本种类(Textsorte)	
信息型文本	学术性	科研论文、研讨会报告、调研报告、专业文献(维修手册、工业标准)、科普文献(使用说明书、教科书)……
	非学术性	新闻报道、采访、天气预报、公告、法规、合同、协议、证书……

（续表）

文本类型（Texttyp）	文本种类（Textsorte）	
感染型文本	论证性	评论、声明、辩护词……
	鼓动性	广告、演讲、邀请、申请……
表情型文本	诗歌体（诗、词、歌词）、散文体（小说、杂文、轶事）、表演体（话剧、戏曲电影、电视剧）……	

如表 2-6 所示，莱斯将信息型文本区分为学术性和非学术性。学术性文本种类包括：科研论文、研讨会报告、调研报告、专业文献（如维修手册、工业标准）、科普文献（如使用说明书、教科书）等。非学术性文类包括：新闻报道、采访、天气预报、公告、法规、合同、协议、证书等。具有表情功能的典型文本种类有诗歌体（如诗、词、歌词）、散文体（如小说、杂文、轶事）、表演体（如话剧、戏曲、电影、电视剧）等。具有感染功能的文本种类可以分为论证性文本和鼓动性文本。论证性文本有评论、声明、辩护词等，鼓动性文本有广告、演讲、邀请、申请书等。

虽然语言兼具三种功能，但一方面三种功能不可能均衡地体现在每个文本中，另一方面不是任何文本都只有一个功能。有的文本（或文本的某个部分）以表现为主，有的以表情为主，有的以感染为主。文本类型是根据文本的主要功能来划分的。

切斯特曼（Chesterman）用图表（图 2-2）描绘了莱斯的文本分类。处于三角顶端的参考用书主要提供信息，因此属于信息型文本，诗歌主要表达作者的情感，可以说是最典型的表情型文本，广告的主要功能是感染受众，因此可以说是感染型文本。然而除了主要功能外，诗歌还可能具有信息功能，广告也可能兼具表情和信息功能。

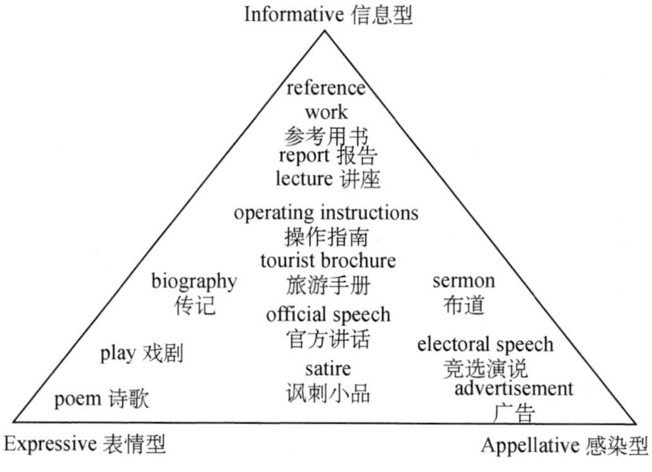

图 2-2　莱斯的文本类型与文本种类（Chesterman，1989：105；张美芳，2013：6）

处于三角里面的其他文本种类都是同时兼具多种功能的，例如人物传记可能是信息与表情功能兼备的文本种类，布道则是既有信息性又具感染力的文类，操作指南也是既具有信息功能也具感染（指引）功能的文类。不少文本具有多种功能，但是他们总是有主有次的。莱斯强调，识别文本的主要功能很重要，因为传递原文的主要功能是衡量译文的决定性因素。译者应该针对不同的文本类型及其主要功能采取适当的翻译方法。

莱斯不仅将文本分为三大功能类型，以及相应的文本种类，还阐述了各种文本类型与翻译方法之间的总体关系。该模式的特别之处是以翻译为焦点，对文本的分类，对语言功能、语言特点、交际情景等的分析，都是为翻译策略寻求理据。莱斯认为，信息型文本翻译应以简朴明了的语言传递与原文相同的概念与信息。表情型文本的翻译应采用仿效法，以使译文忠实于原作者或原文。操作型文本可用编译或适应性的翻译方法，以达到感染读者的目的。（表 2-7）

表 2-7　文本类型与翻译方法（参见 Reiss, 1976:20）

文本类型（Texttyp）	文本功能（Textfunktion）	文本焦点（Kennzeichnen）	等值标准（Äquivalenzmaßstab）	翻译方法（Übersetzungsmethode）
信息型（informativ）	传递信息（Vermittlung von Information）	内容（sachorientiert）	保持内容不变（Invarianz auf der Inhaltsebene）	重内容，简朴明了（sachgerecht, schlicht-prosaisch）
表情型（expressiv）	艺术性情感表达（künstlerische Aussage）	信息发出者（senderorientiert）	模仿艺术表达方式（Analogie der künstlerischen Gestaltung）	忠于原作者，仿效（autorgerecht）
操作型（operativ）	诱出期望行为（Auslösung von Verhaltensimpulsen）	行为（verhaltens-orientiert）	保持文本感染性（Identität des Textappells）	重感染功效，编译（appellgerecht）

诺德也基本认同布勒的语言功能工具模式，将文本功能分为三大类，并像雅克布和纽马克那样增加了寒暄功能。诺德对文本功能的分类（表 2-8）是：指称功能（referential function）、表情功能（expressive function）、感染功能（appellative function）和寒暄功能（phatic function）。诺德所说的“指称功能”也即信息功能，是指通过文中的语言“表现真实世界或虚拟世界中的物体及现象”。对于文本的表情功能，诺德的解释似乎要比莱斯进了一步。在莱斯的文本类型中，表情功能只限于文学作品或诗歌的美学方面，而在诺德的模式中，表情功能可出现在任何文本类型中，指的是说话者通过语言表达对人与事物的情感与态度。

表 2-8 诺德的文本功能分类(张美芳,2013:7)

Referential function 指称功能	Expressive function 表情功能	Appellative function 感染功能			Phatic function 寒暄功能
		Direct appellative 直接感染	Indirect appellative 间接感染	Poetic appellative 韵文感染	

此外,诺德对感染功能的分类也比她的前辈们更具体,她把文本的感染功能分为三种形式,即"直接感染""间接感染"和"韵文感染"。文本的直接感染功能通常由祈使句或反问句来表现,间接感染功能则是通过表现指称功能或表情功能的语言或文体手段来实现的。文本的韵文感染功能,顾名思义就是通过散文诗歌的形式来实现感染的功能。诺德指出,感染功能以接受者为中心,它像是一枚飞镖,只有射中标靶的中央才能取得好成绩。原文一般是诉诸源语文化读者的感知和经历,而译文的感染功能则必定是面向不同的目标。这意味着如果接受者不合作,感染功能就不起作用。这种情况在举例、超文本暗示、隐喻或诗歌内容对照等方面尤其常见。

本节提出的几位学者对语言和文本的分类是同宗同源、相通的。其不同点在于,布勒和雅克布关注的是语言功能,而莱斯和诺德不仅把语言功能具体化到文本的功能,而且把语言和文本的功能与翻译策略联系起来,因此对于翻译活动和研究具有更直接的指导意义。

2.5.2 文本类型理论与翻译实践

文本类型理论是否可应用于翻译实践呢?答案是肯定的。文本类型理论有助于译者客观地分析所翻译文本的功能,有助于译者了解不同功能的文本所具有的语言特点,也有助于译者针对不同的文本类型相应采取适当的翻译策略。下面我们将借助一些英德实例作进一步的说明。

文本分析的目的是了解文本的主要功能及其语言特点,从而采取适当的翻译方法。正确地分析和判断文本功能才能相应选择正确的翻译策略。莱斯以布勒的语言功能工具模式为基础的分类方法可以有效帮助我们区分文本功能,也就是根据文本的主要交际功能来划分文本类型。张美芳(2013)提到了功能派语言学家韩礼德的观点,认为布勒的语言功能三分法源于柏拉图关于第一人称、第二人称、第三人称的概念模式。这样的分类实际上是在构建一个超语言的概念框架,即从语言的外部看语言的功能,以此来解释人们使用语言的不同方式。在这样的语言功能模式中,语言功能跟语言使用是同义的。所谓第一、第二和第三人称的概念,就是说,在语言使用中，以“我”为中心、表达主观的情感态度的，是表情；呼吁受众作出反应和行动、对象是“你”的，是感染；以“它”（即事件、事实）为中心、展现或描述客观事实的，是表达信息。韩礼德的分析说明，语言和文本的信息、表情、感染三大功能跟语言使用是一致的，因此，翻译过程中的文本分析实际上是对语言在某个语境中的使用功能进行分析，并根据功能采取合适的翻译策略。

例 2-7

原文：

The End of Winter

Why does the cake look so tasty?
Why do cookies smell so good?
Don't you know they are all my favorites?
Cause they are rich in taste.

Why do my clothes seem so tight?
Why can't I get into my mini skirt?
Don't you know it's the end of the winter?
It's time to go on a diet.

这是一首打油诗，张美芳（2013）认为它用风趣幽默的文字表达了“我”——一位爱吃又爱美的女性在冬去春临之际的感觉和态度。尽管诗的最后两行似乎带有呼吁的作用，呼吁爱美的女士们行动起来节食减肥，然而从整体来看，该诗的主要功能是表情，因此可将其归类为表情型文本。根据莱斯的观点，表情型作品所表达的情感远远超过其陈述的内容。它们既建构于句法、语义层面，又建构于艺术层面。莱斯认为翻译表情型文本宜采用仿效法，以在译文中保留原文的美学效果并重塑原文的语义内容。

表 2-9　例 2-7 的译文(见张美芳，2013)

译文 1. 冬末	译文 2. 冬去春来兮	译文 3. 冬天，Bye-bye!
为何蛋糕那么诱人？	蛋糕滋味好，	点解蛋糕你咁正？
为何曲奇那么甘香？	曲奇香味飘。	点解曲奇你咁索？
你可知道它们全是我最爱？	皆为我至爱，	件件我都啋，
只因它们色香味俱全。	源其味道妙。	啋到我都晕。
为何衣服好像太紧？	衣服跟我吵，	点解我会 big 爆衫？
为何短裙总是挤不进？	迷你和我闹。	点解我会“挣”爆裙？
你可知冬天已到尽头？	冬去春来兮，	唉，要同冬天 Bye-bye!
节食的时候到了！	勿恋美食了。	要同瘦身讲声 Hi!

从表 2-9 可以看出，这三个译文遣词造句和形态都不太一样，但三者都保持了打油诗所具有的趣味性、通俗性和故事性的特点，译者都用通俗明了、朗朗上口的诗句表达了“我”对冬末春临的感觉、情绪和态度。表情型文本是创作性作品，其翻译过程实际上也是译者参与再创作的过程，因此译者的风格也就自然而然地体现在译文之中。

例 2-8 （www. info. gov. hk/dh/diseases/ncd/eng/diet. htm）

原文：

Diet and Nutrition

Food is essential for life as it is the source of energy and nutrients.

Energy supports human activities whereas nutrients are vital for growth, repair, health maintenance and disease prevention.

Imbalanced or poor diet may lead to obesity of specific nutrient deficiency. These in turn may increase the risk of a variety of health problems, such as heart diseases, cerebrovascular disease, diabetes mellitus, hypertension and some cancers. A balanced diet contributes to good health. For example, fresh fruit and vegetable consumptions protect against some forms of cancers.

译文：

饮食与营养

食物是我们身体能量和营养的源泉，因此对我们的生命至关重要。能量支持人类的日常活动，而营养对于我们身体的发育、修补、保健及预防疾病是必不可少的。

欠均衡的或没有营养的饮食会使我们的身体过胖或营养不良，而过胖或营养不良又会导致各种健康问题，例如心脏疾病、脑血管病、糖尿病、高血压，甚至是癌症。均衡的饮食能使我们身体健康，例如进食新鲜的蔬果有助于预防某些癌症。

例 2-8 是中国香港特别行政区政府卫生署 2005 年在网上为市民提供的关于饮食和营养的信息，目的是让市民更好地了解饮食和营养对生命的重要性，从而更加注重合理的饮食和营养。张美芳(2009a)提出例子中所述全部是有关饮食和营养的信息，两个形容词“至关重要的”和“必不可少的”看似作者主观的判断或评价，其实也是说明已被公认的事实，即“食物对于生命来说至关重要”“营养对人体是必不可少的”。因此，本例是典型的信息型文本。信息型文本的侧重点是内容，张美芳(2009a)认为在翻译此类文本时，译者应注意保持译文和原文在语义上的对等，在译文中尽量传递与原文相同的概念与信息。

从例 2-8 的译文可以看到，译者在翻译信息型文本时并没有太多自由发挥的空间。题目 Diet and Nutrition 直译为“饮食和营养”相信是绝大多数译者的选择。虽然译者采用了分译（如第一句）、合译（如最后两句）、语序转换（如第一句）等方法，但整个译文基本上忠实地传递了原文的信息内容。

例 2-9 （http://de. caissa. de/ueber-uns/）

原文：

Über uns

Als Mang Chen gemeinsam mit seiner Frau im Jahr 1993 das Unternehmen CAISSA Touristic (Group) AG gründete, hatte er bereits durch seine Arbeit bei einer der größten staatlichen Reiseagenturen Chinas das touristische Potential Chinas erkannt und wollte durch die Unternehmungsgründung sein Wissen und seine Erfahrung praktisch umsetzen. [...] In den darauffolgenden Jahren baute CAISSA das Angebot an Chinareisen weiter aus und bot nun Einsteiger-, Kenner- und Besondere Reisen an. Im Jahr 2012 wurde das Portfolio des China-Experten um Kunst- und Privatreisen ergänzt und durch Sondergruppenreisen und Incentives abgerundet.

译文：

公司概况

凯撒旅游（集团）股份有限公司成立于 1993 年，由陈茫先生和夫人共同创建。陈茫曾任职于一家中国最大的国有旅行社，工作中他就认识到中国旅游业的巨大潜力，于是想通过创业践行自己的知识和经验。[……]随后几年，凯撒旅游不断拓展自己的中国游业务，推出观光体验游、行家深度游和精品特色游。2012 年，作为中国通的凯撒旅游又增添了艺术之旅、个人定制之旅、特色团组和奖励旅游等产品，中国游业务日臻完善。

例 2-9 的德语文本是公司概况介绍，该文本的目的不仅仅在于向读者介绍公司相关的信息，还在于向读者清楚明了地展示公司的特点及其“高大上”的形象，并向潜在的顾客推介自己的营销产品，让更多想旅游的人了解自己、选择自己。所以，公司概况文本兼具信息和感染两方面的语篇功能，在翻译此类文本的时候，也应该从体现这两方面的语篇功能入手进行相应的译文选择。正如莱斯所指出，所有文本都可能兼具多重功能，分析和识别文本的主要功能并不是排斥或否定文本所具备的其他功能，而是更明确在翻译过程中应该相应采取什么合适的策略，以便恰当地处理不同层级的信息。

例 2-9 译文中开头长句的翻译正是出于上述考虑，希望读者能快速了解公司的关键信息。而原文第二部分的翻译则是通过译文读者比较熟悉，也朗朗上口的表达方式，达到更好地推介公司旅游产品的效果和目的，对于读者来说，像观光体验游、行家深度游、精品特色游、经典游、深度游、特色游、艺术之旅、个人定制之旅这样的产品名称罗列，无疑比"提供了适合初次旅游和经常旅游的旅客的旅行线路以及特色线路""为零经验旅行者和旅历丰富的旅行者提供相应产品及其他特色线路"这样的大白话译文更具吸引力和感染力。

译者在处理不同功能的文本时所享有的自由度是不一样的。针对感染型文本的翻译，前面阐述译者主体性时提到过很多关于德汉公示语的实例及其特点和翻译建议。中文公示语使用韵文形式十分常见，作者为了诗歌的形式和韵律效果，往往增加很多不必要的词句。如果把所有内容都翻译出来，译文就会很臃肿累赘，更不要说感染读者了。因此，进行汉德翻译时建议译者采用编译的手法进行处理，省去不必要的词语和次要的信息，以达到一目了然、感染公众的目的。

综上所述，莱斯的文本类型理论可以为我们的翻译实践带来以下启发：第一，对不同的源语文本进行功能分类；第二，根据功能了解不同源语文本的语言特点；第三，根据语言特点选择相应的翻译策略和方法。具体而言，对于信息型文本，可用简朴明了的语言传递与原文相同的概念与信息；对于表情型文本，可采用"效仿法"，虽对原文有语义内容上的重塑，但保留相同的美学效果；对于感染性文本，可采用编译等"适应性手段"。

思考题

文本类型理论对我们的翻译活动有什么启示？

文本类型理论参考文献

王颖频，2018. 语用顺应论视角下的德汉翻译研究和 MTI 翻译教学[M]. 上海：上海译文出版社.

张美芳，2009a. 文本类型理论及其对翻译研究的启示[J]. 中国翻译，5.

张美芳，2009b. 翻译研究的功能途径[M]. 上海：上海外语教育出版社.

张美芳，2013. 文本类型、翻译目的及翻译策略[J]. 上海翻译，4.

REISS K, 1976. Texttyp und Übersetzungsmethode. Der operative Text[M]. Heidelberg: Groos.

2.6 功能翻译理论

在德国功能主义译论的发展过程中，莱斯作为功能翻译理论的开创者首先提出了文本功能分类理论，开辟了翻译批评的功能主义视角。之后，费米尔和曼塔莉进一步发展了莱斯的文本类型理论，分别从翻译目的和翻译行为两个角度创立了自己的理论体系。他们三人是功能翻译理论的第一代代表人物。

2.6.1 费米尔和目的论

费米尔在1978年发表的《普通翻译理论框架》一文中首次论述了翻译目的论的基本原则和规则，认为翻译是跨文化交际的一个次范畴，提出了翻译过程中的目的规则、连贯规则和忠实规则，且目的规则是首要的规则。之后，在1984年他和莱斯合作完成的《普通翻译理论基础》一书第一部分中，费米尔也论述了翻译目的论的基本原则，及其作为翻译和口译的普遍理论，提出翻译，包括口译，是一种人类活动。之后，以诺德为代表的第二代目的论者不断完善和应用翻译目的论，其应用领域涉及翻译人员培训、口译、文学翻译、儿童作品翻译、新闻翻译等。

翻译目的论以人类行为理论为指导，把翻译置于人类行为理论的范畴进行研究。目的论提出，翻译是有明确的目的和意图，在译者的作用下进行的以原文文本为基础的跨文化的人类交际活动，即翻译是有意图的互动活动。费米尔在解释其理论时强调，翻译目的论所指的意图性并不是说一种活动本身具有意图，而是说活动的参与者认为或解释为有意图。翻译活动的意图与译者，或通常与翻译活动的发起者有关，翻译意图可能和原作者的意图相近，也可能不同。

翻译是人与人之间的互动行为。互动各方包括翻译发起者、译者、原文作者、目的语读者、译文文本的使用者。翻译活动的发起者是翻译活动链条上的第一环，他确定翻译目的，规定翻译要求。翻译要求包括：(1)文本功能；(2)目的语文本的接受者；(3)接受文本的时间及地点；(4)传播文本的媒介；(5)生产或接受文本的动机。目的论提出，原文只是译者利用的多种信息中的一种，不再是译者决策的至高无上的依据，它只负责提供信息。因此，译者可选择有利于实现翻译要求和目的的内容并采用有益于实现其目的的表达方式来生成文本。

原文文本的生产者为翻译活动提供原文，他可以是翻译活动中的直接参与者，也可以不是。只有产生原文的动机符合特定的翻译需要时，原文生产者才是翻译活动的直接参与者。

译者是翻译活动中最重要的一个参与者，他的作用是实现翻译活动。他接受翻译要求和原文。译者的任务包括，研究分析在法律、经济及意识形态方面，翻译要求是否具有接受性和可行性，确定翻译是否具有必要性；与翻译的发起者协商修正翻译要求，并在翻译要求的关照下，以原文文本为基础，制造符合目的语功能的译语文本。

译文接受者指读到或听到译文文本的人，也就是目的语读者。译文接受者在翻译过程中起到决定性作用，是翻译要求的重要组成环节。费米尔认为，译文接受者相关的一切信息对译者来说都相当重要，因为翻译就是在目的语环境中为翻译目的和译文读者而生产的文本，译文读者是有其特定文化背景知识和交际需要的译文文本的接受者或听众。

译文使用者是最终使用译文的人，翻译的最终目的是完成交际活动，因此只有将译文和译文接受者联系起来，才能完成翻译交际。译文使用者的功能就是联系译文与译文接受者，使译文接受者得到译文。

翻译的首要原则是目的原则(Skoposregel)。目的原则是指译文应能在目的语情境和文化中，按译文接受者期待的方式发生作用。决定翻译过程的根本原则是整个翻译活动的目的。翻译目的可以分为三类：(1) 译者的基本目的；(2) 译文文本的交际目的；(3)特定翻译策略或手段要达到的目的。然而目的(Skopos)一词常指译文文本所要达到的目的，即交际目的。

除使用 Skopos(目的)这个词，费米尔还使用了几个相关的概念，即 Ziel(目标)、Zweck(目的)、Intention(意图)和 Funktion(功能)。目标指翻译行为要达到的最终结果，目的指达到翻译目标过程中的阶段和结果，功能指译文接受者心目中文本意在传达的意义，意图指有目标的翻译行为计划，包括传送者有目标地以某种适当的方式生产文本和接受者有目标地理解文本。区分传送者和接受者的目标意图很重要，因为从定义来看，传送者和接受者可以处于不同的文化背景和情境，因此这五个概念中 Skopos(目的)是类指概念，其余四个是属概念。

其次是连贯原则(Kohärenzregel)和忠实原则(Fidelitätsregel)。这三条原则的关系是：忠实原则服从于连贯原则，而这二者服从于目的原则。如果翻译的目的要求改变原文功能，译文的标准就不再是与原文文本的篇际连贯，而是首先符合翻译目的。连贯原则指译文具有可读性和可接受性，达到篇内连贯(intratextuelle Kohärenz)，与译文接受者的交际语境一致，让译文接受者理解；忠实原则指译文和原文的连贯性，实现篇际连贯(intertextuelle Kohärenz)，相当于其他翻译理论所谓的忠实于原文，不过与原文忠实的程度和形式取决于翻译目的。

翻译目的论并不意味着所有的翻译都采用目的语文化规范取代源语文化规范。译者可以根据翻译目的和翻译种类，再现源语文化规范，也可以将其做归化处理。也就是说，译文文本和原文所传达的内容和文化可以达到最高限度的忠实，也可以是最低限度的忠实。宏观上，翻译目的的要求决定了这种忠实的程度和形式。如果翻译目的要求译文文本再现原文文本的特点、风貌，那么忠实原则与目的原则相符合。译者应当尽最大努力去再现原文的风格、内容及特点。如果翻译目的要求译文和原文有某种程度的差异，译者会不会毫无限制地背离原文，出现所谓的"激进"功能主义翻译呢？为此，后续诺德对功能主义观的翻译目的论进行了修正，提出了"功能加忠诚"的原则，其中的功能即译文文本在目的语情境中按读者期待的方式发生作用，这和费米尔的观点一致。

翻译目的论评价译文质量的标准是适切翻译，而不是等值。适切指译文文本要适合翻译目的的要求，也就是说译文文本要完成其在目的语情境和文化中的交际功能。适切是一个动态概念，在翻译过程中，以翻译目的为基础，选择适合实现翻译目的的符号。等值则是一个静态概念，指在词、短语、句法结构等不同层次上译文与原文的关系，也可指在意义、风格或交际效果等"同等交际价值"层次上译文与原文的关系。莱斯认为，对等是翻译中的一种目标，是适切翻译的一个属概念。"翻译目的决定适切翻译要求的对等形式。"

翻译目的论凸显了翻译活动的参与者，特别是翻译活动发起者在整个翻译过程中的作用和影响，提升了译者这一翻译主体的主动参与性。目的论要求译文文本实现其在目的语文化中的交际功能，因此目的语文化语境如特定历史时期的政治、经济、社会历史文化、意识形态、居主导地位的文学体裁、文学规范等在翻译活动中起着不可或缺的作用，它制约着翻译材料的选择、翻译目的的确定、译者对翻译策略的选择、译文文本的生成以及译文文本在目的语文化中的地位和作用。

同时，翻译目的论突破了等值翻译论或对等翻译论的"框框"。翻译不再仅仅是文本与文本之间的对等关系，对等只是符合翻译目的的一种形式。翻译目的论把翻译置于跨文化交际的范畴进行研究，拓宽了翻译研究的视野。翻译研究不局限于语际转换过程，也不仅仅聚焦于文本研究，而是扩大到了在目的语文化语境下研究目的语文化对翻译活动的影响。总之，翻译目的论为翻译研究提供了新的视角，有利于全面研究各种翻译变体，推动翻译理论的发展。

2.6.2 诺德和功能加忠诚理论

诺德集译者、教师、翻译研究者于一身，是德国功能翻译学派的第二代代表人物，所发表论著主要涉及翻译中的语篇分析、译员培训等。她在《翻译与文本分析：翻译中文本分析的理论基础、方法及教学应用》一书中介绍了“翻译导向的文本分析模式”；在《译有所为——功能翻译理论阐释》一书中全面介绍了德国功能翻译学派的代表人物及其理论，并提出“功能加忠诚”理论。

诺德深受其老师莱斯的文本类型理论的影响，并认同费米尔的目的论，赞赏曼塔莉的翻译行为理论。但她同时也有自己的见解，主要是把忠诚原则引入功能主义模式，希望解决翻译中的激进功能主义问题。忠诚指的是译者、原文作者、译文接受者及翻译发起者之间的人际关系。诺德认为，功能主义理论可以涵盖翻译的所有类型，而且对翻译教学有特别重要的意义。

在全面接受莱斯的文本类型理论的同时，诺德也非常忠诚于目的论。她认为译文目的居于翻译过程中一切确定因素之上，译文目的是对“预定目的环境的描述”，由“委托人”在指示中确定。“委托人”是译者为之工作的雇主，而不是书的原作者或读者，尽管他们也有可能成为委托人。诺德所说的 Skopos 与费米尔所说的有所不同。费米尔认为译者是在委托人指示的基础上确定译文目的，诺德则否认译者有自己制定译文目的的自由。她认为，译文目的仍然由委托人决定，而不是由译者决定。诺德之所以把译者放在从属地位，认为他们没有制定译文目的的自由，这可能跟她所说的“译者”有关，因为她眼中的译者主要是学生。

诺德在《翻译与文本分析》一书中首次提出“功能加忠诚”概念。当时她主要是针对曼塔莉有关翻译的论说。曼塔莉把文本视为实现交际功能的纯粹工具，认为文本固有的价值完全从属于其目的，译者只需对目的负责，目的语文本可以完全独立于原文。诺德则认为自由重写不属于翻译的范畴，她提出，“没有原文，就没有翻译”“译者应同时对原文和译文负责，对原文作者或翻译任务发起人负责，对译文读者负责”。她称这一责任为“忠诚”。

诺德把忠诚原则引入功能主义模式，希望解决翻译中的激进功能主义问题。因此，她的功能主义方法论建立在两大基石之上：功能加忠诚。功能指译文在目的语环境中按预定的方式运作的因素，忠诚是译者、原文作者、译文接受者及翻译发起者之间的人际关系。忠诚原则限制了某一原文的译文功能范围，增加了译者与客户之间对翻译任务的协商。诺德说，忠诚使译者双向地忠于原文与译文两方面，但不能把它与忠实的概念混为一谈，因为忠实仅仅指原文与译文的关系，而忠诚是人际范畴的概念，指的是人与人之间的社会关系。功能加忠诚是诺德的独特的翻译理论，更确切地说是她的理想。

张美芳（2009b）用两个例子解释了诺德的功能加忠诚翻译模式。

尼加拉瓜牧师恩尼斯托·卡丹奴(Ernesto Cardenal)在1959年古巴大革命后首次踏足古巴,之后写了一本书叫 *En Cuba*。书中表现了他个人对古巴社会的政治倾向。他在书中对费多·卡斯特罗(Fidel Castro)的政府所带来的变化极感兴趣。他的个人观点表露无遗,即使读者不同意他的观点,也会被其感染。这本书的德语版本于1972年出版(书名为《在古巴》,德语是 *Bericht einer Reise*),给人感觉是对作者的旅程作了一般而客观的记录,其中还不时提醒读者,“闪光的并非都是金子”。

可以发现,译者改变了原文的基调,把原作者对古巴大革命的浓厚兴趣降调为客观描写,译者有时甚至持批评的态度。译者为什么会做出这样的改译呢?

诺德分析,70年代初,西方出版商大多不敢把一个“亲共产主义”的作者呈现于德文读者面前。因此,从出版商的角度来看,上述翻译是颇具功能性的。然而诺德不能接受这一译文,因为译者把“原作者和译文读者都蒙骗了”。一般说来,读者相信原作者名下的译作就必然表现原作者的观点,原作者也期望译作会重现他在书中所展示的观点。因此,读者会以为原作者对卡斯特罗政权抱着批判性的态度。

那么当出版商把商业因素放在第一位考虑,译者该如何做呢?诺德建议,译者可以与翻译发起人讨论,用一些篇幅告诉读者关于原文的背景,或用几行介绍性文字,让目的语读者明白他们读的是翻译作品,或甚至可以基于道德理由而拒绝做这样的翻译。这就是诺德的忠诚原则:当发起人、译文接受者以及原文作者三方有利益上的冲突时,译者必须介入协调,寻求三方的共识。然而,诺德有时又违背她自己的“寻求三方共识”的“忠诚”原则,主张译者改写某些翻译单位而不用征求原作者的意见。

在一本关于教育哲学的课本中,西班牙语作者尖刻地形容某人的观点立场是“para vomitar”(使人作呕)。而德语译者决定在未征得原作者同意的情况下将这个说法改译,使其符合德语教科书的常规。她仅用德语中表示“几乎受不了”的短语来翻译原文。

诺德赞扬上例的译法很得体,既“接近原文情感而又不失原作者作为一名严肃学者之风度”。诺德分析,如果译者事先征求原作者意见,原作者可能会坚持要直译他的观点,因为原作者在其语言环境中享有很高的威望,这种威望给了他一种“侃侃而谈”的特权。但是在目的语文化中,译者的责任是使作品能被恰当地接受,她必须考虑目的语文化群体的期望。

由此，我们可以提出这样的问题，为什么诺德有时要求译者考虑原作者的观点，有时又赞同改变原作者的评价用语呢？

诺德自己这样解释：在费米尔的目的论中，忠诚是空缺的，只能由每个特定的翻译任务所涉及的文化及其所奉行的翻译理念来实现。如果目的语文化一般认为译文应是对原文的直译复制，译者就不能够毫无理由地意译。译者有责任协调两种文化之间的差异，而这种协调绝不是把某种文化理念强加于另一种文化群体。译者必须考虑到读者的种种期望，虽然不一定要按照读者的期望去做，但是在道德责任上，译者不能欺骗读者。

诺德也承认，要准确了解读者对译文的期望也不容易，因为此方面仍欠缺广泛的实证研究。因此，在目前的情况下，译者必须依赖于自己的推测及从客户与读者那里得到的少之又少的反馈信息来决定翻译策略。

诺德提出的"功能加忠诚"模式听起来是很完美的。但在实际操作中，要同时忠诚于翻译委托人、原文作者和译文读者三方并不容易做到。如果译文目的与原文目的相同，功能加忠诚似乎没有问题，但如果译文目的与原文目的不相同，译者该怎么办呢？译者该忠诚于翻译发起人，还是忠诚于原作者或译文读者呢？大家可以在了解理论的基础上，结合自身的翻译实践经验，作进一步思考。

2.6.3 诺德的文本分析模式

大部分翻译理论家都会认同这样的说法，就是在开始翻译前，译者应该仔细分析文本，因为这似乎是确保准确而又全面地理解源语文本的唯一途径。对于如何分析文本、如何才能最好地解决某些翻译问题，大家各抒己见，且都建立在其他研究领域所形成的文本分析模式基础之上，如文学研究、篇章或话语语言学等。但这些模式并不一定适合译者，因为不同的目的决定了需要采取不同的方法。以翻译为导向的文本分析不仅要确保全面理解和正确解读文本，阐释该文本的语言和语篇结构以及其与源语系统和规范之间的关系，还应该为译者在具体的翻译过程中需要做出的具体决定提供可靠的基石。因此，文本分析必须要置于翻译的整体概念之中，为译者提供可靠的参考框架。

诺德认为，交际功能是文本特征的决定性标准，文本的语义特征和句法特征都从属于这一标准。使用源语文本时的交际情景因素对文本分析具有决定性的影响，因为这些因素决定了文本的交际功能。诺德将这些因素称为"文外"或"外部"因素。文外因素分析可以通过询问文本作者或者发送者（谁?）、发送者意图（为了什么目的?)、文本的读者对象(向谁?)、文本的交际媒介或者渠道(通过什么媒介?)、文本生成和接受的时间(在何时?)和地点(在哪里?),以及交际动机(为什么?)来进行分析。这些文外因素的信息总和可以提供最后一个问题的答案,即文本能够实现的功能(具有什么功能?)。

发送者和文本生成者:虽然在许多情况下这两个角色都是合二为一的,但是在以翻译为导向的文本分析中区分两者还是非常重要的。文本发送者是使用文本向他人传递某一信息或产生一定效果的某个人或机构等。而文本生成者根据发送者的指令写成文本,并且要遵循相关语言和文化中有效的文本生成规则和规范。

发送者意图:诺德认为,为了确定意图这一特征,必须要问,发送者的意图是要文本实现什么功能?发送者传递文本要对接受者产生什么效果?意图、功能、效果这三个概念似乎很难区分。诺德提出,这三个概念是对同一个交际方面的不同观点。意图是从发送者的角度界定的,发送者想利用文本达到某一目的。但是良好的意图不能保证结果与意图所要达到的目的一致。是接受者接受或使用具有一定功能的文本从而完成"交际"行为,而文本功能是所有情景因素叠加所形成的。理想的情况是,意图、功能和效果这三个因素一致。意图决定了文本内容和形式的组织。要获取发送者或者文本生成者意图的有关明示或者暗示信息,途径之一就是分析文内特征。

译文读者:几乎在与翻译有关的所有文本分析方法中,受众被认为是非常重要的因素。译文读者的确定可能与文本类型有关系,也可能完全没有关系。例如,科普文本可能有几种类型的读者:儿童、青少年、成人等。在根据正常的翻译循环过程摘选出目的语文本既定接受者的所有有关信息后,译者就可以将该信息与源语文本接受者的特征进行对比。

媒介:诺德认为,媒介指赖以向读者传递文本的手段或者工具。我们需要了解文本是通过面对面交流还是通过书面方式进行传递。传递的手段不仅仅影响到文本接受的条件,更会影响到文本生成的条件,决定了信息在明示性、论据安排、句型选择、衔接特点、面部表情和手势等非语言成分的使用等层面的表达方式。

交际时间、地点:诺德认为,时间和空间因素对不同文本或者体裁的重要性各不相同,所以应该在分析源语文本时对其分别进行研究。空间特征不仅仅指文本生成的地点,还指文本接受的地点,诺德认为也要考虑到文化和政治条件。时间特征首先是文本所代表的语言发展历史阶段的重要信号,也能帮助阐明发送者和目的语读者的交际背景。

交际动机:诺德提出,动机这一范畴不仅是指文本生成的原因,还指文本之所以生成的动因。有人写诗可能是因为本人有感而发，也可能是为了家人庆祝生日。第一种情况下，写诗的动机是本人的兴趣，第二种情况则是文本接受者的接受动机使然。动机特征能够提供其他情景因素的某些线索，例如报道世界杯决赛的通常是体育记者。动机也可以表明文本自身的某些常规特征，内容、词汇和句型结构等都可以取决于交际动机。

文外因素的互相依赖关系：文外因素之间具有互相依赖的关系，根据其他因素的数据和线索可以得出某一因素的数据和线索。其中，最重要的原则是循环性。这种分析不是一个单向的过程，而是包含着任意多的循环，然后预期得以形成、确认或者否认，认识得以获取、扩展，理解不断得到修正。

诺德站在文本发送者的角度，确定生成文本时应该要考虑到哪些文内因素。包括询问文本的主题（关于什么题材?）、文本所表达的内容或者信息（说了什么?）、作者提出的知识预设（没说出什么?）、文本的构成或者结构（采用什么顺序?）、文本的非语言或者辅助语言成分（使用哪些非语言手段?）、文本的词汇特点（用哪些词汇?）和句法结构（用什么类型的句子?）、语调和韵律的超语段特征（用什么语气?）。

题材：题材在所有翻译导向的文本分析模式中均具有根本性地位。通过分析题材，译者可以了解文本是否具有连贯性，是否涉及具体的文化背景，译者能够据此判断本人是否具备理解和翻译文本所需要的专业知识，得出关于翻译任务可行性的重要信息等。

内容：内容通常指的是文本所指称的超语言现实中的对象和现象。这种指称关系主要通过文本所使用的词汇和语法结构中的语义信息表达出来。这些结构互为补充，减少多义性，共同构成了一个连贯的语境。因此，内容分析的起点应该是文本成分所携带的信息。此外，文本的意思还可以通过对文外交际情景的分析进一步获取。内涵意义则只能结合词汇、句型结构和超语段特征才能进行详细分析。

预设：诺德在此提出的不是“逻辑预设”，也不是“哲学预设”，而是“语用预设”。讲话者假设存在这些预设，也想当然地认为听众也是如此。只有讲话者和听者都假设存在足够数量的共同预设，交际才能进行。在翻译中，预设通常指的是发送者所属文化中的对象和现象，既可以指情景因素以及源语文化现实，还可以包含作者生平、常见文本类型及其特征、题材细节、动机、某一文学时期的传统主题和书籍版式、意识形态等。

文本构成：文本结构分析包含宏观结构和微观结构。宏观结构分析的重要内容就是看源语文本中是否嵌有任何次级文本或内部文本，例如引文、脚注等。微观结构则包括各类简单句和复杂句，以及句子内部的成分及其关系，例如主位-述位结构等。分析文本构成，可以使译者根据各个语段的不同功能采取不同的翻译策略。

非语言因素：非语言符号用来对文本信息进行补充、阐明、消除歧义或者强化文本信息。诺德认为，非语言成分包括面对面交际中的副语言成分，例如面部表情、手势、声音质量等，以及属于书面文本的非语言成分，例如插图、徽标、特殊打印格式等。在分析时，需要区分伴随文本出现的非语言成分、补充文本的非语言成分、独立构成文本的非语言成分和代替某些文本成分的非语言成分。非语言因素具有文化专属性。在涉及翻译的源语文本分析框架内，译者必须要确定源语文本中哪些非语言因素在翻译时需要保留，哪些需要根据目的语文化的规范和常规作出调整。

词汇：文本的词汇特征在所有以翻译为导向的文本分析方法中均占有重要地位。词汇的选择取决于文内和文外两个方面。文本中词项的特征经常带有文外因素和其他文内方面的信息。例如，词汇的语义和文体特征，如内涵、语义场、语域可能涉及内容、题材和前提等方面，而其形式和语法特征，如词性、词的功能、词法则涉及可预测性句法结构和超语段特征。

句型结构：以翻译为导向的文本分析的相关特征包括句子的句法结构和复杂性、主句和从句在文本中的分布情况、句子的长度、功能句子观的运用以及文本表层的衔接手法。这既包括某些文本类型的常规句型结构，也包括意在对读者产生一定效果而选定的句型结构。译者根据这些分析，能够了解文本信息的构建方式。

超语段特征：诺德提出，文本的超语段特征指的是介于任何词汇或句法成分、句子和段落之间交界部分的所有文本组织特征，这构成了文本音位或者特定语气的框架。在书面文本中，超语段特征的信号是视觉手段，例如斜体、粗体或者间距、引号等。在口语文本中，超语段特征的信号是声学手段，如紧张性、变调、音调和响度变化等。

文内因素之间的互相依赖关系：同文外因素一样，各个文内因素也紧密联系在一起，每个因素的相关信息和线索都会涉及其他因素的特征，所以在分析过程中不能一直采用线性推进形式。

2.6.4 翻译问题和翻译类型

诺德将翻译实践中译者遇到的问题区分为四类：(1)语用翻译问题：这一类问题来自具体翻译情景，涉及源语文本接受者与目的语文本接受者、源语文本媒介与目的语文本媒介、源语文本生成动机与翻译动机、源语文本功能与目的语文本功能等之间的对比关系。(2)文化对翻译问题:在从一种文化向另一种文化进行翻译的时候,可能会遇到某些跟文化相关的翻译问题。这些问题是文化专属性习惯、规范和常规等方面的差异所造成的。(3)语言对翻译问题:两种语言之间的结构差异,特别是在词汇和句型结构层面,在任何涉及该语言对的翻译时都会产生翻译问题。(4)源文本特点导致的翻译问题:在翻译某一具体文本时遇到的问题如果不能归为语用、文化或语言方面,那么该问题需要被视为"文本专属性",问题的出现源于其具体文本特征。

语用翻译问题可以有如下具体表现:(1)可以是与源语语篇和目的语语篇功能相关的问题,即功能相同或功能变异。例如,当译者要将法庭的宣判翻译给被告时,翻译任务是"省略全部法律细节,只翻译裁决内容和理由"。(2)与作者相关的问题。包括能否从语篇中或其他方式知道作者或委托人是谁,作者有无明显的个人特点。例如,文学语篇中个人用语特点常常是表达人物性格的手段,应当在译文中加以考虑。还有,作者的语篇写作能力如何。源语语篇中经常含有大大小小的错误或缺陷,译者要及时修正。(3)与作者意向相关的问题。例如,广告宣传意向、公示语等翻译就与作者意向紧密相关。(4)与读者相关的问题。例如,德语广告中习惯突出直接对读者的称呼,需要译者注意。(5)与媒体特点相关的问题。例如,目的语广告版面小,就要使用缩写或简洁的表达方式。电影画面下标的文字字幕最多占 2 行,字体又不能过小,翻动不能过快,译者需删减剧本中部分内容。连环画中人物嘴边标出的"话语"长度不能大于气泡框,译者要注意译文长度。(6)与地点相关的问题。例如,地址的写法在不同国家有所不同,德语中先小后大(单位、街道、城市),汉语中先大后小。译者需要在地址翻译中加上国名,电话号码前加国家号、区号。(7)与时间相关的问题。例如,im letzten Jahr 有时可能需要改译成具体的年份。如上世纪完成的原文中 in den 70er Jahren 可能需要译为"20 世纪 70 年代"。(8)与交际起因和动机相关的问题。例如:学生宿舍告示板贴着"Wegen der in der letzten Zeit gehäuft auftretenden Diebstähle werden alle BewohnerInnen gebeten, die Zimmertüren stets verschlossen zu halten."。(因最近频繁出现偷窃,请大家随时锁好门。)半年后中国学生入住,中文告示译文建议:"为防小偷,请大家随时锁好门。"源语语篇是因为当时实际的危险而作,半年后的目的语语篇则为了一般的必要性提醒而作。

文化对翻译问题则包括:(1)语篇种类的惯例和习惯表达方式。如在约定俗成性很强的语篇种类(如专利文献)中,语篇惯例和习惯表达方式的作用就比在文学作品中重要得多。(2)形式上的约定俗成。如汉语无动词虚拟式,德译汉常补充"某人说""她认为""他想"等表达。汉语"张教师"译为 Herr Zhang，德语中则用一般对男士的称呼代替职业或职位的称呼。

语言对翻译问题可表现为：(1)词汇问题。例如，某些德语语篇存在"名词化风格"，有大量"动名词"，而汉语多使用带动词的"述宾""述补"结构。或德语中多使用代词，汉语中重复使用同一名词。(2)句法问题。例如，德语学术论文中常出现的多层从句结构，翻译时要考虑如何"解套"。缩略语结构不能提供完整信息，经常需要从上下文和语境中推导出缺省部分，翻译时要考虑加注或者完整译出。(3)修辞风格问题。修辞手段的运用带来的翻译困难。例如：讽喻，德语中常有正话反说或反话正说的现象。汉语则喜用成语、谚语，汉语还喜用排比或其他对仗句式。

源语文本特点导致的翻译问题包括特有的修辞手段、特有的表达方式、特有的内容建构方式。例如，只会在某一特定的原文中出现的某些话语、新词、双关语等导致的翻译问题，或者在翻译隐喻、明喻、双关、修辞手法时产生的问题。

诺德在其理论框架下，根据译文在目的语语言和文化中的交际意义，即具有什么样的交际功能和目的，区分了两种笔译类型：文献型翻译和工具型翻译。

文献型翻译将译文只看作对源语文化和语言群体内部完成的交际行为的文献记录。译文的目的和功能就是在目的语文化和语言中充当被研究的文献，给译文读者提供有关源语文化和源语语言群体内部所完成的交际行为的信息。具体方法是，用目的语的表达手段基本上"忠实地反映"源语语篇。运用这种翻译策略，原文的内容、形式，包括词汇、词组和句式等，都要尽可能地展现在译文中。

工具型翻译是在目的语文化和语言群体中一种新的交际行为工具。内容和形式上以源语语篇为基础，有时或多或少与其相异。如何翻译，要取决于实现译文应有的功能。工具型翻译是现代翻译实践中最常见的翻译方式，是功能翻译学的主要研究对象。工具型翻译为了实现希望达到的功能和目的，会在目的语语篇中给予某些辅助理解的"解释"，采用一定的"语用学转述"，如"增补"或"改变表达方式"，也就是说，目的语语篇可能包含与源语语篇不同的事实依据，其目的是实现表达意向的功能。

思考题

1. 目的论与功能加忠诚理论有何区别？
2. 如何在功能翻译理论指导下进行翻译实践？

功能翻译理论参考文献

刘军平,覃江华,2012.西方翻译理论名著选读[M].武昌:武汉大学出版社.

谭载喜,2006.西方翻译简史[M].北京:商务印书馆,1991年1版,2004年2版.

田璐,赵军峰,2018.《新世纪的功能翻译理论》——克里斯蒂安·诺德教授访谈录[J].中国翻译,4.

张美芳,2009.翻译研究的功能途径[M].上海:上海外语教育出版社.

朱小雪,高立希,等,2010.翻译理论与实践——功能翻译学的口笔译教学论[M].北京:北京大学出版社.

KAUTZ U, 2002. Handbuch Didaktik des Übersetzens und Dolmetschens[M]. München: iudicium Verlag.

NORD C, 2009. Textanalyse und Übersetzen. Theoretische Grundlagen, Methode und didaktische Anwendung einer übersetzungsrelevanten Textanalyse[M]. 4. überarbeitete Auflage. Tübingen: Narr Verlag.

NORD C, 2011. Funktionsgerechtigkeit und Loyalität. Theorie, Methode und Didaktik des funktionalen Übersetzens[M]. Berlin: Frank & Timme Verlag für wissenschaftliche Literatur.

STOLZE R, 2011. Übersetzungstheorien. Eine Einführung[M]. 6. Auflage. Tübingen: Narr Verlag.

VERMEER H J, 1978. Ein Rahmen für eine allgemeine Translationstheorie[J]. Lebende Sprachen 3: 99-102.

2.7 文化翻译

本节我们将首先阐述文化的概念,然后对学者们总结的文化翻译策略与方法进行简要介绍,并通过实例加以说明。

2.7.1 文化的概念与范围

从人类学角度观察文化,较全面的定义来自英国人类学家泰勒(Tylor,1871),他将文化定义为"一个复杂的整体,其中包括知识、信仰、艺术、道德、法律、风俗人情以及人作为一个社会的成员所习得的其他能力和习惯"。程裕祯(1998)试图对文化作进一步分层,他认为文化一般可分为三个层次:浅层文化、中层文化和深层文化。浅层文化指物态文化层,涉及人们看得见、摸得着的具体事物;中层文化指制度以及行为文化层,涉及人们在长期社会实践和社会交往中建立的规范自身及调节相互关系的准则以及约定俗成的习惯和风俗；深层文化指心态文化层，涉及人们的社会心理及意识形态，主要包括人的价值观念、审美情趣、思维方式以及由此产生的文学艺术作品等。

在翻译领域，学者们也针对文化因素给出了不同的定义。西班牙翻译理论家艾克西拉（Aixelá，1996）认为，凡是在目的语文化中没有对应项、普通目的语读者无法理解的原文内容就是文化专有项（Culture Specific Item）。美国翻译理论家纽马克（Newmark，2001）将文化特色词汇（cultural words）与普通词汇（universal words）进行对比，认为文化特色词汇大多承载着特殊文化信息，另一种文化中的人往往会对其感到陌生且难以理解，所以此类词常是文化差异与文化鸿沟的体现，是翻译的困难所在。瑞士翻译理论家科勒（Koller，2004）提出文化特色因素概念（kulturspezifische Elemente），指的是某个国家在政治、制度、社会文化等方面所独有的名称和表达，在目的语文化中很难找到对应表达，出现"零对应"现象。杨平（2006）认为，文化因素指某种语言或某个民族中特有的文化现象和表达方式。可见，文化是一个复杂的整体，含有许多内涵，也有不同的表现形式。美国翻译理论家奈达将文化因素分为五类：自然环境因素、物质文化因素、社会文化因素、语言文化因素、精神文化因素。

自然环境因素包括自然地理环境及自然界中的植物和动物与相关的文化意象和联想。例如中国人常用梅、兰、竹、菊"四君子"来比喻傲、幽、坚、淡四种品质。梅、兰、竹、菊成为中国人感物喻志的象征，也是咏物诗和文人画中最常见的题材，号称"花中四君子"。而在欧美语境中，也有类似的托物言志的运用，橡树、橄榄树、白桦树是典型的代表，含有美好的文化寓意，象征着荣耀、力量和不屈不挠。在动物方面，龙是中国古代传说中的神异动物，也是中华民族的象征，中国人都以自己是"龙的传人"而骄傲。亚洲其他国家和民族亦有受中华龙文化影响。此外，蝙蝠由于"蝠"与"福"同音，在中国文化中也是吉祥的象征，画有或刻着蝙蝠的礼物常用来祝愿幸福和好运。显然，不同民族和文化赋予了动物和植物不同的寓意。

而物质文化因素则跟我们的衣食住行息息相关。在衣着服饰方面，中山装和旗袍作为中华传统服饰含有丰富的文化内涵；在饮食方面，不同国家的特色食物也是饮食文化的重要组成部分，例如提到意大利，我们就会想到它的特色食物意大利面、通心粉；提到日本的美食，首先想到的是寿司。中国菜则有自己的特色，例如狮子头、佛跳墙、叫花鸡、麻婆豆腐、宫保鸡丁、饺子等无一不含有特定的文化内涵；在烹饪方面，中国菜也格外讲究，有"炒、炸、滑、溜、扒、焖、煎、煮、炖"等多种方式。住宅方面，不同的建筑也极具地域特色，例如上海的石库门、北京的四合院等。在出行方面，不同的交通工具也体现着不同的历史背景，如黄包车（苦力 Kuli）、轿子等。

社会文化因素包括社会习俗、规章制度、行为方式、社会关系、组织机构等，反映人际关系及人与社会的关系。像我们刚刚讲到的饮食文化，中国人有“民以食为天”的传统，常以“你吃了吗?”作为问候语，这就属于社会文化因素。旧时的习俗礼节如叩头、作揖、请安等也反映了特定历史时期的社会关系和礼仪文化。

语言文化因素包括成语、谚语、歇后语、神话传说、寓言故事以及重要的历史人物、事件和传统节日等民族特色浓厚、文化意境独特的文化特色词。此处列举几个典型例子，如歇后语“孔夫子搬家——尽是书（输）”；成语典故“四面楚歌”“刻舟求剑”“八仙过海，各显神通”；历史人物诸葛亮（“三个臭皮匠合成个诸葛亮”“既生瑜何生亮”）。

精神文化因素则包含政治概念、价值观念、宗教信仰、健康理念等方面的内容。如中国提出的“一带一路”倡议，和而不同、以和为贵的外交理念，气功、功夫、太极等健身方式，中医治未病的健康理念，四大名著、二胡、琵琶等文学和艺术瑰宝等，都是中国文化的象征。而原罪、复活、祷告、摇滚（rock' n' roll）、爵士乐（jazz）等都刻有西方文化的印痕。

文化因素的表现形式多种多样，因不同的文化、语境而异，在翻译中不可避免会给译者带来困难。那么译者应该如何处理文化因素的翻译呢？德国翻译理论家施莱尔马赫早在 19 世纪就提出了两种翻译途径，即“Entweder der Übersetzer lässt den Schriftsteller möglichst in Ruhe, und bewegt den Leser ihm entgegen; oder er lässt den Leser möglichst in Ruhe und bewegt den Schriftsteller ihm entgegen.”。这两种翻译途径用汉语来表达，分别是异化翻译（Verfremdung）和归化翻译（Lokalisierung）。

第一种是尽可能不打扰原作者，而让读者去接近作者。译者把自己在认识原作语言中所获得的印象传递给读者，把读者送到陌生的原作发源地，从而使读者根据译文提供的语言形式尽力理解原作的真正含义。译作顺从原作，以原文作者为中心，是异化翻译。

第二种是尽可能不打扰读者，而让作者去接近读者。译者看懂原文后，使译作变为地道的目的语，使不懂外语的读者不费力地读懂译文，使原作者进入与译文读者直接对话的境地，翻译目的是使译者像目的语作者那样说话。原作顺从译作，以译文读者为中心，是归化翻译。

下面我们举两个例子来说明。

例 2-10

原文： Zwei Fliegen mit einer Klappe schlagen. / Kill two birds with one stone.

译文 1： 一拍二蝇/一石二鸟

译文 2： 一箭双雕

译文 3： 一举两得

例 2-10 是一个成语的翻译。我们把德语成语“Zwei Fliegen mit einer Klappe schlagen.”译成“一拍二蝇”或者将英语成语“Kill two birds with one stone.”翻译成“一石二鸟”，就是异化翻译，因为保留了原文的形式和内容；如果我们翻译成“一箭双雕”，那就是归化翻译，因为运用了目的语汉语中的文化意象和中国人所熟悉的成语进行翻译；若译为“一举两得”，就是一般的意译了，仅把意思翻译了出来，而过滤掉了其中的文化意涵。

例 2-11 （钱钟书，2008：8）

原文： 方鸿渐到了欧洲，既不抄敦煌卷子，又不访《永乐大典》……

译文： In Europa forschte Fang Hongjian nicht nach den Schätzen chinesischer Gelehrsamkeit, die in europäischen Bibliotheken vergraben sind, kopierte nicht die Manuskripte aus den Dunhuang-Höhlen, konsultierte nicht die „Yongle-Sammlung“ der Ming-Zeit ...

例 2-11 源于《围城》。译者在句首针对敦煌卷子、《永乐大典》等中国文化典籍作了简单介绍：chinesischer Gelehrsamkeit, die in europäischen Bibliotheken vergraben sind（字面意思是“藏在欧洲各大图书馆的中国典籍瑰宝”）；在后面提到敦煌卷子、《永乐大典》时也添加了相应的解释，如 Manuskripte aus den Dunhuang-Höhlen（字面意思是“敦煌石窟中的手稿”），die „Yongle-Sammlung“ der Ming-Zeit（字面意思是“明朝时期的永乐总集”）。从整段处理来看，译者明显是以译文读者为中心，为他们的理解提供一定的帮助，所以译者以归化翻译为主，但同时也辅以异化翻译；既对文化词汇巧妙地进行了文内解释，扩大了译文读者的文化认知，也通过保留“敦煌”“永乐”等名称的拼音，一定程度上保留了原文中的文化元素。

奈达认为，各种语言都具有同等的表达力，“一种语言里能表达的事情，必然能用另一种语言来表达”。人类的共性多于差异，在人类经验的表达方式中都存在一种“共核”（common core）。因此从某种意义上来说，一切都是可译的，语言和文化的障碍是可以克服的。但我们要承认源语中的文化价值并且尊重其异域文化特色，特别是不要因为源语文化处于劣势地位而轻视、排斥并试图取而代之。在翻译文化特色概念时应尽可能采用异化或直译的方式，原汁原味地保留源语的语言文化特色。同时由于源语文化和目的语文化的差异，为了实现译文和原文最大程度的等值，译者应在翻译中采用一些其他的翻译方法和变通补偿手段，以达到理解和鉴赏的交际目的。

2.7.2 文化因素的翻译方法

由于文化因素翻译的困难，其具体的翻译方法一直是学者们关注和讨论的焦点，此处列举几种比较有代表性的观点。

首先是科勒(2004)针对“零对应”现象提出的五种翻译方法：(1)直接运用原文表达(Übernahme des AS-Ausdrucks in die ZS)；(2)借译(Lehnübersetzung)；(3)近义替代(Wahl der am nächsten liegenden Entsprechungen)；(4)解释法(Explikation/definitorische Umschreibung)；(5)改写法(Adaptation)。

艾克西拉(1996)提出了针对文化专有项的十一种翻译方法：(1)重复(即照搬原文表达)；(2)转换拼写法(即转换字母体系或音译)；(3)语言翻译(即逐字译或按字面意思直译)；(4)文外解释；(5)文内解释；(6)使用同义词(用不同方式翻译同一文化专有项，避免重复)；(7)有限普适化(用译文读者较熟悉的另一源语文化专有项)；(8)绝对普适化(即用普通词汇翻译文化专有项)；(9)自然化(即用目的语文化概念替代源语文化专有项)；(10)删除(即对源语文化作删除处理)；(11)自创(即自创一个源语文化专有项或目的语文化专有项)。

表 2-10 科勒和艾克西拉文化翻译方法比较

	科勒	艾克西拉
1	直接运用原文表达(Übernahme des AS-Ausdrucks in die ZS)	重复(Wiederholung)
2	借译(Lehnübersetzung)	转换拼写法(orthographische Anpassung)、 语言翻译(linguistische Übersetzung)
3	近义替代(Wahl der am nächsten liegenden Entsprechungen)	自然化(Naturalisierung)
4	解释法(Explikation/definitorische Umschreibung)	文外解释(extratextuelle Erläuterung)、 文内解释(intratextuelle Erläuterung)、 绝对普适化(absolute Universalisierung)
5	改写法(Adaptation)	使用同义词(Synonymie)、 有限普适化(begrenzte Universalisierung)、 自创(autonomische Kreation)、 删除(Weglassen)

从表 2-10 可以看到，科勒和艾克西拉的翻译方法分类有差异也有重叠之处。艾克西拉的文外解释、文内解释和绝对普适化可归属科勒分类中的解释法；使用同义词、有限普适化、自创和删除则属于改写法；自然化等同于近义替代；直接运用原文表达和重复一致；转换拼写法和语言翻译又与借译类似或有相交之处。

中国学者的研究主要集中在汉英语对，针对小语种的相关研究较少。王颖频/滕硕较为详细地归纳了中国文化特色词汇的十种德译方法，包括(1)音译；(2)直译；(3)近义替代；(4)缩减式概括性翻译；(5)扩充式解释性翻译；(6)音译＋直译；(7)音译/直译＋文外补充式解释；(8)音译/直译＋文内嵌入式解释；(9)音译/直译＋文内嵌入式解释＋文外补充式解释；(10)近义替代＋文外补充式解释。具体的文化因素翻译方法我们可以按照诺德所区分的两种翻译类型(即文献型翻译和工具型翻译)进行归类(表 2-11)。

表 2-11　文化因素翻译方法的归类

文献型翻译 (Dokumentarische Übersetzung)	音译(Phonetische Transkription)
	直译(Wörtliche Übersetzung)
工具型翻译 (Instrumentelle Übersetzung)	近义替代(Wahl der am nächsten liegenden Entsprechung)
	概括性翻译(Zusammenfassende Übersetzung)
	解释性翻译(Erklärende Übersetzung)

文献型翻译指译文在内容和形式上与原文保持最大程度的忠实，方法有直译(wörtliche Übersetzung)和音译(phonetische Transkription)；工具型翻译则更多以译文受众为取向，以译文的使用目的为宗旨，翻译时对原文信息进行必要的筛选和重新组合，所以译文在内容和形式上与原文或多或少存在差异，代表性的方法有近义替代(Wahl der am nächsten liegenden Entsprechung)、概括性翻译(zusammenfassende Übersetzung)和解释性翻译(erklärende Übersetzung)。表 2-12 展示的是不同的翻译方法组合的策略归类，可以看到有文献型＋文献型、工具型＋工具型，也有文献型＋工具型。由于翻译实践的复杂性，这样的归类总结可以更清楚地展现译者在翻译策略和方法选择方面的努力。

表 2-12　翻译方法组合的策略归类

文献型＋文献型 (Dokumentarische Übersetzung ＋ Dokumentarische Übersetzung)	音译＋直译 (Phonetische Transkription ＋ Wörtliche Übersetzung)

（续表）

工具型＋工具型 （Instrumentelle Übersetzung ＋ Instrumentelle Übersetzung）	文内解释＋文外解释 （Textinterne Erklärung ＋ Textexterne Erklärung）
	近义替代＋文外解释 （Wahl der am nächsten liegenden Entsprechung ＋ Textexterne Erklärung）
文献型＋工具型 （Dokumentarische Übersetzung ＋ Instrumentelle Übersetzung）	音译＋文内解释 （Phonetische Transkription ＋ Textinterne Erklärung）
	音译/直译＋文外解释 （Phonetische Transkription/Wörtliche Übersetzung ＋ Textexterne Erklärung）
	音译＋文内解释＋文外解释 （Phonetische Transkription ＋ Textinterne Erklärung ＋ Textexterne Erklärung）

下面我们选取一些实例来说明几个重要的翻译方法及其翻译效果。首先来看近义替代。

例 2-12 （老舍，2017：8）

原文： 化干戈为玉帛

译文 1： Es herrscht wieder Frieden. （《茶馆》Kräuter 译本：15）

译文 2： Falken verwandeln sich in zahme Tauben. （《茶馆》Klöpsch 译本：28）

译文 3： Schwerter zu Pflugscharen schmieden （许震民，2014：320）

“化干戈为玉帛”这个熟语的整体含义是要变刀兵相见为玉帛相往，即化解战争变为和平。这个意思的表达主要基于其中两个具有丰富中国文化寓意的关键词“干戈”和“玉帛”。干即盾牌，戈是一种横刃长柄的兵器，干戈泛指兵器，引申为战争；玉帛即玉器和丝织品，是中国古代诸侯祭祀、会盟、朝聘等场合所用的礼器，比喻礼尚往来。那么这个熟语的意思和那些典型的中国文化词汇及其引申义该如何译成德语呢？我们来分析三种译文。译文 1 回译成汉语是“又相安无事了/又风平浪静了”，译者显然是对原文进行了意译处理，熟语的意思是基本表达出来了，但具有文化内涵的词汇及其引申义信息都被译者隐去。译文 2 的汉语回译为“雄鹰变成了温顺的鸽子”，该译文用目的语读者熟悉的两个词语“雄鹰”和“鸽子”分别对应原文中的“干戈”和“玉帛”，雄鹰有挑衅好斗的象征意思，而鸽子又是和平的代名词，因此相当成功地传达了汉语熟语的意思，也让译文读者丝毫不觉得陌生，是非常好的近义替代的译例。而译文 3 同样值得推荐。该谚语回译成汉语是“化剑为犁”，其中“剑”替代“干戈”，借代兵器和战争，“犁”替代“玉帛”，指代和平生活。该译文的巧妙之处在于，一方面“剑”和“犁”也都是中国文化中的常见事物，寓意与原文中的干戈和玉帛一致，另一方面“化剑为犁”除了源于《圣经》，该表述在德国和西方文化圈也是广为人知，纽约联合国大厦前就竖立着以此为题材而创作的雕塑，以强调致力于和平这个永恒不变的主题。所以，总体而言，译文 3 作为既保留源语文化信息，又完整、准确地传达了其深意的翻译处理，确是不可多得的佳译，这样能达到完美效果的译文表达可遇而不可求。

第二种情况，若源语文化特色词汇在目的语中找不到十分准确的近义表达，可以退而求其次，转而用一般概括性词语进行表述，可称为概括性翻译。

例 2-13 （钱钟书，2008：7）

原文： 从朋友攀为亲家。

译文： So entwickelte sich zuerst eine freundschaftliche, dann eine verwandtschaftliche Beziehung.

例 2-13 是汉语中“亲家”一词的翻译。由于中德文化差异，德国人对亲戚关系的概念比较笼统，一般不细分，为顺应目的语的文化语境，译者将“亲家”笼统地译为 eine verwandtschaftliche Beziehung（字面意思是“一种亲戚关系”），对汉语文化特色词汇的内涵作了模糊处理。

第三种情况，若源语文化特色词汇在目的语中找不到十分准确的近义替代表达，那么另一种常用的方法便是解释性翻译，其优点在于既顺应了源语文化背景，又顺应了目的语读者的认知语境；既能准确再现源语文化特色词汇的文化内涵，又补足了译文读者的文化背景知识缺失，以简要的解释降低了理解的难度。

例 2-14 （钱钟书，2008：5）

原文： 鲍小姐打她一下道：“你！ 苏东坡的妹妹，才女！”——“苏小妹”是同船男学生为苏小姐起的外号。”

译文： Fräulein Bao gab ihr einen Klaps: „Und was bist du? Su Dongpos Schwester, eine Intelligenzbestie!“ Die Studenten auf dem Schiff hatten Fräulein Su den Spitznamen gegeben, nach dem berühmten Dichter der Song-Dynastie.

如本例所示，针对“苏小妹”的文化内涵，译者采取了添加一个介词词组进行解释的方法，帮助译文读者了解其内涵，如果仅是音译，译文读者肯定体会不到其中的奥妙。

但解释性翻译的缺点在于，若要对源语文化特色词汇进行篇幅较长的解释，译文便没有原文言简意赅，且源语语言表达形式也得不到再现。

第四种情况是近义替代＋解释性翻译的方法组合。就是在具体的翻译中，针对原文中的一些文化概念或文化现象，译者为了使目的语读者更好地理解，除了运用他们所熟悉的表达进行近义替代以外，还同时使用解释性翻译方法，比如在译文中添加一定的信息进行解释（即文内解释），或在译文正文之外通过诸如添加括号、图片、脚注、注释、网络文本的悬浮框等多种表现形式对特定的文化因素进行信息补充（即文外解释）。

经过以上的实例分析，我们对常见的文化因素翻译方法有了一定的了解。每一种翻译方法都各有利弊，是译者在权衡源语文化因素和目的语语境之后作出的选择。文化因素包含太多目的语读者不熟悉的信息和内涵，因此译者不能简单地用直译、音译进行传达，也不能随意地使用近义替代或添加解释，而需要译者用心寻找既能传达相应内涵意义，又符合目的语表达习惯，又顺应译文读者文化认知的比较恰当的译文表达方法。译者对文化因素的翻译处理清楚地体现了译者主体性的发挥，没有这种主体性的参与，文化因素的翻译便是一句空话。

2.7.3 文化因素翻译实例分析

遇到具体的文化因素，我们该如何对其进行翻译，如何对其译文进行分析呢？不同的文化因素是否有不同的特点呢？针对这些问题，我们将通过两个具体实例作进一步的分析：(1)人名的翻译——以《茶馆》人名德译为例；(2)服装文化的翻译——以《红楼梦》服装名称德译为例。

外国人名的汉译通常采用名从主人的方式，即根据来源国的读音进行音译。比如德国人名 Karl Marx 根据其德语读音翻译成“卡尔・马克思”。但很多历史人物的名字的翻译要遵循约定俗成的原则，比如 Pearl Buck 译成“赛珍珠”，Johann Adam Schall von Bell 译为“汤若望”，Richard Wilhelm 译为“卫礼贤”。这些人在中外文化交流中都作出了独特的历史贡献，其名字是中国读者所熟悉的，如果不这么翻译，而是进行音译，那读者就会以为是另一个人，对语篇的理解造成困扰。中国人名外译，一般都采用 1958 年在中国大陆推广的汉语拼音进行翻译。但中国人名一般都具有一定的意义和文化信息，比如听到周抗美老师的名字，我们肯定会联想到抗美援朝战争，并能大致推断这个人的出生年代。如果用拼音将这个名字翻译成 Zhou Kangmei，其中的文化信息就没法体现出来。当然，针对中文人名是否要翻译出名字中所包含的意思或文化意涵，也值得探讨。

《茶馆》是一出三幕剧，讲述一个茶馆 50 年的历史变迁，有几十个人物，人名都很有特色，可谓浓缩了中国文化的人名、称呼艺术，如何翻译值得探讨。我们以两位汉学家 Uwe Kräuter 和 Volker Klöpsch 的译本为例，探究他们的处理方法。在此过程中，我们遇到的第一个问题就是这些人名各有特色，如何才能在分析之后总结出人名区别于其他文化因素的翻译方法。借鉴英语界的相关研究，我们认为对人名先进行分类是一个可行的办法。

表 2-13 《茶馆》人名分类

类型	例子
姓+名	王利发、秦仲义、王淑芬、宋恩子
姓+排行	松二爷、常四爷、马五爷、李三、康六
姓+绰号	唐铁嘴、刘麻子、二德子、小牛儿
姓+称谓	庞太监、明师傅、沈处长
"老"+姓	老林、老陈、老杨
二代型	小唐铁嘴、小刘麻子、小宋恩子
无名氏型	小妞、老人、乡妇、茶客

用一个表格（表 2-13）来整理这些名字的命名方法，可以分为以下几种类型：姓+名、姓+排行、姓+绰号、姓+称谓、"老"+姓等。

表 2-14 针对《茶馆》不同人名的翻译

类型	例子	Kräuter 译本	Klöpsch 译本
姓+名	王利发、秦仲义	Wang Lifa 音译	Wang Lifa 音译
姓+排行	松二爷、常四爷 李三、康六	Song Er 音译 Li San 音译	der zweite Herr Song 直译+文外解释 der dritte Li/Li San 音+直译/音译
姓+绰号	唐铁嘴、 刘麻子、 二德子、 小牛儿	„Eisenmaul" Tang 音+直译 Pocken-Liu 近义替代 Erdezi 音译 kleiner Niu 直译	Wahrsager Tang 音+近义替代 der pockennarbige Liu 直译 Erdezi 音译 der kleine Niuer 直译

（续表）

类型	例子	Kräuter 译本	Klöpsch 译本
姓＋称谓	明师傅 沈处长	Meister Ming 直译 Bezirksleiter 直译	der Koch Ming 近义替代 Vorsteher 近义替代
“老”＋姓	老林、老陈	Lao Lin 音译	Lin 缩减式
二代型	小唐铁嘴、小刘麻子	junger „Eisenmaul“ Tang 音＋直译	der kleine Wahrsager Tang 音＋直译＋近义替代
无名氏型	小妞、老人、乡妇	kleines Mädchen 直译	Mädchen 直译

从表 2-14 可以看到，针对“姓＋名”型，两位译者都采取了拼音法进行音译。但两者针对其他类型人名的翻译有一定的差异。如果要总结两者的异同，需要进一步梳理。

表 2-15　Kräuter 和 Klöpsch 的《茶馆》人名翻译差异

原文	Kräuter 译本	Klöpsch 译本
松二爷	Song Er	der zweite Herr Song
李三	Li San	der dritte Li
唐铁嘴	„Eisenmaul“ Tang	Wahrsager Tang
刘麻子	Pocken-Liu	der pockennarbige Liu
明师傅	Meister Ming	der Koch Ming
老林	Lao Lin	Lin
小刘麻子	junger Pocken-Liu	der kleine pockennarbige Liu
押大令的兵七人	Sonderkommando	mit Vollmachten ausgestattete Soldaten

表 2-15 罗列了两位译者在翻译人名时的不同之处。Kräuter 翻译人名时大多倾向于使用音译、直译的方法，力求较直观、真实地在译文中再现原文人名的读音、语言特点，体现了译者可能更多地考虑并希望保留原文特点的倾向。而 Klöpsch 则更倾向于使用解释性翻译、近义替代等方法，力求将原文人名所表达的意思及所蕴含的文化内涵解释给译文读者，对于目的语读者来说，der zweite Herr Song 相比于 Song Er, Wahrsager Tang 相比于„Eisenmaul“ Tang, der Koch Ming 相比于 Meister Ming 显然意思更加明了，而 Lin 相比于 Lao Lin 确实不容易使读者误解，这些都体现了译者 Klöpsch 在翻译过程中可能更多地顺应译文读者的阅读习惯和接受能力的主导思想。当然，对人名进行解释性翻译有时会导致译名太过冗长（如 mit Vollmachten ausgestattete Soldaten）而不可取。

基于这些分析我们可以对人名翻译作个总结。针对"姓+名"型人名宜进行音译，由于老舍先生在剧本人物列表中已对人物身份及性格作了简单描述，译文中不作解释是可行的。针对"姓+排行"型人名，为了更好地顺应源语文化语境，也为了区分原文中的阶层差异，上层人物的人名翻译如"松二爷"宜用 der zweite Herr Song 或 Herr Song 翻译，而下层社会的人名或可直接采取音译方式。针对"姓+绰号"型人名，近义替代法可以更好地顺应译文读者的表达习惯及其对源语文化的认知水平。针对"姓+称谓"型人名，在译文中明示人物的职业或职位能方便译文读者了解角色身份。针对"'老'+姓"型人名，为了避免误会，舍去"老"字并直接音译人物的姓氏或许更为合理。而针对"二代型"人名，选择 jung 比 klein 更符合原文的意思，而不会造成目的语读者的误解。

由此可见，人名翻译不能一概而论，而要根据其不同的命名方式进行翻译处理，兼顾可操作性，力求最大程度地体现出名字的特色。对《茶馆》中的诸多人名先进行必要的分类，可为后续分析奠定基础，避免分析无从下手的困境。

现在我们来谈谈服装文化的翻译。中国的服装文化可谓历史悠久、影响深远。但服装究竟指什么？广义来说，服装分为上、中、下三部分。"首服：冠、冕、巾；身服：上衣下裳；脚服：鞋和袜。"狭义而言，衣服指的就是身服，即上衣下裳。此处我们只关注衣裳名称，分析《红楼梦》史华慈(Schwarz)德译本中是如何翻译的。《红楼梦》中人物繁多，服装也是多种多样、丰富多彩，如何翻译、如何分析其翻译是比较棘手的事情。借鉴人名翻译，我们也可以先对服装名称的特点进行梳理，然后再分析其翻译方法。《红楼梦》中的 294 个服装词汇具有较长且描写细致的特点；对服装的描述大多涉及四个方面：颜色、款式、材质和图案，而翻译困难也多与这四个方面有关。

颜色是服装词汇的重要元素，也是文化的重要组成部分。一方面，颜色词可以反映民族的语言体系和生活方式，因而存在一定的差异。另一方面，颜色词也可反映制度文化和精神文化，如"黄色"在中国传统文化中象征着皇权和无上的地位。因此，将汉语服装颜色词翻译成德语时，可能出现两个问题：(1)词汇空缺，需为汉语中独有的颜色词找到合适的德语翻译；(2)象征意义不对等，需妥善传递颜色词所蕴含的文化信息。

例 2-15 （曹雪芹，高鹗，1982：254）

原文： 谁是你姐姐？那上头穿黄袍的才是你姐姐。

译文： Wer ist hier deine Schwester? Doch wohl die, die dort oben in gelber Robe sitzt.（译本 319 页）

例 2-15 原文并没有直接描述元春省亲时的服装，仅使用“黄袍”两字，这两个字看似简单、笼统，却具有重要的象征意义和专属性，暗示元春的身份地位，既然有资格使用象征权力的黄色，她就应该是皇室成员，享有尊贵的社会地位，因此也就与其他人相区分，穿黄袍的姐姐只能是元春，不可能是别人。大多数译文读者并不熟悉中国文化，如果没有辅助信息，他们从 in gelber Robe 这个译文中是不可能解读出黄色背后所蕴含的文化内涵，也不会像中国读者那样瞬间领会该句中穿着黄袍的人指的只能是元春这个意思。因此译者仅将“黄”作直译处理，看似高度忠实原文，却无法传递黄色在源语语境中的象征意义，译者需要对该颜色词所蕴含的文化内涵进行文内或文外的补充。

从传统的袄、褂、袍，到具有满族特色的箭袖和毛皮大衣，再到常见的裤和裙，《红楼梦》中的服装款式繁多，等级制度也造成了服装款式的多样性。在服装款式的德译中，词汇空缺是主要的翻译困难。

例 2-16 （曹雪芹，高鹗，1982：491）

原文： 一面又瞧他手里的针线，原来是个白绫红里的兜肚。

译文： … sah sie sich die Nadelarbeit an, die Hsi-jen in der Hand gehabt hatte, und stellte fest, daß es eine Leibtuch aus dünner weißer Seide war, das mit Rot abgefüttert und mit Mandarinenten zwischen Lotosblumen bestickt war. （译本 621 页）

例 2-16 中将“兜肚”翻译成了 Leibtuch（身体上的毛巾），通过该译文，读者或许可以了解兜肚的大致形状及大致用于身体的哪个部位，但很难联想到兜肚的功能和文化渊源。传统中医认为，如果肚脐着凉了，就容易生病，因此可以解释性翻译为 Leibtuch zur Bauchdeckung，以补充兜肚功能的文化信息。

服装材质不仅可以体现人的身份地位，也可以反映当时的社会经济状况。语料涉及的材质主要分为四大类：丝绸、毛皮、呢料和棉。在服装材质的翻译中，翻译困难主要有两个方面。首先，材质的分类非常细致，很难为每种材质找到合适的译文；其次，很多材质具有象征意义，恰当地传递其文化信息并不容易。

例 2-17 （曹雪芹，高鹗，1982：962）

原文： 身上月白缎袄，青缎披风，白绫素裙。

译文： Gekleidet war sie in ein bläulich-weißes Atlasgewand, einen Umhang aus dunkelblauem Atlas und einen Rock aus feiner weißer Seide. （译本 1234 页）

例 2-17 中，译者将“缎”直译为 Atlas，简明易懂，说明德国存在这样的词汇。经由丝绸之路，中国的丝绸和丝绸制品被源源不断销往西方各国，为西方人所熟知。如缎这种表面平滑、有光泽的丝织品，在德国非常受欢迎。为了表达这些新兴事物，他们创造了新的词汇。翻译时就可以直接拿来用。

中国服装图案历史悠久、繁琐复杂、等级森严。服装图案既是一种装饰品，更是象征人们身份地位的符号。在服装图案的翻译中，传递复杂繁琐的图案信息和暗含的文化信息是翻译的重点和难点。例如，在中国文化中，龙是王权的化身，龙是皇家的专属。但自明朝起，朝臣可以穿绣有蟒的朝服；到了清朝，对蟒袍的使用进一步放宽，普通人也可以穿绣有蟒的服装。蟒和龙非常相似，区别是龙有五个爪子，但蟒只有四个爪子。

例 2-18 （曹雪芹，高鹗，1982：199）

原文：见宝玉戴着束发银冠，勒着双龙出海抹额，穿着白蟒箭袖，围着攒珠银带。

译文：Gekleidet war er in eine weiße Robe mit hufförmigen Manschetten, die mit vierklauigen Drachen bestickt war, und um den Leib hatte er einen silbernen Gürtel, der mit Perlen geschmückt war.（译本 248 页）

例 2-18 中译者将“蟒”翻译为 vierklauige Drache 是可行的。但由于中国文化中的龙和德文中的 Drache 象征意义的差异，可通过加注方式补充相关文化信息，以免译文读者误解，也有利于中国形象的构建。

《红楼梦》中，不仅有描述具体服装的词条，还有诸如“衣”“服”“衣裳”“丧服”“素服”等服装统称。这些词具有模糊性和多义性，翻译时需要关注使用情景。

例 2-19 （曹雪芹，高鹗，1982：197）

原文：公事一毕，便换了素服，坐大轿鸣锣张伞而来。

译文：Als seine Amtsgeschäfte erledigt waren, hatte er weiße Trauerkleidung angelegt und hatte sich in einer großen Sänfte, von Gongschlägern und Ehrenschirmträgern begleitet, zu seinem Opferstand tragen lassen.（译本 244 页）

例 2-20 （曹雪芹，高鹗，1982：197）

原文：贾政听说，忙回去，急命宝玉脱去孝服，领他前来。

译文：Als Djia Dscheng das hörte, ging er sofort nach hinten, befahl Bau-yü, das Trauergewand abzulegen, und führte ihn nach vorn.（译本 245 页）

例 2-21 （曹雪芹，高鹗，1982：904）

原文：贾珍父子忙按礼换了凶服，在棺前俯伏。

译文：... zogen Vater und Sohn die Trauergewänder an, die das Ritual vorschreibt, und warfen sich noch einmal vor dem Sarg auf die Erde.（译本 1156 页）

此处列举的三例中，译者依次将“素服”“孝服”和“凶服”翻译成 weiße Trauerkleidung，Trauergewand 和 Trauergewänder，译文说明了这些服装的功能性和情境性，即参加葬礼、表示哀悼。不过中国的丧服一般为白色，而在德国文化中，白色是纯洁的象征、是婚纱的颜色，而人们参加葬礼时一般穿黑色衣服。基于这一文化差异，此处例 2-20 和例 2-21 可以和例 2-19 一样，将“孝服”和“凶服”解释性翻译为 weißes Trauergewand 和 weiße Trauergewänder，以强调在中国文化中丧服为白色的这一文化信息。

服装词汇德译时，主要要考量原文中的文化元素在目的语中是否存在，两者是否有类似的文化意涵和象征意义，如果存在词汇空缺或文化词汇象征意义的差异，则需要妥善、恰当地传递原文中的文化意涵。语料中，译者主要采用了 9 种翻译方法：直译、近义替代、解释性翻译、概括性翻译、借译、具体化翻译、缩略性翻译、解释性翻译加脚注和删除不译，相比较而言前三种方法使用频率较高。总体来看，译文基本传递了原文信息，但仍有部分文化信息在翻译中丢失的现象。

总之，《红楼梦》服装名称的翻译需要注意颜色、款式、材质、图案等文化信息的传递。从服装名称的特点出发探讨其翻译困难和翻译处理方法，可以对翻译实践及译文分析提供具有可操作性的借鉴。那么其他文化因素（如饮食文化）的翻译是否也可以如此操作呢？

思考题

1. 文化翻译有哪些具体的翻译策略和方法？
2. 外宣翻译和文化传译有何异同？

文化翻译参考文献

曹雪芹，高鹗，1982.《红楼梦》[M]. 北京：人民文学出版社.

老舍，2017. 茶馆（叶浅予插图本）[M]. 北京：人民文学出版社.

钱钟书，2008. 围城[M]. 北京：人民文学出版社.

王颖频，2018. 语用顺应论视角下的德汉翻译研究和 MTI 翻译教学[M]. 上海：上海译文出版社.

杨平，2006. 文化因素与翻译策略[J]. 北京第二外国语学院学报，4.

张南峰，2004. 艾克西拉的文化专有项翻译策略评介[J]. 中国翻译，1.

朱小雪,高立希,等,2010. 翻译理论与实践——功能翻译学的口笔译教学论[M]. 北京:北京大学出版社.

AIXELÁ J F, 1996. Cultur-specific Items in Translation[C]. ÁVAREZ R, VIDAL M C. Translation, Power, Subversion. Clevedon u. a.: Multilingual Matters.

CAO X Q, GAO E, 2006. Sinica. Bd. 14: Der Traum der Roten Kammer oder Die Geschichte vom Stein[M]. Übers. SCHWARZ R, WOESLER M. Hrsg. und mit einem Vorw. von WOESLER M, mit einem Nachw. von WALRAVENS H, TSAU H. 1. Auflage. Bochum: Europäischer Universitätsverlg.

KAUTZ U, 2002. Handbuch Didaktik des Übersetzens und Dolmetschens[M]. München: indicium Verlag.

KOLLER W, 2004. Einführung in die Übersetzungswissenschaft [M]. 7. Aktualisierte Auflage. Wiebelsheim: Quelle & Meyer Verlag.

Lao She (SHU Q C), 1980. Das Teehaus[M]. tr. KLÖPSCH V, LIU J, PAI Y. Reinbek bei Hamburg: Rowohlt Taschenbuch Verlag GmbH.

Lao She (SHU Q C), 1980. Das Teehaus: Mit Aufführungsfotos und Materialien [M]. tr. KRÄUTER U, HUO Y. Frankfurt am Main: Suhrkamp.

NORD C, 2011. Funktionsgerechtigkeit und Loyalität. Theorie, Methode und Didaktik des funktionalen Übersetzens[M]. Berlin: Frank & Timme Verlag für wissenschaftliche Literatur.

QIAN Z S, 1988. Die umzingelte Festung[M]. tr. MOTSCH M, SHIH J. Frankfurt a. M.: Insel.

WANG Z F, 2019. Über die Übersetzung der chinesischen Kleidung in *Hongloumeng* aus der Perspektive der Funktionalen Translation—Anhand Beispiel der deutschen Übersetzung von Schwarz[功能翻译视角下的《红楼梦》服装德译研究——以 Schwarz 译本为例]. 同济大学德语系硕士论文.

2.8 传播学视角下的典籍外译

本节我们将首先概述典籍外译的历史与现状,谈谈其中存在的问题,并尝试从传播学视角对如何完善典籍外译提出一些建议。

2.8.1 历史与现状

我们要讲好中国故事、传播好中国声音,而中华典籍不仅是传统文化的集中体现,还在几千年的传承中影响、塑造了中国文化。可以说,传播好中华典籍,能使更多人了解中国文化，进而理解中国发展理念、中国道路和中国方案。因此，在努力构建"对外话语体系"这个大背景下探讨典籍翻译的意义就不言而喻了。

其实，我国典籍外译这一工程很久以前就开始了，按时间顺序和译者群体可以分为以下三个发展阶段：(1)明清之际：以传教士为主体；(2)20 世纪初：以西方汉学家为主体，开始有中国学者参与；(3)20 世纪 80 年代起：中国主动译介。

第一阶段：明末清初，大量西方传教士来到中国。他们在传播西方宗教思想的同时，也翻译了大量中国典籍，开始了中国文化向西方世界的传播。由于译者主体为传教士，所以这一阶段的翻译以拉丁文为主。其中，儒学西传的开山之作是由郭纳爵(Inácio da Costa)和殷铎泽(Prospero Intocetta)翻译的《大学》中拉双语全译本《中国的智慧》一书。此后还有 1687 年在巴黎出版的译著《中国哲学家孔子》，它由多名耶稣会士合编而成，包括中国经籍导论、孔子传和《大学》《中庸》《论语》的译文与注释。出于传教相关目的，译者高度赞扬了中国，引发了欧洲学者对中国的兴趣；孔子也被认为是中国最伟大的哲学家。这本译著无论是从内容，还是从传播效果上看，都推动了孔子形象在欧洲的传播，有力证明了传教士在早期中华文化传播中的突出贡献。

第二阶段：以西方汉学家为主体，开始有中国学者参与。19 世纪后期，一批传教士在了解中国文化的过程中为之所吸引，开始钻研经籍，逐渐成为精通汉学的大家，如英国汉学家理雅各(James Legge)、德国汉学家卫礼贤(Richard Wilhelm)等。他们致力于典籍翻译，并积极寻求国学造诣深厚的华人的帮助，形成了中西合作翻译的译介模式。卫礼贤与华人劳乃宣合作翻译《易经》就是这种译介模式的一个成功范例。

《易经》是我国两大主流学派——儒家和道家的源头，是我国古代智慧的精粹，可谓是典籍之首。因此，翻译《易经》对帮助欧洲学者理解中国文化内涵有着重要意义。但翻译《易经》对卫礼贤来说是一个巨大挑战，而劳乃宣等中国学者的帮助功不可没。劳乃宣是京师大学堂总监督，国学造诣深厚，对《易经》颇有研究。二人合作翻译共有四个步骤：首先由劳乃宣进行语内翻译，用白话解释《易经》；再由卫礼贤进行语际翻译，将中文白话翻译为德语；第三步是回译，由卫礼贤将译文初稿回译成中文，供劳乃宣检查；然后再根据劳乃宣提出的建议，对德语译文进行修改和调整。除劳乃宣外，还有许多中国学者对卫礼贤汉学思想的发展与成熟起到了助推作用。在卫礼贤创建的"尊孔文社"中，徐世昌、康有为、辜鸿铭等饱学之士都曾与卫礼贤探讨中国文化，他们的影响也渗透到了他的翻译中。经过如此努力，卫礼贤的《易经》德译本才得以问世，并成为西方公认的权威版本，被相继转译成英、法、西等多种文字。

卫礼贤《易经》德译本的成功证明了中外学者合译的优势。

除合作翻译外，一些有留学经历、掌握外语的中国学者也开始独立进行典籍外译工作，如林语堂、辜鸿铭等。但总体而言，在上述两个发展阶段中西方译者始终占据主导地位，且大都采取归化翻译策略。这主要有两方面原因，一是他们大多具有宗教背景，西方宗教观已渗透进他们的思想，故而反映在译文中；二是其翻译目的主要是向自己的国人介绍中国文化，本国民众能否接受较为陌生的中国文化是他们需要考虑的首要问题，因此他们在译文中加入西方民众熟知的内容，便于理解。

究其根本，西方译者在采用归化翻译时重点是建立中国典籍与西方宗教、文化之间的联系，并挖掘可能的相通之处，以便获得西方读者的接受。但可以想象，在此过程中难免出现断章取义、牵强附会的情况。这种单方面的比附并不能传达我国典籍真正的内涵。

第三阶段：中国主动译介。随着我国经济实力的提升，加强文化建设、塑造国家形象成为国家层面一个新的工作重点。在此背景下，2002 年“中国文化‘走出去’”战略应运而生。其实早在“走出去”战略正式提出前，就已经有一些学者试图系统向海外介绍我国文化，如杨宪益先生在 20 世纪 80 年代就组织过以对外译介中国文学作品为宗旨的“熊猫丛书”。但该丛书的选题多以现当代文学为主，包含的典籍数量十分有限。

1994 年 7 月，在原国家新闻出版总署和国务院新闻办公室的指导和推动下，大型系统出版工程《大中华文库》（下称《文库》）正式启动。第一阶段以汉英对照为主，选材涉及我国在文学、历史、哲学、政治、经济、军事、科技等各领域最具代表性的经典古籍百余部；第二阶段是多语种版本的编纂出版。截至 2018 年，已陆续出版 170 多个多语种版本，包括法语、阿拉伯语、俄语、西班牙语、葡萄牙语、德语、日语、韩语等 8 种语言。由于典籍历史年代久远，其语言与现代汉语有较大差异，故需先作语内翻译，再进行语际翻译。此外，在审核标准上，《文库》也格外严格，除了出版社正常的三审之外，还要经过《文库》编委会指定专家的“二审”，可以说是代表了我国最高的出版水平和出版质量。

作为我国第一个由国家机构组织进行的翻译项目，《文库》也获得了极大的关注与称赞。有学者评论道，《文库》在顺应世界文化发展趋势、构建系统的中国文化价值观、培养国内高水平翻译人才等方面都有着不可忽视的重要历史价值。但也有学者提出这一浩大工程的一些问题，比如，在肯定《文库》重要意义的同时，我们也要看到其对外译介效果与期待值尚有一定距离。潘文国教授指出，“从实际效果来看，

《文库》的目标读者仿佛并不是外国人，而是在中国学习英语的中国人”。还有学者将《文库》的部分译作称为“名副其实的‘出口转内销’产品”（王宏印，2009）。可见，在海外传播效果上，《文库》尚未真正“走出去”。

我们尝试对《文库》典籍在德国的翻译出版与传播情况进行初步调查。依托世界最大的联机编目数据库（OCLC）的世界联合目录（WorldCat）数据库、维基百科德语版和大中华文库德译版相关信息，我们整理了迄今为止已翻译出版的书目。

表 2-16 《大中华文库》德语译本出版情况一览表

中文译名	德文译名	译者	出版社及出版时间（年）
《孟子》	*Mong dsi*	Richard Wilhelm	外文出版社：2009
《孙子兵法》	*Sunzi: Die Kunst des Krieges*	Gregor Kneussel，钟英杰	军事科学出版社：2009
《论语》	*Gespräche des Konfuzius*	Richard Wilhelm	外语教学与研究出版社：2010
《老子》	*Lao Zi*	Richard Wilhelm	外语教学与研究出版社：2010
《水浒传》	*Die Räuber vom Liangschan*	Johanna Herzfeldt	岳麓书社：2010
《西游记》	*Die Pilgerfahrt nach dem Westen*	Johanna Herzfeldt	岳麓书社：2010
《庄子》	*Zhuang zi. Das klassische Buch daoistischer Weisheit*	由 Stephan Schuhmacher 从 Victor H. Mair 的英译本转译	岳麓书社：2012
《周易》	*Yijing-Buch der Wandlungen*	Richard Wilhelm	岳麓书社：2013
《三国演义》	*Die drei Reiche*	Franz Kuhn	岳麓书社：2014
《荀子》	*Xunzi*	罗悌伦	四川人民出版社：2015
《红楼梦》	*Der Traum der Roten Kammer oder Die Geschichte vom Stein*	Rainer Schwarz，Martin Woesler	外文出版社：2015
《诗经》	*Schī-kīng. Das kanonische Liederbuch der Chinesen*	Viktor von Strauß	外文出版社：2015
《楚辞》	*Chu Ci*	Peter Herrmann，陈鸣祥	外文出版社：2015
《史记选》	*Aus den Aufzeichnungen des Chronisten*	Gregor Kneussel（第一、二卷），Alexander Saechtig（第三卷）	外文出版社：2015

（续表）

中文译名	德文译名	译者	出版社及出版时间（年）
《聊斋志异选》	*Ausgewählte Geister- und Liebesgeschichten aus dem Liao-dschai Dschi-yi*	Gottfried Rösel	外文出版社：2015
《儒林外史》	*Der Weg zu den Weißen Wolken-Geschichten aus dem Gelehrtenwald*	Gerhard Schmitt，杨恩霖	外文出版社：2015
《西厢记》	*Das Westzimmer*	Vincenz Hundhausen	岳麓书社：2015
《牡丹亭》	*Die Rückkehr der Seele*	Vincenz Hundhausen	岳麓书社：2016
《唐宋文选》	*Ausgewählte Prosa der Tang und Song*	Volker Klöpsch	北京师范大学出版社：2016
《金瓶梅》	*Djin Ping Meh*	Otto und Artur Kibat	人民文学出版社：2016
《唐诗选》	*Ausgewählte Gedichte der Tang*	Volker Klöpsch	中国人民大学出版社：2017
《天工开物》	*Erschließung der himmlischen Schätze*	Konrad Herrmann	外文出版社：2017
《老残游记》	*Die Reisen des Lao Can*	Hans Kühner	上海外语教育出版社：2017 年
《元曲选》	*Lieddichtungen aus der Yuan-Zeit*	Dennis Schilling，Anna Stecher，叶进	中国人民大学出版社：2019
《宋词选》	*Ausgewählte Lieder der Song*	Volker Klöpsch	中国人民大学出版社：2019

目前已翻译成德语的典籍共 25 本。从数量上来看，《文库》德语译介已取得较大成果。绝大多数作品的译者为德语母语者，只有一本（《荀子》）由汉语母语者翻译，四本（《孙子兵法》《儒林外史》《楚辞》《元曲选》）由中德译者共同翻译。值得一提的是，《庄子》的大中华文库德译本还是由德语译者从英文版转译而来。概括而言，《文库》典籍的德译仍以德国汉学家为主。由于所选译本大多出自著名翻译家的译作（如卫礼贤译本就有四个），我们有理由相信，《文库》典籍的德译本具有较高的水平。

衡量出版物接受情况的一个重要指标是图书馆馆藏，因为出版物在图书馆的收藏是衡量媒介到达率的一个标志，是检验出版物文化传播效果的重要指标。在 WorldCat 数据库中以 Bibliothek der chinesischen Klassiker（即“大中华文库馆藏”）为关键词进行检索，共得到 28 条结果，其中有效结果 15 条，具体如表 2-17 所示：

表 2-17 《大中华文库》德译本在德国的馆藏

书名	馆藏图书馆数	所在图书馆
楚辞	2	柏林洪堡大学图书馆，莱比锡国家图书馆
孟子	2	科隆大学图书馆，柏林洪堡大学图书馆
西游记	1	美因茨大学图书馆
红楼梦第 2、3、4、5、6 卷	1	德国洪堡大学图书馆
史记第 1、2、3 卷	1	德国洪堡大学图书馆
儒林外史第 1、2、3 卷	1	德国洪堡大学图书馆
孙子兵法	1	慕尼黑大学图书馆

在已出版的 25 本典籍德译本中，仅有 7 本典籍在德国图书馆有馆藏，且其中 5 本都是“孤本”。可见《文库》德译本在德国的传播情况并不乐观。与此形成鲜明对比的是，使用同一数据库进行检索，由德国译者林小发（Eva Lüdi Kong）翻译、雷克拉姆出版社（Reclam Verlag）2016 年出版的《西游记》德译本在全德有 28 家图书馆有馆藏。这一方面说明德国不乏我国典籍的潜在读者；另一方面也说明，由我国国内出版社出版的典籍译作的传播效果远不及德国本土出版社。

除《文库》以外，我国还启动了多个对外翻译项目，如中国图书对外推广计划、国家社科基金中华学术外译项目、经典中国国际出版工程、丝路书香工程等。总体而言，尽管典籍出版的总量不少，但真正“走出去”的还比较有限。上面的小调查也证实了这一点。我们不禁思考，为什么由我国主动译介的典籍在海外反响不大。以《文库》德译为例，其翻译质量是有保障的；而林小发翻译的《西游记》在德国的成功也说明外国读者存在对中国典籍的兴趣。问题的关键或许很大一部分在于传播与推介。

2.8.2 典籍外译传播建议

虽然我国典籍外译在数量上已有不少成绩，但实际的传播效果还有待提升。以下从传播学视角来探讨如何完善我国典籍外译。

根据在中国知网上对典籍外译传播有关内容进行检索，近年来“文化走出去”的传播问题得到了很多关注，不少论著都在讨论文化传播的问题。但针对典籍外译这一主题，绝大部分的文献仅是孤立地分析“译”或“介”的一个方面，既涉及翻译本身又涉及传播的文献则比较少。1948 年美国传播学家拉斯韦尔（Lasswell）提出的“5W”模型则涵盖了上述两个方面。这五个问题包括“谁”“说什么”“通过什么渠道”

“对谁说”，以及“取得什么效果”。“谁”指的是译介主体，包含翻译项目的发起人及译者；“说什么”是译介内容；“通过什么渠道”是翻译作品的传播渠道；“对谁说”则是阅读译作的读者受众；“效果”则是译作的接受与传播情况。该模型前两个要素译介主体和译介内容针对“译”这一方面，而渠道、受众、效果则关注“介”。为了提出针对性的译介效果优化建议，我们将从译介主体、译介内容、传播渠道、读者受众四个维度对中华典籍对德(外)译介进行探讨。

第一，译介主体。译介主体包括翻译项目的发起者和译者，有时发起者也可以是译者。关于翻译项目的发起，我国政府已出台诸多翻译计划，前文已有提及。讨论较多的是“典籍谁来译”的问题。译者模式无外乎三种：我国译者、外国汉学家译者以及中外合译。对于中国译者承担典籍翻译的问题，大多数西方学者持否定态度。一是我国译者在德语能力上不占优势；二是受到“自己人效应”的影响，德语读者会更倾向于选择本土译者翻译，或由本土发行机构出版的翻译作品。从这点来看，争取德国汉学家参与典籍翻译工作尤为重要。卫礼贤的翻译实践也可证明，汉学家在译介我国典籍、传播我国文化的过程中发挥着举足轻重的作用。但若单单依靠外国汉学家，又难免出现误解典籍原义的现象。

因此，许多学者都倾向于中外合译的模式，以德国汉学家为翻译主体和传播中介，并由专业知识深厚又懂德语的我国学者加以辅助。这种合作有赖于项目发起人，即国家政府、学术机构与高校单位利用各自的平台，“牵线搭桥”，为中德合作翻译创造条件。同时也须重视国内翻译人才的培养。目前我国专门从事典籍翻译的机构和研究人员依然偏少，远远不能满足新时代语境下典籍翻译的现实要求，而其中，从事典籍德译的人员则更少。翻译人才的培养也需国家、学术机构及高校单位与德国汉学研究中心构建良好关系，进行人才联合培养。只有一方面吸引德国汉学家，另一方面壮大我国自身的德语译者队伍，才能为典籍德译提供最佳的合作翻译模式。

第二，译介内容。首先要确定译介哪些作品。在对外译介中，我们会想当然地推出被我国民众视作经典的典籍，而往往忽略了目的语国家当下的社会状况、审美及意识形态。两次世界大战后，德国都掀起了一股“老子热”，相应的《老子》译本也得到广泛的关注与讨论，原因在于战争使当时的德国民众希望在清静无为的道家思想中得到心灵的抚慰。得到的启示是，典籍译介需要观察风向、把握时机。

就篇幅而言，可以更多地使用选译、编译、改写等方式来代替全文翻译。一方面可减轻译者负担，使其集中精力，专注于翻译最具代表性的精华部分，提高翻译质量；另一方面也降低了读者的阅读门槛。考虑到读者并不具备我们母语者所具有的文化背景常识，阅读我国典籍本就有一定的难度，全文译本则是更大的挑战。因此可先通过短小精悍、吸人眼球的译本，培养译本接受基础和受众，待时间和条件成熟，再过渡至大批量、大规模的全译本。

译著《中国哲学家孔子》就颇具启发性，该书以打造孔子形象为主旨，选译了《大学》《中庸》和《论语》，并作孔子传，整合内容之后，使孔子形象尤为鲜明、突出。说明可以从众多典籍中挖掘能代表我国文化的典型形象，尤其是历史或传说中的人物，并以这些形象为核心，整理典籍中的相关内容，打造不再局限于某一本典籍的翻译，而是致力于形象塑造的创作型作品。而如何提炼出典籍中的文化精华，并介绍给外国读者，值得思考和探讨。

第三，传播渠道。在传播渠道方面，争取与德国出版社合作是重中之重。《西游记》大中华文库德译本与林小发译本在馆藏数量上差距悬殊，很大一部分原因归于出版社：大中华文库译本由国内岳麓书社出版，而林小发译本由德国家喻户晓的大型出版社雷克拉姆出版社出版。德国本土出版社在经销渠道、宣传平台、认知程度上都有得天独厚的优势，因此我们需要调整思路，探索与德国本土出版社合作的各种可能性形式，比如联合出版、转让版权等。此外，作为出版业享誉全球的国家，德国的法兰克福书展和莱比锡书展具有重大影响力，而这两个书展就是向全世界推广我国典籍与文化的绝佳机会，比如我国曾于 2009 年担任第 61 届法兰克福书展的主宾国，图书版权贸易输出达 2 417 项。书展期间通常还会同步举办多场文化交流活动，可邀请译者分享自己的翻译心得及对典籍原文的理解。另外，我们还可以与德国开设汉学或中文语言课的高校、汉学相关学术机构（如孔子学院）等展开合作，举行中国文化专题研讨会，并将典籍中的文化内涵囊括进来，以激发德国汉学家与汉语学习者对中华典籍的兴趣。总之，可以通过出版、书展、研讨会等多种途径，发挥德国出版行业的优势“借船出海”，向世界传播中华文化。

第四，读者受众。读者受众是典籍外译讨论中很少涉及的方面。此前，相关讨论大多对读者受众作模糊处理，简单地将其看作使用某种语言的读者，而未对其年龄等特征作更详细的分析。正如世界上任何一个图书市场，年龄都是划分读者群的重要尺度。针对德国儿童等低龄读者，便可推出以带有神话色彩，具有勇敢、智慧等性格特征的人物形象（如孙悟空、哪吒、花木兰等）为主的简易读本或漫画；针对德国成人读者，便可推出文化信息更加丰富集中的作品，如《红楼梦》《儒林外史》等，翻译时重点反映文化元素与当时的社会风貌。此外，还可针对汉学兴趣浓厚的读者推出儒道两家哲学译著，如《易经》《论语》《孟子》《庄子》等，重点阐释义理。

由于典籍翻译对传播我国文化、构建我国对外话语体系具有重要意义，我们作为拥有专业语言技能和翻译知识的同学，应带着使命感去完成这项工作，并积极寻求海外汉学家的帮助。同时我们也应认识到，典籍的海外传播不能只靠译者的努力，还要在拓宽传播渠道上下功夫，只有从“译”与“介”两个角度发力，我国优秀的典籍才能真正走出去。

思考题

1. 中华典籍外译的问题有哪些？
2. 如何更好地讲好中国故事，让中国文化更好地走出去？

典籍翻译参考文献

鲍晓英，2013. 中国文化“走出去”之译介模式探索——中国外文局副局长兼总编辑黄友义访谈录[J]. 中国翻译，5.

鲍晓英，2014. “中学西传”之译介模式研究——以寒山诗在美国的成功译介为例[J]. 外国语，1.

哈罗德·拉斯韦尔，2017. 社会传播的结构与功能[M]. 何道宽译，北京：中国传媒大学出版社.

胡安江，胡晨飞，2012. 再论中国文学“走出去”之译者模式及翻译策略——以寒山诗在英语世界的传播为例[J]. 外语教学理论与实践，4.

潘文国，2017. 从“格义”到“正名”——翻译传播中华文化的必要一环[J]. 华东师范大学学报，5.

谭渊，2011.《老子》译介与老子形象在德国的变迁[J]. 德国研究，2.

王宏印，2009. 中国文化典籍英译[M]. 北京：外语教学与研究出版社.

许多，许钧，2015. 中华文化典籍的对外译介与传播[J]. 外语教学理论与实践，3.

许一飞，2020. “走出去”背景下中国传统文化经典西译出版的回顾与思考[J]. 编辑学刊，1.

杨平，2013. “一位汉化的德国翻译家”——卫礼贤的《易经》翻译和研究评述[J]. 浙江外国语学院学报，1.

赵晓阳，2003. 传教士与中国国学的翻译——以《四书》《五经》为中心[A]. 恒道第 2 辑. 吉林：吉林文史出版社.

朱玲，2019. 中国典籍翻译的现状与发展策略[Z]. 中国社会科学网，2019 年 6 月 24 日.

2.9 译本分析方法

本节我们将分三部分对译本分析进行介绍，主要涉及译本分析的目的、方法和视角，并通过具体实例展示如何进行实际操作，以便为后续的译本分析实践打下基础。

2.9.1 译本分析的目的和意义

首先我们来讲讲什么是译本分析。译本分析是本课程除了翻译练习、理论学习、时文介绍之外的另一个内容板块。要求负责译本分析的同学对任课教师推荐的或自己所找的语料进行细致研读，运用所学理论及相关知识和方法，选择一个合适的理论视角，并相应找出语料中比较有趣、比较有代表性的一些翻译实例；然后对译者所运用的翻译策略和方法以及总体翻译处理的优劣进行基于理论的分析；在此基础上精心制作 PPT，根据教师意见进行修改，之后在课堂上进行展示和讲解，以供全班同学学习，并就相关问题作进一步的讨论。译本分析时还要求同学们所作分析和评价有理有据，尤其是涉及原文和译文的出处、背景信息和文化意涵时，需要查阅资料，以提高分析评价的科学性和说服力。

那么我们为什么要加入译本分析板块呢？我们来说说译本分析的目的。

译本分析的目的有以下几点：一是希望同学们通过译本分析，能运用所学理论对现有译本进行基于理论的合理分析，从而进一步领会理论；二是使同学们有机会学习所分析译本中的佳译和闪光之处，学习相关译者比较好的翻译处理方法；三是对译本中可能存在的问题进行基于理论的探讨和反思，对译文提出有理有据的建设性修改建议；四是通过这样的过程对译者行为与翻译各要素（包括源语和目的语的语言结构和语境因素，前者指源语和目的语的语言特点，及文本的语言、语篇等特点；后者指源语和目的语的文化语境、翻译目的、委托方意图、原文作者意图、译文读者接受、文本主题和专业语境、传播媒介等）进行较全面的考量，进而提升自己的分析与反思能力；五是对自己今后的翻译实践进行合理的反思，用理论指导自己的翻译实践，进而发挥自己的主观能动性，积极分析问题、解决问题，对原文的理解、翻译策略和方法及译文的表达做出合理的翻译决策，从而有效提升自己的翻译实践能力。

总之，译本分析有助于同学们学习和了解该从哪些方面对译本进行分析、评价甚至批判，以此促进同学们在翻译实践中对自己的翻译行为和过程进行理性反思，对自己的译文进行合理的修正或完善，进而提升自己的翻译质量和实际翻译能力。

在译本分析过程中有两个容易犯的错误。错误一是缺乏批判性思维。原因在于，我们通常选择经典作品及名人译本进行分析，在译者和出版社名气的光环下，同学们往往先入为主地认为该译本是无可挑剔的，于是所有的分析都围绕着译本的优点展开，导致针对实例的分析和阐释牵强附会，甚至前后矛盾、逻辑不通。错误二是武断地说某译本是译者在某理论指导下进行翻译而产生的，比如说傅雷先生在顺应论的指导下翻译了某某作品，这种说法不仅武断，还贻笑大方，一方面傅雷先生翻译法语作品时顺应论还未问世，另一方面傅雷先生做翻译靠的是他深厚的中西语言和文化功底，并非用理论作指导。当然这样学贯中西的大家毕竟凤毛麟角。

译本分析过程中，翻译理论起到很大的作用。许多人认为翻译是熟能生巧的事，这不无道理，没有一定量的翻译训练和翻译实践是不可能成为好的译者的，然而认为“翻译没有也不需要理论”的观点却过于强调译者在翻译过程中的被动性，甚至是盲目性。如果有一个或者几个理论能对我们的翻译活动提供切实可行的指导，就可以使我们了解翻译过程中哪些因素需要特别加以分析和权衡，在哪些方面可以发挥自己的能动性和创造性；适当的理论学习可以给我们的翻译实践提供依据和参考，使我们知其然并知其所以然，我们用所学理论武装自己，用所学理论观照自己的翻译实践活动，可以有效提升翻译决策能力和实际翻译能力；翻译过程将变得有理有据、有章可循，翻译实践也将变得更有目的性、意识性和策略性。翻译理论能使翻译实践成为有理论指导的理性行为，所以理论素养也是译者能力的一个重要组成部分。

以《茶馆》及其德译本的分析为例，我们可以初步梳理该文本的一些特点。首先，该文本类型是剧本，语言有口语特点，这些口语类表达如何进行德语翻译呢？其次，该剧本内容讲的是发生在中国北京一个茶馆中的三幕剧，涉及其中人物前后五十年的命运变迁，那么中国不同历史时期的不同文化元素如何翻译成德语呢？最后，通过对原文和译本进行阅读分析，我们还会发现里面有其他一些值得探讨的问题，比如人名的翻译、熟语的翻译等。所以，针对《茶馆》及其德译本，至少可以建议以下几个报告主题：

表 2-18 《茶馆》第一幕两个德译本的比较分析

序号	报告内容
1	介绍《茶馆》(包括作者、内容和情节、语言特色)及两个译本的信息
2	译本分析：人名翻译
3	译本分析：文化专有项的翻译
4	译本分析：熟语的翻译(成语、歇后语等)
5	译本分析：口语特色的翻译，包括打招呼(嗨)、问候(您吉祥)、应答语(嗯)、告别语，及译文中口语用词

从表 2-18 可以看出，尽管由于时间有限，译本分析的语料仅针对《茶馆》第一幕，但同时提供两个德译本，通过比较分析，结果会更有趣味性。报告的具体内容分

五个主题:(1)介绍《茶馆》(包括作者、内容和情节、语言特色)及两个译本的信息。这些信息为后面的分析报告做铺垫,也让其他同学聚焦所分析的对象《茶馆》的特点及其作者和译者的相关信息。(2)译本分析:人名翻译。由于《茶馆》中的人物有几十个,人名都很有特色,可谓浓缩了中国文化中的人名、称呼艺术,如何传译成德语值得探讨,所以可以专门通过一个报告对人名翻译进行分析。(3)译本分析:文化专有项的翻译。《茶馆》中含有丰富的文化信息和文化特色词汇与表达,德译本中如何对这些文化专有项进行传译是个有趣而有意义的话题。(4)译本分析:熟语的翻译(成语、歇后语等)。老舍先生在剧本中把北京老百姓的语言运用得炉火纯青,其中就包括许多习语俗语的使用,这些表达在德译本中如何加以处理同样值得关注和分析。(5)译本分析:口语特色的翻译,包括打招呼(嗨)、问候(您吉祥)、应答语(嗯)及译文中口语用词。《茶馆》原作具有鲜明的口语特色,在德译本中这些特点是否得到了保留?如何传译原文中的口语特色词,也应该是译者需要思考的问题。

通过上述五个报告,同学们可以对《茶馆》第一幕的德译分析有一个大概的了解,首先译本分析要从研究原文、原文作者、原文特点、译者开始,然后就是抓住原文的特点和可能出现的翻译难点,比如《茶馆》中的人名、文化因素、习语俗语、口语特色等都会成为译者翻译时的困难或困扰,相关分析和比较可以使同学们学习到好的翻译处理方法,也可以分析出译本中可能存在的(理解或表达)问题。通过第一幕的分析,同学们自然也就学会了如何分析《茶馆》第二幕、第三幕内容的德译。而通过译本分析,同学们不仅可以关注译本的优劣,也需要思考导致译本优劣的可能性原因,从而对我们自身的翻译实践提供反思性的参考和借鉴。

需要指出的是,在具体的教学实践中,有些语料及其分析视角可能是老师提供和建议的,但同学们也可以自己寻找合适的语料进行分析,并和老师就分析切入点和视角进行及时的沟通和商讨,最终确定选题。这样的译本分析给予同学们更多的自主权,比教师事先设计好题目的译本分析更具开放性和挑战性,也可能更有新意,还能教学相长。

2.9.2 译本分析的视角和切入点

对于译本分析来说,选择一个合适的视角是成功与否的关键。那么有哪些视角可以选择呢?这个问题我们可以从翻译学和语言学两个方面去探究。翻译学方面涉及各种翻译学理论和知识,比如等值理论、功能翻译理论、翻译策略、翻译问题、文化因素的翻译、译者主体性等。功能翻译理论又分为文本类型理论、目的论、功能加忠诚理论；翻译策略有归化/异化翻译、文献型/工具型翻译的区分；翻译问题包括语言对翻译问题、文化对翻译问题、原文本特点导致的翻译问题、语用翻译问题；还可以聚焦文化因素的翻译或译者主体性的具体体现等。

译本分析中另一个可行的视角则是语言学视角，即从语言学的角度对译本进行分析，比如将顺应理论、关联理论等语言学理论运用到译本分析中，或者选择一个语言现象进行译本分析，此类现象包括语义连贯、语用预设、隐喻、语典、修辞、人名、标题、元话语等。

以下从文本类型视角选取一些例子加以说明。

例 2-22

原文：

Vereinbarung zwischen ...

I. Zweck

Zweck dieses Vertrages ist die Förderung der internationalen Verständigung und Entwicklung akademischer und kultureller Verbindungen zwischen ...

II. Aktivitäten

Aufbauend auf bestehenden langfristigen Kontakten zwischen ... und ... stimmen beide Einrichtungen überein, auf den folgenden Gebieten zusammenzuarbeiten:

1. Austausch von wissenschaftlichen Informationen und Veröffentlichungen auf dem Gebiet der Forschung und Ausbildungsmaterialien.
2. Gegenseitige Besuche durch Wissenschaftler und Studierende.
3. Austausch von nicht-graduierten und graduierten Studenten für spezifische Perioden ihres Studiums auf der Grundlage einer gesonderten Vereinbarung zum Studium im Ausland.
4. Austausch von Mitarbeitern für Forschung, Lehre und andere gemeinsame Aktivitäten, u. a. zur Teilnahme an Konferenzen, Symposien, Workshops und Seminaren.
5. Ermöglichung der Teilnahme von Wissenschaftlern bzw. Studierenden an Chinesisch-bzw. Deutschkursen an der jeweiligen Partnereinrichtung.
6. Erarbeitung kooperativer Forschungsprogramme, an denen beide Institute interessiert sind. Einzelne Projekte und ihre Finanzierung werden von beiden Institutionen in zusätzlichen Vereinbarungen festgelegt.

7. Regelmäßige Konsultationen durch Schriftwechsel zur Abstimmung der Zusammenarbeit.

III. Finanzierung

Finanzielle Vereinbarungen werden auf individueller Basis für die einzelnen Projekte getroffen.

Die Umsetzung der Projekte hängt ab von der Verfügbarkeit finanzieller Fonds.

Beide Seiten bemühen sich um die Einwerbung entsprechender Projektmittel.

IV. Rahmen

In diesem Rahmenvertrag sind grundsätzlich alle Hochschulangehörigen und Studenten aus beiden Instituten einbezogen.

V. Kündigungsfrist

Der Vertrag tritt zum Zeitpunkt der Unterzeichnung in Kraft.

Der vorliegende Vertrag hat eine Gültigkeit von fünf Jahren.

Vor Ablauf der Gültigkeit schätzen beide Seiten die Ergebnisse der Zusammenarbeit ein.

Im gegenseitigen Einverständnis kann die Gültigkeit verlängert werden.

Eine Kündigung unter Einhaltung einer Frist von sechs Monaten ist möglich, wobei vorausgesetzt wird, dass alle Anstrengungen unternommen werden, die Aktivitäten des laufenden akademischen Jahres zu erfüllen.

Die Kündigung bedarf der Schriftform.

VI. Kontaktpersonen

Die Kontaktpersonen für diesen Vertrag sind …

VII. Unterschriften

Dieser Vertrag ist unterzeichnet durch …

译文：

……合作协议

I 协议目的

本协议旨在促进跨文化理解，加强双方的学术、文化合作。

II 合作内容

以已有的长期往来为基础，双方就以下领域的合作达成共识：

1. 相互交流科研和教材方面的学术信息与出版物；
2. 互派访问学者和交换生；
3. 根据特别签订的境外交流项目协议，互派特定年级/学期的本科生、研究生出国学习；
4. 互派教师参与研究、教学及其他活动，如参加会议、学术研讨会、工作坊/专题讨论、研讨课等；
5. 为对方机构的访问学者与交换生提供参加中文(/德语)课程的机会。
6. 根据双方共同兴趣，拟定科研合作项目。单个项目的方案及资金来源由双方通过附加协议另行协商确定。
7. 通过书面信件，定期协商，协调合作事宜。

III 资金问题/项目经费

双方根据单个项目的具体情况分别签订资金协议。

项目实施与否取决于资金的可支配性/落实情况；双方均需为相关项目积极筹集资金/争取经费支持。

IV 协议适用范围

原则上，本协议适用于双方机构中的所有员工和学生。

V 协议有效期及解约期限

本协议自签字之日起生效，有效期为五年。协议到期前由双方机构共同对合作结果进行评估。在双方认可的情况下，可延长本协议的有效期。

解除协议需要遵守6个月期限(若一方想解除协议，需提前6个月提出。/解约通知期限为6个月)，前提是双方须尽全力完成该学年项目的实施。解约须采用书面形式。

VI 双方联系人

本协议的中德双方联系人分别为……。

VII 协议签署

本协议由……共同签署。

上面展示的是中德某两个高校机构间合作协议的德汉对照文本。我们可以看到，德语文本中多用名词词组，名词化显然是德语协议文本的语言特征，但汉语文本中用的却是动宾结构或句子结构。如果生硬地用名词词组将德语原文翻译成汉语，译文就会因为不符合汉语语言习惯而有浓重的翻译腔。在这个转换过程中，我们就看到了译者的努力。

例 2-23 （http://jobmarket.china.ahk.de/job/lehrkraft-fur-deutsch-als-fremdsprache-vertragslehrkraft/）

原文：

Lehrkraft für Deutsch als Fremdsprache (Vertragslehrkraft)

About this job:

…

Wir bieten:

- eine interessante Arbeit mit motivierten, jungen Erwachsenen
- Einsatzmöglichkeiten auf allen Niveaustufen
- technisch hervorragend ausgestattete Klassenzimmer
- sehr gute fachliche Betreuung und ein engagiertes junges Lehrerkollegium
- Fortbildungsveranstaltungen
- breitgefächertes Lehrmaterialangebot
- Mitarbeit bei den zentralen Goethe-Prüfungen
- Gute Honorierung

Requirement:

- Deutsch auf muttersprachlichem Niveau oder Nachweis über Sprachkompetenz auf C2-Niveau
- Abgeschlossenes Hochschulstudium und DaF-Qualifikation
- Nachgewiesene Lehrerfahrung in DaF
- Interkulturelle Kompetenz
- Explizite Bereitschaft, im Team zu unterrichten
- Bereitschaft zur Teilnahme/Mitwirkung an Fortbildungen
- Flexibilität, Bereitschaft auch am Wochenende und abends zu arbeiten

How to apply:

…

译文：

诚聘德语教师(全职教员)

职位概况：

……

工作条件和待遇：

- 与年轻上进的学员共享课堂乐趣
- 有机会任教各个水平层次的课程
- 教室设备先进，硬件优越
- 拥有优秀的专业指导和年轻、敬业的同事
- 可以参加进修课程
- 有丰富的教学参考资料
- 有机会参与歌德学院的核心考试事宜
- 报酬丰厚

应聘要求：

- 德语达到母语水平，或具有欧标 C2 水平语言能力证明
- 大学毕业，并具备对外德语教师资格
- 具有对外德语的任教经验，并出示相关证明
- 具备跨文化交际能力
- 乐于进行团队合作教学
- 愿意参加进修、协助进修事宜
- 工作时间具有灵活性，周末和晚上也愿意加班

申请方式：

……

上例展示的招聘广告德汉对照文本与前面的合作协议一样，德语文本中多用名词化词组，包括名词加介词、名词加不定式、名词加定语等不同形式，而翻译成汉语时，我们为了使译文符合汉语表达习惯，同样尝试用动宾结构或句子形式传译原文的意思。

这两个例子可以从侧面体现出德汉同类文本的不同特点，翻译时需要加以注意。这也在一定程度上体现了不同文本类型的不同翻译方法。也就是说，译者在翻译时需注意原文的文本类型及相应的翻译策略。虽然上面两个例子中针对原文名词化词组的汉译进行了一定的变通，但目的是更好地传递原文信息，帮助目的语读者理解原文信息。无论是合作协议还是招聘广告，都主要属于信息类文本，客观传递信息是翻译的首要任务，因此译者一定要正确理解原文意思，再用目的语进行合理的表达。

此外，电影片名的翻译也颇具分析价值。一部电影的片名具有高度的凝练概括

性，可谓一目了然、引人入胜，是招徕观众的招牌，兼具信息、审美和呼吁功能。也就是说，电影片名既要对影片内容和主题进行恰当的概括和提示，又能通过美感体验和情感刺激对受众产生足够的吸引力。电影片名的好坏或是否有足够的吸引力，会决定有多少观众愿意买票来看，会对票房产生直接的影响，因而电影片名具有独特的商业功能。所以电影制作方或制作团队往往会极其重视电影片名的构思和设计，而这样精心思考和策划所产生的片名一般能较好地承担起整部电影的代表作用。正因为如此，当一部电影被引入外国市场时，很多片名仅需直译。然而在实际操作中，并不是每一部电影的片名都是这样翻译的，相反还运用了许多其他方法，尤其是其中重命名手段的使用值得我们思考和探讨。严格意义上来说，用重命名法生成的译文似乎跟原文没有什么关联。但重命名并非随意而为，而是译者在文本类型分析及对语言、语境等多方面因素进行考量的基础上做出的合理的翻译选择，重命名其实是译者主体性介入翻译过程的体现。

针对表 2-19 展示的德语电影片名汉译，我们可以试析这些译例及译者采用重命名翻译手段的可能性原因。

表 2-19　德语电影片名的汉译

序号	德语电影片名	直译	片名汉译
1	*Vitus*	维图斯	想飞的钢琴少年
2	*Das Boot*	船	从海底出击
3	*Mein Führer*	我的元首	拜见希特勒
4	*Heintje—Einmal wird die Sonne wieder scheinen*	海茵提耶——太阳会重新升起	英俊少年
5	*Das Leben der Anderen*	别人的生活	窃听风暴

影片《想飞的钢琴少年》的原德语片名是 *Vitus*，即片中主人公的名字。若将其直接音译为“维图斯”，对中国观众而言就仅仅是一个陌生的西方人名，没有任何其他信息可以提示影片内容，由于信息量不足，对观众几乎起不到任何吸引作用。而《想飞的钢琴少年》这个译名则明确交代了影片主人公的两个特点，一是会弹钢琴，二是想飞。译者通过对主人公的特点进行描述取代原文仅有的人名，巧妙地对影片内容和信息作了概括性的提示和传递，对观众而言还产生了很好的悬念效果，那个钢琴少年为什么想飞？他飞成功了吗？片名 *Das Boot* 直译产生的译名“船”显然也过于简单和普通，信息不足，让人无法跟战争、潜艇等影片内容联系在一起。片名汉译《从海底出击》属重命名处理，该译名虽然没有明示原片名的唯一信息“船”，但“海

底”两字却隐含了海底的船甚至潜艇的信息，比“船”更符合影片内容；“出击”两字也不难使人联想到战争、打仗这一影片主题。这说明译者会考虑片名提供的信息是否足以吸引观众，以此来选择翻译方法。

文化背景也是片名翻译不可忽视的因素。当片名中包含特有的源语文化信息时，如果直译出来而不加解释，会对目的语观众造成理解上的障碍或困扰。电影片名 *Mein Führer* 正是如此。德语原文中 Führer 一词意为“元首、领袖”，这个词在德国文化中有着众所周知的特殊含义，专指纳粹领导人希特勒，而这一点对于普通的中国观众来说却是陌生的。为了避免理解偏差，译者选择明示其含义“希特勒”的做法，而不是按照原标题含蓄地译为“我的元首/我的领袖”。在德国“希特勒”或许是一个相对比较敏感的词汇，需要“元首”这样的隐晦表达，而在中国反而要明示其真实含义才不致误解。添加的“拜见”两字则能在一定程度上体现影片的喜剧风格。

影片 *Heintje—Einmal wird die Sonne wieder scheinen* 的汉译片名《英俊少年》言简意赅，与原片名直译“海茵提耶——太阳会重新升起”相比，一方面能提示更多关于影片主人公的信息，另一方面其四字格的表达也比原片名较为冗长的直译更符合汉语片名的表达习惯和中国观众的审美期待。

片名作为吸引观众的招牌，与电影的票房收入和商业价值直接挂钩，所以译者在翻译时要考虑到片名是否足够吸引眼球。出于这种考虑，译者常常会选择用词夸张或富有悬念的标题。例如德国电影 *Das Leben der Anderen* 讲述的是一位东德国安局情报员的故事。该片名直译是“别人的生活”，显然比较平淡，不够吸引眼球。译者把它重新命名为《窃听风暴》，“窃听”两字不仅指出了情报员窃听的行为，也因比较神秘而能激发人们的好奇心；而“风暴”二字更是顿时让整部电影有了波诡云谲、风云变幻之感。这个译名可谓是重命名翻译中的经典之作。

在重命名过程中，译者是意义重构的主体，影响着译文词汇与句式结构的选择，是译者主体性的彰显和体现。然而重命名绝不是译者背离原文的乱译，而是出于特定的原因和目的所作的变通。根据上述分析，电影片名翻译采用重命名手段的原因可以粗略归纳为四个方面：(1)片名直译信息量不足(如《想飞的钢琴少年》《从海底出击》)；(2)考量目的语观众的文化背景和认知(如《拜见希特勒》)；(3)考量目的语观众的语言习惯(如《英俊少年》)；(4)提高片名的吸引力和商业价值(如《窃听风暴》)。

与电影片名翻译有相似之处的是新闻报道标题的翻译。此类标题虽然篇幅短小，却兼具信息型、表情型和感染型的文本功能，其主要作用在于提示新闻内容、吸引读者阅读。尤其在网络平台，首先映入读者眼帘的是标题，报道全文通常需要读者自行点击标题才能显示，可以说，新闻报道的文本功能能否实现，要看标题是否具有足够的吸引力。所以合理地翻译标题,对于新闻信息的传播和文化外宣来说具有十分重要的意义。这在前面译者主体性部分已经举例说明,在此不再赘述。

2.9.3 语言学视角下的译本分析举例

从语言学角度也可以进行深入的译本分析,下面我们以语用预设(pragmatiche Präsupposition)这一语言学概念为例,举例说明从语言学角度进行译本分析、评析翻译策略和方法。语料来源是鲁迅先生的《朝花夕拾》,所分析的译本是外文出版社2002年出版的汉德对照版本。

首先我们要明确什么是语用预设、为什么要专门探讨语用预设的翻译。《杜登词典》对预设的定义是"默示的前设、先设"。德国语言学家布斯曼(Bußmann)将预设定义为"关于表达或话语含义的一种含蓄的、不言自明的设定"。基于此我们可以将预设理解为一种没有被说出,但对交际双方来说都是不言而喻的设定。预设研究始于语义学,语言学家斯托纳克(Stalnaker)明确提出了"语用预设"的概念,强调预设对语境、说话人和背景知识的依赖性,认为预设作为隐含信息是说话人言语表达的前提条件。

德国语言学家林克(Linke)等人将预设分为与符号相关的预设和与语言应用相关的预设两大类,如图2-3所示。前者分为指示预设和语义预设。其中指示预设与语篇或话语的表达形式有关,语义预设则侧重于语篇或话语的内容。与语言应用相关的预设被称为语用预设,是指交际双方在一个特定语境中交际时建立在共享信息或常识基础上所省略的前提信息。

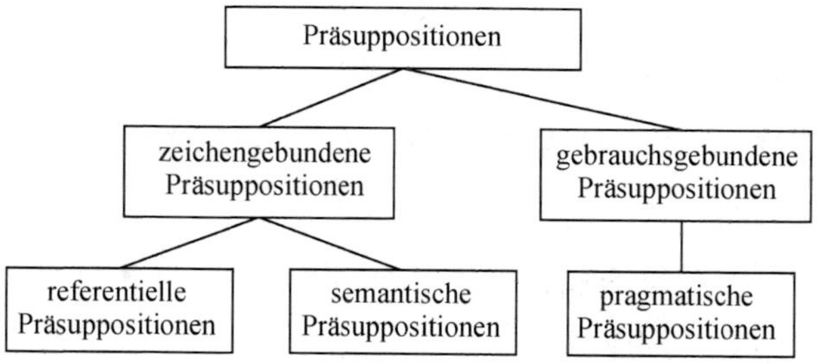

图2-3 预设的分类(Linke et al., 2001:234)

在翻译过程中,由于源语和目的语的语法功能差异、形式差异、文化差异等多种因素影响,译者不可避免会遇到许多翻译问题。德国功能翻译理论家诺德将翻译问题分为四类:(1)语言对翻译问题。指因源语和目的语之间的语言规则和语言结构差异而导致的翻译问题。(2)文化对翻译问题。指由于源语文化和目的语文化之间的差异而导致的翻译问题。(3)源语语篇特点导致的翻译问题。(4)语用翻译问题。指基于语境而存在的语用现象、语用表达所导致的翻译问题,比如语用预设这一现象与语境密切相关,基于发话者对受话者视域范围内前提信息的评估,如何在目的语文本中重构隐藏的语用预设信息,无疑是译者面临的一个翻译问题和翻译难点。

英国语言学家福塞特(Fawcett)认为,预设信息不仅蕴含在言语成分中,也蕴含在非言语成分中。如何准确识别和翻译这些隐藏信息对译者来说是个挑战。德国翻译学家阿尔布莱希特(Albrecht)总结出预设现象翻译的两大原则:(1)译者需要在译文中交代源语作者和读者共享的背景信息;(2)为了顺应目的语读者的阅读习惯,译者需要打破源语语言表达形式的束缚,使译文尽可能符合目的语的使用习惯。戈玲玲将汉英互译中预设的翻译技巧分为三类:(1)用直译法保留共有预设信息;(2)用替代法转换已知预设信息;(3)用意译法增添未知预设信息,译者要根据语境需要添加必要信息,既要考量目的语读者缺乏什么预设信息,也要考量目的语读者对预设译文是否能理解。汪宝荣提出了一个较为全面的用于描述语用预设翻译策略的分析模式:直译法;文外注释法(一般与直译法结合使用);文内注释法(一般与直译法结合使用);改译法或淡化译法;释义法;替代法(即归化法);删除法。这些翻译策略和方法都对本研究具有借鉴意义。

了解了语用预设的定义及其翻译困难和翻译方法,我们要对语料中的语用预设进行合理的界定。语料中的预设信息可以分为三类:文化预设、隐含义预设和连贯关系预设。

文化预设是指存在于源语读者心中的文化因素。《朝花夕拾》是鲁迅先生的一部散文集,含有许多文化负载词。如"包公"是个典型的文化预设实例。"包公"即包拯,是中国历史上的名臣、杰出的清官代表,是清正廉洁的象征。"包公"对中国读者而言是一个熟悉的概念,然而对西方读者而言,若不能对原文中的称呼进行补充解释,就会一头雾水,进而影响他们对整篇文章的理解。

隐含义预设指词的意义往往包括概念义和隐含义,其中隐含义就是联想义,是语言运用发展过程中某个词所具有的附加义、语用含义或暗含意义。汉语表达形式多种多样,许多词句都具有隐含义,有独特的使用习惯。因此,如果译者不能识别源语文本中语用预设的隐含义,就无法准确传递出原文的信息,导致翻译失误。如书中描述的"眉眼的外梢都向下,如一个'八'字"。汉字"八"的形状象征着一个人愁眉苦脸的衰相,这个中国人不言自明的隐含义预设如果在翻译时不加以明示,德国人是无法理解的。

连贯关系预设。汉语常常省略上下句的连贯关系,将语句之间的关联信息隐藏在上下文语境中。相反，德语语句之间的连贯关系常通过明确的连词或介词等关联词清楚地表达出来。《朝花夕拾》一书中不乏俗语的引用，而俗语中常常暗含一定的逻辑关系，如“踏破铁鞋无觅处，得来全不费工夫”中就含有让步关系。如果译者不将上下句的关联表达出来，译文读者就有理解困难。

基于上述概念和界定，我们对《朝花夕拾》中的语用预设进行识别和标记，结果发现有127个语用预设，所使用的翻译方法共有以下七种：(1)解释性翻译（用浅显易懂的目的语表达解释源语语用预设）；(2)直译＋文外补充式解释（直译法配合脚注、尾注等文外补充式解释）(3)近义替代（用意义相近的目的语表达来替代源语语用预设）；(4)直译法（保留源语语用预设的字面表达）；(5)直译＋文内补充式解释（直译法配合简短的文内补充式解释）；(6)概括性翻译（用概括性的目的语表达替代源语语用预设）；(7)删除法（删除源语语用预设所传递的信息）。下面我们通过实例作具体分析。

例 2-24

原文： 压岁钱

译文： das in rotes Seidenpapier gewickelte Geld

“压岁钱”在中国很普及，寓意辟邪驱鬼、保佑平安。因为人们认为小孩容易受鬼祟的侵害，所以用压岁钱压祟驱邪。译文虽然解释了压岁钱的外观，即“装在红色薄纱纸里的钱”，却没有将它更深层的意思表达出来，译文读者还是不能完全领会它的含义。

例 2-25

原文： 八戒招赘

译文： Die Heirat des Ba Jie*

脚注： Gemeint ist das Schwein Ba Jie, eine Figur aus dem Roman „Die Pilgerfahrt nach dem Westen“ von Wu Cheng’en.

“招赘”其实应为“入赘”，入赘婚姻是指男方到女方家成亲落户的情况。译者先是在译文中直译为“结婚”，部分表达出了预设的语用含义，并在脚注中添加了对“八戒”形象的简单介绍，即“小说《西游记》中的猪八戒”，使译文读者对八戒的外貌特征有所了解。

例 2-26

原文： 书斋

译文： die Bibliothek

"书斋"是书房的古称，读书、藏书、书画是书斋的基本功能，在古代中国书斋是以个人名义建立的，是以主人和密友为主体而进行的文化活动中心，包括文物古玩的收藏和鉴赏、作诗词歌赋等。译者将这一蕴含文化预设信息的词用近义替代法译为"图书馆"，虽然不能完全传递背后的语用预设意义，但是不影响译文读者对语篇的理解。

例 2-27

原文： 落水狗

译文： Hunde, die ins Wasser gefallen sind

"落水狗"语义层面是指掉在水里狼狈不堪的狗，而内在词义是用来比喻失势的坏人或遭受打击的人。此处采用直译法并不能传递出隐藏的语用预设信息，可能影响读者的阅读理解。

例 2-28

原文： 关帝庙

译文： ein Tempelchen zu Ehren des Fürsten Guan Yu

关帝庙是为了供奉三国时期的蜀国大将关羽而兴建的。关羽去世后，逐渐被神化，被民间尊为"关公"，相传曾多次"显圣护民"，当地民众官府特建关帝庙以弘扬圣德。译者把"关帝"译作 Guan Yu，将源语中的文化预设用文内补充解释的形式显化处理，方便了译文读者的理解，同时也为他们提供了搜索并了解更多人物信息的机会。

例 2-29

原文： 旗袍

译文： lange Frauenröcke

将"旗袍"解释性地译为"女士长裙"，目的语读者并不能将译文所指与旗袍联系起来。如果采用更为流行的英文名称 Cheongsam，再加以解释，译文读者会更容易联想。此外还可以译为德语 Kleid im chinesischen Stil（中国风格的连衣裙）或者 im traditionellen chinesischen Qipao，再加文后注，如下例：

例 2-30 （杨绛，2016：38）

原文： 我一个人穿着旗袍去上课。

译文： Zum Unterricht kam ich als einzige im traditionellen chinesischen Qipao.

书后注释： Qipao 旗袍：Traditionelles Gewand mit Stehkragen und engem geschlitzten Rock.

通过实例分析发现，语用预设往往会导致翻译问题，尤其是当所涉及的两种语言和文化差异较大时。对语用预设进行分析和评估有助于译者对源语文本有更深的理解，对语用预设的正确处理有助于译者减少和避免翻译漏洞，使译文更趋完善。

思考题

1. 译本分析的目的是什么？
2. 译本分析的视角有哪些？

译本分析方法参考文献

刘品秀，2019. 语用预设的翻译研究——以《朝花夕拾》德译为例. 品位经典，12:27-31.

王颖频，2018. 语用顺应论视角下的德汉翻译研究和 MTI 翻译教学[M]. 上海：上海译文出版社.

杨绛，2016. 我们仨（汉德双语）[M]. 德译者：Monika Motsch（莫宜佳）. 北京：外语教学与研究出版社.

LINKE A, NUSSBAUMER M, PORTMANN P R, 2004. Studienbuch Linguistik. 5. erweiterte Auflage. Tübingen: Niemeyer.

Lu Xun, 2002. Morgenblüte abends gepflückt[《朝花夕拾》（汉德对照）][M]. 北京：外文出版社.

在理论部分，我们首先对中西译论的发展史进行了简要梳理，然后阐述了等值理论、功能翻译理论（包括文本类型理论、目的论、功能加忠诚理论）等比较重要的翻译理论，并通过实例分析对译者主体性的发挥、（文化因素）翻译方法、译本分析方法进行了介绍。希望大家通过本章的学习，对相关理论知识及翻译和译本分析的基本方法有个大概的了解，为实践部分的学习打下基础。

后面三章内容是本教材实践部分的三个板块，分别为第三章翻译练习、第四章译本分析、第五章学期论文，希望大家通过实践部分的学习，学习如何在翻译实践、译本分析、翻译研究过程中发现问题、分析问题、解决问题，进而提升自己的翻译活动和翻译研究的应对能力和实际操作能力。

三、实践部分 1:翻译练习

本教材的实践部分分为“翻译练习”(第三章)、“译本分析”(第四章)和“学期论文”(第五章)三个板块,实践部分的编写目的是希望通过实例评析,带领大家学习如何在翻译实践、译本分析、翻译研究过程中发现问题、分析问题、解决问题,进而提升翻译活动和翻译研究的应对能力和实际操作能力。

根据这一指导思想,本章翻译练习部分将选择具有代表性的四次翻译练习作为例子,分析原文的语言和语篇特点及翻译难点,然后选择一些学生作业案例进行分析、讲评。在选篇和分析时,我们兼顾不同文本类型(3.1 演讲、3.2 招聘广告、3.3 文学类文本、3.4 学术语篇)的不同特点及相应的翻译策略,从而探究如何从理论和实践视角进行翻译和译文完善,探究译者主体性的发挥。每次练习的编写框架如下:首先展示练习文本原文,然后是 1. 原文特点及翻译难点分析、2. 学生作业评析、3. 参考译文、4. 拓展作业这四个部分。

3.1 练习 1:演讲

原文:(德国前总统克勒 2007 年在同济大学百年校庆时的演讲片段)

Es ist mir eine Ehre und große Freude, anlässlich der Feiern zum 100. Jahrestag der Gründung der Tongji-Universität Ihr Gast zu sein. Diese Hochschule ist eines der schönsten Zeugnisse der Freundschaft zwischen unseren Völkern. Ich gratuliere allen, die hier lehren, lernen und arbeiten, zu dem stolzen Jubiläum.

Die Tongji-Universität ist von Chinesen und Deutschen gemeinsam gegründet worden; und ihre Gründerväter handelten als echte Partner. Damit waren sie — nur sechs Jahre nach dem Boxer-Aufstand, den auch deutsche Truppen niedergeschlagen hatten — der Haltung weit voraus, die damals in Deutschland und

Europa herrschte. Denn dort blickten vor hundert Jahren die meisten noch im überheblichen Geist des Kolonialismus auf China herab.

Dabei hatten die Deutschen es eigentlich schon einmal besser gewußt. Im 18. Jahrhundert waren die Gebildeten beeindruckt, ja begeistert von der chinesischen Kultur. Viele Fürsten ließen Gärten, ganze Schlösser im chinesischen Stil bauen. Die jahrhundertelange wissenschaftliche und technische Überlegenheit Chinas war noch in lebhafter Erinnerung. Und auch in der Zeit, als Ihre Universität gegründet wurde, hätte Europa eigentlich wissen können, dass China politisch und kulturell mitnichten vor sich hindämmerte. Spätestens das Ende des Kaiserreichs 1911 und der erste Versuch landesweiter Wahlen im Jahr darauf zeigten doch, wie viel längst in Bewegung geraten war. Aber das wurde von außen viel zu wenig wahrgenommen.

请思考：本次练习的文本类型的语言和语篇特点是什么？翻译时需要注意哪些方面？

1. 原文特点及翻译难点分析

练习 1 源自时任联邦德国总统的霍斯特・克勒于 2007 年 5 月 26 日出席同济大学百年校庆时所发表的演讲，练习文本选择演讲的前三段。演讲类文本可能兼具感染型、信息型和表情型文本功能，翻译时的总体处理原则是既要重视语言运用与演讲类语体的契合性，又要注意目的语同类文本的语言表达习惯，即汉语演讲时常用的词句运用。

从内容而言，本演讲片段回顾了同济大学建校历史，以及当时历史背景下的世界形势，涉及相关历史事件[如 Boxer-Aufstand（义和团运动）、das Ende des Kaiserreichs 1911（1911 年满清帝国的灭亡）等]，需要译者对这些背景信息有所了解，或在翻译时核实查证，以免理解错误。从语体方面来说，由于演讲者的职业身份和比较正式的演讲场合，演讲的语言是口语形式的书面语体，也就是说，演讲文本尽管由演讲者口头陈述，译成汉语时却需要一方面在译文中呈现书面语的正式与严谨，遣词造句注意使用书面语体，以符合演讲者的身份和演讲场合；另一方面也要使译文符合汉语演讲语篇的表达习惯，以方便汉语受众理解。此外，演讲稿体现了演讲者的逻辑思维习惯和语用特征，本篇德语演讲稿就体现了鲜明的文内衔接性，演讲者使用了较多不同性质的连接词，使语篇听起来表达流畅、意义明确。然而德语和汉语的衔接方式有很大差异，这也是本次练习的一个翻译难点。

2. 学生作业评析

我们将分段落呈现同学们的译文，从中可以看到，同学们的翻译处理并不相同，有的偏向直译，有的更多考虑了汉语表达习惯，有的则对原文理解有所偏差。

	第一段
句 1	Es ist mir eine Ehre und große Freude, anlässlich der Feiern zum 100. Jahrestag der Gründung der Tongji-Universität Ihr Gast zu sein.
译文 1	我感到很高兴也很荣幸，能在同济大学百年校庆之际来贵校做客。
译文 2	……作为嘉宾(应邀)出席你们的庆典。
译文 3	能作为贵宾受邀参加同济大学的百年校庆，我感到万分的荣耀和高兴。
句 2	Diese Hochschule ist eines der schönsten Zeugnisse der Freundschaft zwischen unseren Völkern.
译文 1	这所大学是德中两国友谊的一个最佳见证。
译文 2	贵校是德中两国人民友谊的最美好的见证之一。
译文 3	同济大学是我们两国人民之间友谊的最美好的见证之一。
句 3	Ich gratuliere allen, die hier lehren, lernen und arbeiten, zu dem stolzen Jubiläum.
译文 1	值此百年华庆之际，我向所有在这里教书、学习和工作的朋友们表示祝贺！
译文 2	我向所有在这里教书、学习和工作的各位为这个令人骄傲的庆典表示祝贺！
译文 3	在这个令人引以为傲的百年校庆之际，我向全体在同济大学任教、深造和工作的你们致以衷心的祝贺。
译文 4	我向所有在同济大学教书育人的园丁、学习生活的莘莘学子们以及其他工作人员致以祝贺，祝贺你们迎来这令人骄傲的百年校庆。
译文 5	在此我恭贺所有同济同仁、全体师生百年校庆大吉！

本段是演讲的开篇，由三句话构成。总统作为客人到访同济大学，以正式的口吻表达了对东道主的感谢和赞美。全段没有长句，理解方面没有太大的困难，同学们的译文也基本都能传达原文的正确含义。

句 1 较多的翻译处理方式是按照原句语序表达，但也可调整语序，将不定式部分提前，如译文 3。对于原文 Ihr Gast sein 这一表达，有的同学直译为“来贵校做客”，有的意译为“到此访问”，或“作为嘉宾应邀出席庆典”，这些译文都符合中文演讲开篇的语体要求。需要指出的是，“我感到万分的荣耀”(译文 3)这句话对于总统这个身份来说显得比较夸张，借用一句汉语中常用的套话“我感到很荣幸”则既表达出了原文的意涵和演讲者的礼貌意图，又符合汉语习惯。

句 2 的三个译文分别将 diese Hochschule 译为“这所大学”“贵校”和“同济大学”，尽管在德语中 diese 的指示作用十分明显，但从中文演讲的语境来说，译文 1“这所大学”与上一句的衔接明显不如译文 2 和译文 3，所以此处使用直译方法并不恰当,而借用汉语演讲中常用的“贵校”两字不仅处理简单,也更体现出演讲者对东道主的敬重之意。

句 3 表达了总统对百年校庆的祝贺,但需要注意的是德语词 gratulieren,此处所庆贺的并非生日、结婚等与个人相关的喜庆事件,而是同济大学这所中国著名高等学府的百年校庆,在汉语语境中,我们不会将“(开业)大吉”“恭喜(发财)”这样颇具商业气息的词汇与百年校庆这样正式、高雅的官方庆典相搭配,因而译文 5 尽管凸显了译者尽可能使译文表达汉语化的主观能动性,却并不合适,其中“同仁”一词同样不当,因为“同仁”指同事或同行,演讲者是德国时任总统,并非教师,使用“同仁”显然混淆了演讲者身份。另外,句 3 原文的关系从句 die hier lehren, lernen und arbeiten 使用了三个动词,意思是指所有在同济教书、学习和工作的人(如译文 1 到 4),但在汉语中,我们常把教师和学校里的其他工作人员统称为“教职员工”,该词可以涵盖在同济教书的老师和其他在同济工作的人(如行政人员、后勤人员)。如果翻译成“我向同济所有的教职员工和同学们表示衷心的祝贺”不仅简洁明了,且贴近汉语的表达习惯,也可以避免诸如“朋友们、各位、你们”这样的选词困惑。译文 4 的用词则有点过于华丽,不太符合原文简单朴素的特点。翻译句 3 时还要注意的一点是,所使用的句式应避免跟句 1 的译文一样,如果都用“值此同济大学百年校庆之际”这句话,本段译文的语言就显得啰嗦、重复而缺乏美感。

针对这一段,我们的两个建议译文是:

建议译文 1:

值此同济大学百年校庆之际来贵校做客,我感到很荣幸,也非常高兴。同济大学是德中两国人民友谊的最美好见证之一。在这令人骄傲的庆典,我谨向同济所有的教职员工和同学们表示祝贺!

建议译文 2:

值此同济大学百年校庆之际来这里做客,我感到非常高兴也很荣幸。贵校是德中两国人民友谊最美好的见证之一。我向同济所有的老师、同学和工作人员致以衷心的祝贺,祝贺你们迎来这一令人骄傲的庆典!

第二段
(句 4)Die Tongji-Universität ist von Chinesen und Deutschen gemeinsam gegründet worden; und ihre Gründerväter handelten als echte Partner. (句 5)<u>Damit</u> waren sie — nur sechs Jahre nach dem Boxer-Aufstand, den auch deutsche Truppen niedergeschlagen hatten — der Haltung weit voraus, die damals in Deutschland und Europa herrschte. (句 6)<u>Denn</u> dort blickten vor hundert Jahren die meisten noch im überheblichen Geist des Kolonialismus auf China herab.

（续表）

译文 1： 同济大学由中国人和德国人共同创办；它的创始人们是真正的合作伙伴。因此他们的思想——尽管当时是在义和团运动被德国军队镇压仅仅六年后——早已远远领先于那时在德国乃至欧洲的统治思想。毕竟，一百年前的大多数人还是带着高傲的殖民主义思想来俯视中国的。
译文 2： 同济大学由中国人和德国人共同创办；双方创始人视彼此为真正的合作伙伴。创建同济大学时（义和团起义刚过去 6 年，德国军队参与了镇压）是在 100 年前，当时德国与其他欧洲国家还是以一种自负的殖民主义姿态俯视中国，因此同济的创建者比他们都要更加高瞻远瞩。
译文 3： 同济大学是由中国人和德国人合力创办的，其创始人也作为真正的合作者行事。因此在义和团起义（德国军队也镇压了起义）仅仅六年后，他们就远远领先于当时德国和欧洲盛行的态度。因为在一百年前，大多数人还是以傲慢的殖民主义的精神俯视中国。
译文 4： 同济大学由中国人和德国人共同建立，两国建校者是真正的伙伴关系。建校时，距离义和团运动仅仅过去了六年。在这场起义中，德军也遭到镇压。当时中德建校者的这一举动与在德国和欧洲盛行的风气大相径庭。因为在百年以前，大多数德国人和欧洲人仍然以殖民主义的傲慢姿态蔑视中国。
译文 5： 同济大学由中国人和德国人共同创办，双方创始人是真正的合作伙伴。他们远远超前于当时德国和欧洲的普遍态度，因为这一创举距离德国军队参与镇压的义和团起义才过去六年，大多数德国人与欧洲人在百年前仍然以自大的殖民主义态度蔑视中国。

本段正式进入演讲正文，回顾了同济大学建校时期的世界历史背景。句 5 开头的 damit 和句 6 开头的 denn 使本段的三句话从第一眼看上去就显得相互之间有着颇为紧密的关系，厘清其语义逻辑关系是理解本段的关键。而句 5 中不仅有很多代词，需要通过上下文才能确切理解其含义，还出现了插入语、破折号，如何处理着实给本段的翻译带来了不小的挑战，需要在段落层面妥善加以考量和权衡。本段的上述特点使本段的翻译处理方式较为特别，因此我们对同学译文案例的展示也以段落形式呈现。

原文句 5 和句 6 分别使用了 damit 和 denn 这两个衔接词，它们对于整段的理解至关重要，理顺了这两个词的前后逻辑关系，也就理顺了整段内容的意义。damit 的字面意思是“因此”，即因为前面句 4 所提到的“德国人和中国人共同创建了同济大学，双方创始人是真正的合作伙伴”这个事实，演讲者得出了下面句 5 的评价“Damit waren sie der Haltung weit voraus, die damals in Deutschland und Europa herrschte.”，意思是“因此他们（即同济大学的双方创始人）超越了当时在德国和欧洲盛行的那种主流姿态”。句 5 中还运用了一个插入语，表明“当时德国军队参与镇压的义和团运动刚过去 6 年”，联想到 6 年后同济大学就建校了，我们可以认为，这个插入语是对句 5 评价的一个隐性原因说明。而以 denn 开头的句 6 所表达的则是显性原因，补充说明为什么说双方创始人超越了那种主流姿态，以及那种主流姿态是什么。可以说，句 5 的评价是整段的中心句，而演讲者为了论证自己的这个观点，分别运用隐性和显性两种方式说明了原因。厘清了本段句子之间这个比较复杂的衔接关系以后，我们再来看同学的译文，就比较容易评价了。

译文 1、译文 2、译文 3 分别运用了破折号和括号来翻译处理原文的破折号和插入语，这种做法是否恰当我们一读便知，因为这三个译文读起来都显得非常不流畅。书面语中确实可以保留破折号、插入语的形式，这或许可以在一定程度上保留作者的标点用意，但汉语演讲稿中出现此类标点意味着语流的中断和语义的停顿，这不仅影响受众的理解，对演讲本身来说也是极大的干扰，这样处理显然不符合汉语演讲的语言表达习惯。译文 3 分别对句 5 和句 6 使用了“因此”和“因为”两个连接词，看似表现了原文的逻辑关系，但前后两句连续出现原因关系连词，易导致句意混淆，译文读起来也欠通顺。

译文 4 放弃保留破折号和插入语的形式，而将句 5 的插入语提前，拆分成两个汉语句子，表达了原文中中心句的隐性原因，使整段译文的流畅度较好；但译者对插入语中 den 这一关系代词的理解有误，导致译文不正确，其实该关系从句译作义和团运动的定语并不算长，也可以使整个段落的表达更加精简，因而最为恰当。译文 5 则将句 5 和句 6 的两处原因表达合二为一，既体现了原文内含的逻辑关系，又使译文贴近汉语的表达习惯，与其他几个译例相比确实是比较好的翻译处理方式。

针对这一段，我们的两个建议译文是：

建议译文 1：

同济大学是由中国人和德国人共同创办的，双方创始人也是真正的合作伙伴。这堪称超前之举。因为在当时，德国军队参与镇压的义和团起义刚刚过去 6 年，德国和整个欧洲的大多数人还以自负的殖民主义态度俯视中国。

建议译文 2：

同济大学是由中国人和德国人共同创办的，双方创始人也是真正的合作伙伴。当时，德国军队参与镇压的义和团起义刚过去 6 年，而（百年前）德国与其他欧洲国家的大多数人还以一种自负的殖民主义姿态俯视中国。因此同济的创建者比他们都要更加高瞻远瞩。

从上面的分析来看，本段的翻译首先要透彻理解原文意思，注意分析句子结构，区分句子的主要结构和附加成分，进而了解句子之间的语义关联。对于其中的插入语，如果译成括号或通过运用破折号保留插入语的形式，显然不符合汉语演讲文体，也会影响受众理解。因此处理本段时不必拘泥于原文的句子顺序，而应理顺句子间的语义逻辑关系，在此基础上打破原有顺序进行表达。本段的中心句是“这堪称超前之举”，其在译文中的位置可以斟酌。放在中间（如建议译文 1），比较简洁；若放在段末（如建议译文 2），则需要添加“同济的创建者”几个字，以免造成误解。

第三段
（句 7）Dabei hatten die Deutschen es eigentlich schon einmal besser gewusst.（句 8）Im 18. Jahrhundert waren die Gebildeten beeindruckt, ja begeistert von der chinesischen Kultur.（句 9）Viele Fürsten ließen Gärten, ganze Schlösser im chinesischen Stil bauen.（句 10）Die jahrhundertelange wissenschaftliche und technische Überlegenheit Chinas war noch in lebhafter Erinnerung.（句 11）Und auch in der Zeit, als Ihre Universität gegründet wurde, hätte Europa eigentlich wissen können, dass China politisch und kulturell mitnichten vor sich hindämmerte.（句 12）Spätestens das Ende des Kaiserreichs 1911 und der erste Versuch landesweiter Wahlen im Jahr darauf zeigten doch, wie viel längst in Bewegung geraten war.（句 13）Aber das wurde von außen viel zu wenig wahrgenommen.
译文 1： 其实德国人曾经有过更清晰的认识。在 18 世纪，中国文化使受过教育的人印象深刻，甚至是心驰神往。很多王侯按照中国风格建造花园和整座宫殿。中国在科技方面长达几个世纪的优势地位仍然历历在目。在贵校被创办的年代，欧洲也本可以认识到，中国在政治和文化上绝非浑浑噩噩。最迟到 1911 年帝国的终结和第二年首次开展全国性选举的尝试都展现出，许多事物早就发生了变化。但是外界对此知之甚少。
译文 2： 但德国早就更好地意识到了这一点。在十八世纪，德国学者们就对中国文化有着深刻的印象，也致力于研究中国文化。许多德国的王侯也会建造中式的花园和城堡。中国百年来在科技水平上遥遥领先的形象仍在人们鲜活的记忆中。而在同济大学创办的时候，欧洲其实也可能明白，中国绝不会放任自己的政治和文化就这样浑浑噩噩地没落下去。从 1911 年中国废除封建帝制，以及此后第二年就举行的第一届全国范围内的国会选举中就能看出，这一切早已在酝酿之中，但却鲜少为外界感知。
译文 3： 自此，德国人对中国才有了进一步的认知。18 世纪时，知识阶层深受中国文化吸引，许多王侯公爵命令手下将花园和整个城堡按照中式风格建造。数百年来，中国在科学与技术上的领先优势令人们印象深刻。在贵校建立之初，欧洲也本可以认识到，中国在政治和文化上绝非“一蹶不振”。最迟到 1911 年封建王朝的终结和次年举行的第一届国会选举都已表明，许多事物早已处于发展变化当中。然而外界却对此知之甚少。

本段较长，但句与句之间的逻辑关系较为明确，可以逐句进行翻译。其中的理解和翻译重点有以下几处：（1）句 7 句首的 dabei 与上一段衔接，体现了两段的语义关联，译文 1 和译文 2 分别处理为“其实”和“但”，都可以表现出句 7 与之前句 6 之间的转折关系，但译文 3 译为“自此”与原文意义不符。（2）句 8 中的 die Gebildeten 是

指“受过教育的人”(如译文1),而非“知识阶层”(如译文3)或“学者”(如译文2);句8中的beeindruckt, ja begeistert中的小品词ja使整个句子的语气在程度上有一个递增,意思是当时中国文化对德国人来说不只是beeindruckt(印象深刻),还达到了begeistert(深受鼓舞、心驰神往)的地步,译文1中的“甚至”两字很好地表达出了这一递增语气,但此类对语篇意义理解至关重要的小品词在翻译时却容易被忽视(如译文2、译文3)。(3)句9的bauen lassen正如其他与lassen搭配运用的动词一样,表达的是“让别人做……”,但译成汉语时,我们往往会省略“让别人”这三个字,比如“Ich möchte meine Haare schneiden lassen.”译为“我想去理发”,而不会译成“我想去让人给我理发”,因为理发一般都是让别人做的。同样道理,句9中涉及的那些王侯们也不会自己去建造宫殿,所以该句译为“很多王侯按照中国风格建造花园和整座宫殿”(译文1)是比较合适的。(4)句10的jahrhundertelang是指“几百年之久的”“几个世纪之久的”,但不仔细的译者会以为是“一百年之久的”(如译文2)。(5)句11中使用了第二虚拟式,在翻译时易被忽略而直接按照过去式来翻译。译文1和译文3使用了“本可以”表现了原文的虚拟语态,译文2翻译为“其实也可能”表达的是可能性,而非虚拟性。(6)句12意在强调中国觉醒已然发生,1911年废除帝制和第二年的选举是两个众所周知的例子。事实上,中国人的奋发图强意识和行为远早于这两个事件。译文1和译文3都将spätestens直译为“最迟到……”,体现了演讲者对于外界对中国巨变没有察觉的惋惜之情,译文2虽然调整了语序,似乎更符合汉语表达习惯,却漏掉了“最迟”这个词,没有把演讲者所列举的那些事件的层层递进表达出来。

针对这一段,我们的建议译文是:

而实际上,德国人曾有过见识相对高明的时期。18世纪,受过教育的人对中国文化印象深刻,甚至极为向往。许多王侯按中国风格修建园林,乃至整个宫殿。人们还清楚地记得中国在科技方面长达几世纪的优势地位。到了贵校建校时,欧洲原本也可以知道中国在政治和文化上绝非浑浑噩噩、停滞不前。最晚到1911年帝制的结束以及第二年在全国范围内首次进行选举的尝试,就表明了有多少变化已经发生。但外界对此的了解实在微乎其微。

3. 练习1参考译文

我很高兴也很荣幸,值此同济大学百年校庆之际来这里做客。同济大学是德中两国人民友谊最美好的见证之一。我向同济所有的教职员工和同学们为这个令人骄傲的庆典表示祝贺!

同济大学是由中国人和德国人共同创办的，双方创始人也是真正的合作伙伴。这堪称超前之举。因为在当时，德国军队参与镇压的义和团起义刚刚过去6年，德国和整个欧洲的大多数人还以自负的殖民主义态度俯视中国。

而实际上，德国人曾有过见识相对高明的时期。18世纪，受过教育的人对中国文化印象深刻，甚至极为向往。许多王侯按中国风格修建园林，乃至整个宫殿。人们还清楚地记得中国在科技方面长达几世纪的优势地位。到了贵校建校时，欧洲原本也可以知道中国在政治和文化上绝非浑浑噩噩、停滞不前。最晚到1911年帝制的结束以及第二年在全国范围内首次进行选举的尝试，就表明了有多少变化已经发生。但外界对此的了解实在微乎其微。（参见：张瑞，同舟共济，《德国研究》2007年第3期：4-8）

4. 拓展作业1：请将下文翻译成汉语。

Liebe Mitbürgerinnen und Mitbürger,

heute geht ein Jahr zu Ende, das einige Veränderungen mit sich gebracht hat. Eine kleine Veränderung: Heute Abend richte ich als Ihr Bundeskanzler die Neujahrsansprache an Sie. Der reibungslose, mitunter fast freundschaftliche Übergang von der alten Bundesregierung zur neuen hat überall in der Welt viel Anklang gefunden. Es ist ein gutes Zeichen für die Stärke unserer Gesellschaft. Das Jahr 2021 hat uns alle sehr gefordert. Die Coronapandemie mit ihren Belastungen und tiefgreifenden Einschränkungen steckt uns allen in den Knochen. Und auch das verheerende Hochwasser in Nordrhein-Westfalen, Bayern und Rheinland-Pfalz wird niemand so schnell vergessen. So schlimm beides gewesen ist-unsere Reaktion darauf enthält auch eine durch und durch erfreuliche Botschaft: Als Gesellschaft haben wir in Deutschland diese Herausforderungen entschlossen angenommen. Nach der Flut haben wir alle zusammen angepackt. Gemeinsam haben wir geholfen, aufgeräumt und mit dem Wiederaufbau begonnen. Und damit werden wir noch lange zu tun haben.

Manche beklagen in diesen Tagen, unsere Gesellschaft sei „gespalten". Ich möchte hier mit aller Deutlichkeit sagen: das Gegenteil ist richtig! Unser Land steht zusammen. Was ich überall wahrnehme, das ist eine riesige Solidarität, das ist überwältigende Hilfsbereitschaft, das ist ein neues Zusammenrücken und Unterhaken. Ausdrücklich möchte ich heute allen danken, die sich tagtäglich für

unser Wohl einsetzen. Für unsere Gesundheit und für unsere Sicherheit—im Inland wie im Ausland. In Krankenhäusern, Pflegestationen, Arztpraxen oder Impfzentren, in den Polizeirevieren und bei der Bundeswehr.
(Auszug von *Neujahrsansprache 2022 von Bundeskanzler Olaf Scholz am 31. Dezember 2021 über Hörfunk und Fernsehen*)

3.2 练习2：招聘广告

原文：(歌德学院德语师资招聘广告)

LEHRKRÄFTE FÜR DEUTSCH ALS FREMDSPRACHE
(VERTRAGSLEHRKRAFT)

Das Goethe-Institut China sucht ab sofort eine Lehrkraft für Deutsch als Fremdsprache (Vertragslehrkraft). Der Unterrichtsumfang beträgt 25 UE (à 45 Min.). Zum Aufgabenbereich gehören weiterhin Zusammenhangstätigkeiten von 2,5 Stunden pro Woche wie organisatorische Aufgaben, die Betreuung der Lehrerhandbibliothek oder Lernerberatung. Ebenfalls sind Goethe-Prüfungen abzunehmen. Auch Einsätze in Sprachkursen und Prüfungen bei Partnern und Einsätze in der Lehrerfortbildung sind möglich. Einsatzort ist das Goethe-Institut in Peking.

Wir bieten:

- eine interessante Arbeit mit motivierten, jungen Erwachsenen und in einem internationalen Lehrerteam
- vielfältige Fortbildungsangebote und Unterstützung bei der beruflichen Weiterentwicklung
- Möglichkeiten zur Mitarbeit in der Lernberatung, in Spezialkursen, in Projekten und bei Veranstaltungen
- Prüferqualifizierung sowie Prüfereinsatz bei den zentralen Prüfungen des Goethe-Instituts
- eine große Zahl aktueller Lehrmaterialien und technisch hervorragend ausgestattete Klassenräume
- Unterstützung bei der Beantragung eines Arbeitsvisums und bei der Unterkunftssuche

- einmaligen Reisekostenzuschuss i. H. v. 1.000 €(bei Anreise aus Europa)

Anforderungen:

- Deutsch auf muttersprachlichem Niveau oder Nachweis über Sprachkompetenz auf C2-Niveau
- Abgeschlossenes Hochschulstudium im Fach Deutsch als Fremdsprache, das Grüne Diplom des Goethe-Instituts oder Hochschulzertifikat Deutsch als Fremdsprache
- Nachgewiesene Lehrerfahrung im Bereich Deutsch als Fremdsprache
- Vertrautheit mit dem GER und mit lernerzentrierten Unterrichtsformen
- Erfahrungen mit Medieneinsatz wünschenswert (Smartpanel, Tablets, elektronisches Klassenbuch etc.)
- Interkulturelle Kompetenz und Teamfähigkeit
- Interesse am chinesischen Kulturraum
- Flexibilität, Bereitschaft auch am Wochenende und abends zu arbeiten

Die Anstellung erfolgt über einen Vertrag nach lokalem Recht. Steuern und Sozialversicherungen werden vor Ort abgeführt. Visakosten sowie Wohnungskosten werden nicht übernommen. Die Bearbeitungszeit zur Ausstellung eines Arbeitsvisums kann mehr als drei Monate in Anspruch nehmen.

Bitte richten Sie Ihre Bewerbung mit den üblichen Unterlagen per E-Mail an [...]

请思考：本次练习的文本类型的语言和语篇特点是什么？翻译时需要注意哪些方面？

1. *原文特点及翻译难点分析*

练习 2 源自歌德学院的网络招聘信息，是一则招聘广告。招聘启事是应用性文本的一种，在日常生活中应用广泛。招聘启事的主要文本功能是信息型的，但同时也具有感染功能，招聘机构一般都想在招聘广告中传递出关于机构本身及招聘岗位足够诱人的信息(比如优渥的待遇、宽松的工作条件等)，以成功吸引广大求职者的注意和应聘。从本练习原文的宏观结构来看，德语招聘广告分为以下几个部分：标题、职位简介、工作条件和待遇、岗位要求、应聘方式。要将该德语文本翻译成汉语，除了要透彻理解原文信息，还要了解汉语招聘广告的形式、结构和语言表达习惯。因此我们在翻译前应考虑做些适当准备。

首先,原文的正确理解始终是翻译表达的基础。本练习的原文中就有一些词和概念容易被错误理解。比如:Deutsch als Fremdsprache 的意思是“德语作为外国语”或“对外德语”,而不是“德语专业”(Germanistik);GER 是 Gemeinsamer europäischer Referenzrahmen(欧洲共同语言参考标准)的缩写,简称“欧标”(从低到高分为 A1、A2、B1、B2、C1、C2 六个语言水平层级),不是“德国”,更不是 GRE(美国高校研究生入学英语语言水平考试);das Grüne Diplom 是指歌德学院全球海外分院通用的 DaF(对外德语)教师资质,简称“绿色文凭”;Abgeschlossenes Hochschulstudium 是“高校毕业”,Hochschulzertifikat Deutsch als Fremdsprache 是“高校对外德语教师资质”;Prüferqualifizierung 是“考官资质培训”;die zentralen Prüfungen des Goethe-Instituts 是“歌德学院的中央考试”(指 C1、C2 考试);i. H. v. 则是 in Höhe von 的缩写。针对这些概念,有时结合上下文就能理解,有时仅需查阅一下网页就可以得到答案,要避免的是望文生义、想当然。

其次,德汉招聘启事虽然都具有短小精悍的文本特点,但具体的表现方式仍有较大差异,为了将德语文本的内容用恰当的目的语即汉语表达出来,最好事先进行相关文本的德汉对比分析,以明确两种语言文本的异同。德汉招聘广告的差异首先体现在小标题和语篇格式方面,比如德语广告中的小标题并不强调固定的结构模式,如练习 2 原文中的 Wir bieten 属于句子结构,而 Anforderungen 则是名词形式,而如果查阅相关资料或网页,会发现汉语招聘广告往往多用四字结构这样朗朗上口的方式。此外,德汉招聘广告对条目的表述也不一样,德语文本中的条目常运用统一的名词化语言结构(如练习 2 条目所示),翻译成汉语时则既要透彻理解原文结构形式下的意涵,也要特别注意汉语招聘广告文本在条目表达时的惯用方式。

上述问题如果没有搞清楚,翻译时就会出现这样那样的问题,或理解错误,或词不达意,或翻译腔重,而翻译前的准备工作可以帮助大家在翻译时做出合理的原文理解和译文选择。

2. 学生作业评析

原文的标题共有三个:主标题和两个小标题。翻译主标题时,首先要特别注意括号内的词 Vertragslehrkraft 的翻译,如果直译为“合同教员”既不符合中国职场的表达习惯,也无法体现出原文的本意,容易让人误解为合同工、临时工,而事实上 Vertragslehrkraft 指的是与教学机构签订长期工作协议、具有固定岗位的教员,即我们所说的“全职教员”,与临时聘用、上多少课时得到多少课时费(即课时酬金或课酬)的“兼职教员”(Honorarlehrkraft)正好是两个相对的概念。主标题中另一个词 Deutsch als Fremdsprache 也不能望文生义地译为“德语作为外语”。在中国,针对语言教师这个职业我们一般直接称为“×语教师”(如英语教师),所以 Lehrkraft für Deutsch als Fremdsprache 可以译成“德语教师”,如果为了突出“作为外语”这一点,也可以借鉴“对外汉语”译为“对外德语教师”,如果译为“德语作为外语教师”则显得比较奇怪。下面我们主要聚焦文本的中间部分(即两个小标题及条目内容)进行译文评析。

两个小标题的翻译在同学译文中呈现出多样化的形式。Wir bieten(意为“我们提供”)是主谓结构,后面跟着的条目肯定是名词,才能共同组成完整的句子结构,并把意思表达完整。Anforderungen(意为“要求”)则是一个名词,对后面跟着的条目的词性不一定有严格的限制。如果按照原文将这两个标题译成“我们提供”和“要求”,显然不协调,字数不同,表达形式也不对称。同学们针对这两个标题的译文可谓多种多样,试举例如下:

表 3-1 小标题的学生译文举例

1 我们这里有 我们需要您	2 我们向您提供 我们要求您	3 我们提供 招聘要求	4 工作福利 岗位要求	5 岗位待遇 职位要求

译例 1、2 显然受了 Wir bieten 这个原文标题结构的影响,连另一个名词类标题 Anforderungen 也尝试用句子去表达,这虽然在内容上能与下文的条目相匹配,但从形式来看,不符合汉语此类文本的表达习惯。译例 3 的两个汉语标题虽然都是四个字,但一个主谓结构,一个偏正结构类名词,表达方式不一致,不够协调。标题汉译问题的最佳解决途径无疑是查阅平行文本,就是查阅一些汉语同类文本,了解汉语中招聘广告的语言特点。我们发现,此类汉语文本的标题常会用四字格,比如任职条件、应聘要求、工作待遇、工作环境等。所以从表达形式来看,译例 4 和 5 比较可取。另外,大致研读标题下的条目内容可以了解到,Wir bieten 标题下的条目所涉及的内容并不仅仅是福利或待遇,而主要是工作条件;Anforderungen 标题下的内容是告知受众若要来应聘或任职该岗位,需要具备什么条件、符合什么要求,所以应该是应聘要求、任职要求、任职条件。基于上述分析,我们可以大致确定 Wir bieten 和 Anforderungen 这两个标题比较恰当的译文表达是“工作条件和待遇”和“应聘要求”(或任职要求、任职条件)。这类名词形式的标题译文对后面条目的语言形式一般没有限制,为译者后续的条目翻译提供了较多的自由发挥空间,可以用句子,也可以用词组。

至于标题下的条目内容,德语原文的条目语言特点鲜明,都是名词,有的有前置定语,有的有后置定语。运用名词化表达(Nominalisierungen)可以使德语文本既言简意赅、简洁明了,又信息量丰富。对其进行汉译时除了应当考虑保留原文这些语言特征之外,也要考量汉语表达习惯以及是否与标题译文相匹配。

我们先以 Wir bieten(工作条件)这一板块内容为例来看一下德语专业本科三年级学生对于同类文本的翻译情况。

本科生译例原文(内容有调整)	本科生译例
Wir bieten: • eine interessante Arbeit mit motivierten, jungen Erwachsenen • Einsatzmöglichkeiten auf allen Niveaustufen • technisch hervorragend ausgestattete Klassenzimmer • sehr gute fachliche Betreuung und ein engagiertes junges Lehrerkollegium • Fortbildungsveranstaltungen • breitgefächertes Lehrmaterialangebot • Mitarbeit bei den zentralen Goethe-Prüfungen • Gute Honorierung	**我们提供:** 1. 一个与年轻积极的成年人共事的有趣工作; 2. 在 A1 到 C2 任意语言水平等级里的教学机会; 3. 配有高科技设备的教室; 4. 非常有益的专业管理和一个年轻有事业心的教师团队; 5. 进修活动; 6. 广泛的教学材料; 7. 在歌德学院主要考试中的协同工作; 8. 体面的酬金。

从此处所展示的本科三年级学生译例(如划线部分所示)可以很清晰地看出,该学生在翻译时并没有去考虑和区分德汉同类文本的差异,因此受限于原文的语言结构,在译文中保留了原文对于条目内容的名词化表达方式。其中较短的名词(如条目 3、5、6、8)与标题也能匹配,但有定语修饰的较长的名词(如条目 1、2、7)读上去就显得比较拗口,翻译腔比较重,不太符合汉语表达习惯。如果我们运用动宾结构或句子结构来对原文的名词词组进行调整性的翻译表达(见下面的建议译文),得到的译文就会比较符合汉语表达习惯。

工作条件和待遇:

- 与年轻上进的学员共享课堂乐趣
- 有机会任教各个水平层次的课程
- 教室设备先进,硬件优越
- 拥有优秀的专业指导和年轻、敬业的同事
- 可以参加进修课程
- 有丰富的教学参考资料
- 有机会参与歌德学院的中央考试事宜
- 报酬丰厚

跟本科生相比,研究生在翻译此类文本过程中就显得颇为老练,如下面 3 个译例

所示。

研究生译例 1

工作条件与待遇：

- 成为国际化教学团队的一员，与年轻上进的学员共享课堂乐趣
- 丰富的培训课程和职业生涯指导
- 参与学习辅导、特别课程和活动项目组织工作的机会
- 海量的最新教学参考资料和先进的教学环境
- 工作签证申请和租房指导
- 高达 1 000 欧元的一次性交通费用补助（用于自欧洲出发的交通费用）

应聘要求：

- 德语达到母语水平，或具有欧标* C2 水平的德语语言能力证明
- 高校对外德语专业毕业，或持有歌德学院绿色文凭**，或具有高校对外德语教学资质
- 对外德语教学经历证明
- 熟知欧洲共同语言参考标准（GER）和以学生为中心的教学模式
- 熟练使用电子设备（智能黑板、平板电脑、电子课本等）者优先
- 具备跨文化交际能力和团队合作能力
- 对中华文化圈具有兴趣
- 工作时间具有灵活性，可接受周末以及夜间加班

* GER (Gemeinsamer europäischer Referenzrahmen für Sprachen) 欧洲共同语言参考标准

** "绿色文凭"是歌德学院对外德语教师资格全球统一认证标准。

研究生译例 2

工作条件与待遇：

- 成为国际化教师团队的一员，与年轻上进的学员共享课堂乐趣
- 参加丰富的进修课程，获得职业发展相关支持
- 有机会协助学习咨询、各类特殊课程、项目及活动
- 具备成为歌德学院中央考试考官的资格
- 拥有大量最新教学资料，教室设备先进，硬件优越
- 由歌德学院协助申请工作签证并解决住房

- 一次性旅行津贴最高 1 000 欧元(从欧洲出发)

应聘要求：

- 德语达到母语水平，或具有欧标 C2 水平语言能力证明
- 对外德语专业大学毕业，具备歌德学院语言证书或对外德语教师资格证
- 具有对外德语任教经验
- 熟悉德国国情和以学生为中心的授课方式
- 具有媒体设备使用经验者优先考虑(Smartpanel、平板电脑、电子课件等)
- 具备跨文化交际能力和团队协作能力
- 对中国文化感兴趣
- 工作时间具有灵活性，周末和晚上也愿意工作

研究生译例 3

工作条件与待遇：

- 在国际化的教学团队中，与年轻上进的学员共享课堂乐趣
- 拥有丰富的进修课程和对职业发展的支持
- 有机会在学业咨询、专业课程、项目、活动等多种领域工作
- 能获得参与歌德学院中央考试的命题资格
- 有大量的最新教学参考资料，教室设备先进
- 能保证获得工作签证和住房
- 一次性旅行补贴，金额达到 1 000 欧元(限从欧洲来华)

应聘要求：

- 德语达到母语水平，或具有欧标 C2 水平语言能力证明
- 大学德语专业毕业，并持有歌德学院“绿色文凭”或大学开具的德语外语证明
- 具有德语外语的任教经验，并出示相关证明
- 熟悉德国知识，以及以学生为中心的教学形式
- 最好具有多媒体使用经验(如智能平板，平板电脑，电子课本等)
- 具备跨文化交际能力和团队精神
- 对中国文化有兴趣
- 工作时间具有灵活性，周末和晚上也愿意加班

首先，同学们都没有保留原文语言形式直译为“我们提供”，而是运用了“工作条件和待遇”“应聘要求”这类四字格形式，符合汉语招聘文本中小标题的表达习惯。其次，对于条目内容的表达也没有拘泥于原文名词化的语言结构形式，而是使用了

"成为、共享、参与、可担任、有机会参加"等一系列动词＋名词的形式表达该岗位能为应聘者提供的工作条件和带来的好处，运用了"达到、熟悉、具备、具有、拥有"等一系列动词＋名词的形式表达该岗位的应聘要求。总体而言，学生运用动宾结构取代原文名词词组的尝试，使大部分的译例能基本契合汉语相关文本的阅读期待，具有可读性和可理解性。另外，译例 1 的译者还在译文后对原文一些难懂的概念(如 GER、绿色文凭)进行了加注解释，为汉语读者更好地理解原文起到了较好的效果。

但我们从中也可以看出，研究生译例中还是存在这样那样的问题。首先，上述运用动宾结构替代原文名词词组的翻译策略并没有贯彻在每一个条目的翻译中，如译例 1 划线部分的名词词组表达形式所示。其次，对原文文本中一些概念仍有理解错误或漏译、错译的现象，比如译例 2 中针对 GER(欧标)理解为了"德国国情"，译例 3 也错误理解为"德国知识"，导致该条目的前后部分关联度不高；Unterstützung bei der Beantragung eines Arbeitsvisums und bei der Unterkunftssuche 指的是招聘方可以在申请工作签证和寻找住房方面为应聘方提供支持和帮助，译例 2 中的"……并解决住房"(意思是由招聘方承担住房费用)与原文意义不符，显然是漏译了 Suche 一词；Prüferqualifizierung sowie Prüfereinsatz bei den zentralen Prüfungen des Goethe-Instituts 有两层意思，一是可获得歌德学院中央考试考官资质培训，二是可担任考官，译例 3 中译为"能获得参与歌德学院中央考试的命题资格"显然对原文有误解，译例 2 仅提及原文后面那个部分而没提可获得资质培训的事，译例 1 更是漏译了该条目。另外，译文表达也需要更加言简意赅、清晰明了，比如 einmaligen Reisekostenzuschuss i. H. v. 1. 000 €(bei Anreise aus Europa)这个条目说的是，应聘者入职后可享有一次性旅费补贴 1 000 欧元，该补贴用于从欧洲来华的旅程，学生译文或可以进一步优化。

3. 练习 2 参考译文：

诚聘德语教师(全职)

职位概况：

歌德学院中国分部自即日起诚聘一名全职德语教师，教学工作量为每周 25 课时(每课时 45 分钟)，此外还需完成每周 2.5 小时的其他相关事务，如组织协调性工作、教师图书馆的管理、为学生提供咨询服务、歌德学院的考务工作，并有可能承担合作伙伴的语言班教学和考试事务及教师培训工作。任职地点为歌德学院北京分院。

工作条件和待遇：

- 能与年轻上进的学员共享课堂乐趣，与国际化教师团队共事
- 享有丰富的进修机会和职业发展支持

• 有机会参与学习咨询服务、特色班教学及各类项目和活动的工作
• 可获得歌德学院中央考试考官资质培训，并担任考官
• 有大量的最新教学资料可供参考，教室设备先进，硬件优越
• 可获得工作签证申请和租房方面的协助
• 可享有一次性旅费补贴 1 000 欧元(用于从欧洲来华的旅程)

应聘要求(岗位要求)：

• 德语达到母语水平，或具有欧标 C2 水平语言能力证明
• 具备对外德语专业高校毕业文凭、歌德学院绿色文凭或高校对外德语教师资格证书
• 具有对外德语任教经验，并出示相关证明
• 熟悉欧标(欧洲共同语言参考标准)和以学生为中心的课堂教学形式
• 具有相关媒体操作经验者优先考虑(如智能面板、平板电脑、电子班级记录簿等)
• 具备跨文化交际能力和团队工作能力
• 对中国文化区有浓厚兴趣
• 工作时间具有灵活性，周末和晚上也愿意加班

申请方式：

聘用事宜遵照当地法律签订聘任合同，个税和社会保险金在当地缴纳，签证费和房租自行承担。工作签证申办时间可能需要三个多月。有意者请将求职信及其他相关材料用电子邮件方式发到以下地址：

……

4. 拓展作业 2：请将下文翻译成汉语。

Das Goethe-Jinchuang Sprachlernzentrum Shanghai sucht engagierte Honorarlehrer/-innen im Bereich Deutsch als Fremdsprache

Das Goethe-Jinchuang Sprachlernzentrum ist eine Kooperation des Goethe-Instituts mit dem Shanghai Jing'an Cultural College of Technology. Wir bieten in Shanghai die Sprachkurse und Prüfungen des Goethe-Instituts an. Das Sprachlernzentrum fungiert ausserdem als ein regionales Fortbildungszentrum für Deutschlehrer/-innen.

Wenn Sie Interesse an einer Tätigkeit als Honorarlehrer/Honorarlehrerin haben, sollten Sie folgendes **Anforderungsprofil** mitbringen:

- Studium von „Deutsch als Fremdsprache (DaF)“ oder Fernstudium „Methodik und Didaktik des Deutschunterrichts“ des Goethe-Instituts
- Unterrichtserfahrung in Deutsch als Fremdsprache im Gruppenunterricht möglichst auf unterschiedlichen Niveaustufen
- Falls keine Erfahrung im Unterricht bei einem Goethe-Institut besteht: Die Bereitschaft, sich in der an Goethe-Instituten verwendeten Unterrichtsmethodik fortzubilden
- Gute Deutschkenntnisse (mindestens auf dem Niveau C1 des Gemeinsamen Europäischen Referenzrahmens für Sprachen)
- Teamfähigkeit

Wir bieten:

- Ein angenehmes Arbeitsumfeld
- Attraktive Vergütung
- Kostenlose Teilnahme an den zahlreichen Lehrerfortbildungen im Sprachlernzentrum
- Möglichkeit der Bewerbung um ein Stipendium für die Teilnahme an Seminaren des Goethe-Institutes in Deutschland

(http://shanghai. goetheslz. com/zh/content/honorarlehrer-innen-im-bereich-deutsch-als-fremdsprafre-gesucht)

3.3 练习 3：文学类文本

原文：(《孔子学院》2020 年第 2 期卷首语)

Zeit ist Geld, heißt es. Auch, dass es auf der Straße liege, sogar, dass jemand Geld wie Heu habe, oder im Gegenteil, dass Ebbe im Geldbeutel herrsche. Die Redewendungen ums Thema Geld lassen sich erweitern um das, was man alles mit Geld machen kann. Man kann damit um sich werfen, es auf den Kopf hauen oder zum Fenster rauswerfen.

Aber mal Hand aufs Herz: Viele Menschen träumen davon, im Laufe ihres Lebens zu Reichtum zu kommen. Die Bedeutung von Geld und Wohlstand ist so individuell wie jeder Mensch selbst. Ebenso sind es die jeweiligen Motive, nach Reichtum zu streben. Und es gibt jene, für die Reichtum nichts mit Geld zu tun hat, sondern mit Glück, Zufriedenheit, Freundschaft oder anderen immateriellen Gütern.

Um die Entstehung des Geldes ranken sich viele Mythen. Als Tauschmittel gegen Waren zahlte man einst mit Muscheln, dann kamen Gold-und Silbermünzen, später Scheine und Plastikkarten, die als Zahlungsmittel über den Ladentisch wanderten. Heute wickelt man seine Zahlungen mühelos per Handy-App oder E-Banking ab.

Geld regiert die Welt. Ob als Scheine, Münzen oder einfach als Zahl, ob in materieller oder immaterieller Form, es hat seinen Wert. Geld zu haben, ist ein Stück Freiheit oder ein Weg in Richtung Unabhängigkeit.

Warum gerade Geldgeschenke in den traditionellen roten Umschlägen den Singles in China heute ordentlich Probleme machen oder warum man für den Geldsegen nur fest sein Handy zu schütteln braucht, erklärt Redakteur Jonas Borschers.

Wie es gelingt, sich nur mit Bargeld durch Pekings Geschäftsviertel zu schlagen. Hat unsere Korrespondentin Verena Menzel ausprobiert.

Wie unsere Bequemlichkeit und das rasante Lebenstempo in naher Zukunft das Geld verändern werden, beschreibt der Schweizer Unternehmensberater Daniel Fasnacht. Da möchte man dem chinesischen Science-Fiction-Autor Liu Cixin eher nicht folgen, der in einer seinen Geschichten von der Macht des Geldes erzählt.

Eine gute Lektüre wünscht Ihnen die Redaktion!

请思考：本次练习的文本类型的语言和语篇特点是什么？翻译时需要注意哪些方面？

1. *原文特点及翻译难点*

本语段源自某文化类期刊，是刊物的卷首语。作为杂志的开篇文章，卷首语既有向读者介绍本期杂志主要内容的功能，又在一定程度上展现杂志的语言风格，肩负着吸引读者继续阅读的重要任务。因而，本练习的语言与练习 1 和练习 2 都有所不同，一方面通过惯用语的使用拉近与读者的距离，使文章具有幽默性、趣味性；另一方面又体现了杂志作为出版物的语言规范性和书面语特性。

本练习在翻译实践中出现的难点首先在于惯用语的翻译，不仅要正确理解原文，还要在多种汉语相近表达中挑选出合适的译文，并注意前后惯用语译文的衔接。对于原文的一些用词和短语的理解与处理是本练习的第二个重点。作为一篇卷首语，为了吸引眼球，语言运用必然追求一定的特色，翻译时需要处理好忠实和出彩两者的关系，既不过度夸大，也不拘泥于原文。在德语书面语中，长句和一些特殊句式结构也是常见的语言现象，翻译时如何处理好这些句式结构，确保汉语译文的流畅、通顺，也需要同学们在练习时多加考虑。

2. 学生作业评析

第一段
(句 1) Zeit ist Geld, heißt es. (句 2) Auch, dass es auf der Straße liege, sogar, dass jemand Geld wie Heu habe, oder im Gegenteil, dass Ebbe im Geldbeutel herrsche. (句 3) Die Redewendungen ums Thema Geld lassen sich erweitern um das, was man alles mit Geld machen kann. (句 4) Man kann damit um sich werfen, es auf den Kopf hauen oder zum Fenster rauswerfen.
译文 1： 与金钱相关的俗语有很多，比如"时间就是金钱""遍地是金""腰缠万贯"，或者"手头有点紧"。这些俗语围绕着日常生活中人们如何使用金钱继续衍生，比如"肆意挥霍""挥金如土""一掷千金"。
译文 2： 人们常说"时间就是金钱"。有的人"财运亨通"，甚至"日进斗金"，而有的人却"手头紧"。还有"挥金如土""一掷千金""败家子儿"……涉及金钱的一切话题都可以成为俗话或习语。
译文 3： 俗话说，时间就是金钱。同样也有许多关于金钱的俗语，例如天上掉馅饼、有人腰缠万贯，或者相反地有人捉襟见肘。围绕金钱的俗语可以延伸到任何有钱能使鬼推磨的事情上。花钱时可以挥金如土、一掷千金或把钱扔出窗外。

本段的翻译重点在于正确理解其中多处出现的惯用语。Zeit ist Geld 并不难理解，但句 2 和句 4 中的惯用语在理解上就需多加斟酌。

句 2 的三处惯用语分别为 es auf der Straße liege, jemand Geld wie Heu habe, Ebbe herrsche im Geldbeutel。根据上下文，这三个惯用语与句 1 相联系，也是句 1 中 es heißt 的宾语部分，与 Zeit ist Geld 具有相同的语法功能。因此在翻译时，我们应当将句 1 和句 2 视作一个整体。es auf der Straße liege 中的 es 指的是上一句中的 Geld，字面意思是"街上有钱"；jemand Geld wie Heu habe 字面意思是"有的人钱多如干草"；Ebbe herrsche im Geldbeutel 与前两个惯用语意义相反，字面意思为"钱包里退潮了"。当然，在译文中不能直接使用字面直译。译文 1 到 3 都尝试使用了汉语中的成语、俗语等四字结构来体现这些惯用语的表达效果。"腰缠万贯"较好地从形式和内容上传达了德语原文 jemand Geld wie Heu habe；而译文 2 中"日进斗金"表达的含义虽然接近，但多了"去赚钱"这层含义，该同学虽然着意去挑选了译文表达，但也要避免过度翻译，随意添加原文中没有的含义。对于原文 es auf der Straße liege，译文 1 和译文 3 分别使用了"遍地是金"与"天上掉馅饼"，相比较而言，前者更为贴近原文,而"天上掉馅饼"在汉语中则并非单指金钱这一项好处。翻译 Ebbe herrsche im Geldbeutel 时应当注意前面的 im Gegenteil,作者意在将此与 jemand Geld wie Heu habe 形成对照,译文 1 和译文 2 都译出了原文含义,但从形式和内容两个维度而言,译文 3 的"捉襟见肘"与前面的"腰缠万贯"能达成更好的对照效果。从整体来看,译文 1 注意到了句 1 和句 2 的相关性;译文 3 先使用了"俗话说",本可以罗列句 1 和句 2 那几个关于金钱的惯用语,但"同样也有许多关于金钱的俗语"这个插入语将它们分成了两部分,使语义衔接缺乏流畅性;译文 2 中,译者把句 1 和句 2 前后几个惯用语用句号相分隔,似乎"时间就是金钱"跟后面与金钱相关的俗语没有共同之处,使句 1 和句 2 缺乏语义连贯性,给读者造成理解上的困难。

句 3 和句 4 的翻译除了惯用语之外,还需注意句 3 和前文之间的衔接。译文 1 和译文 3 都翻译了句 3,译文 2 却没有直译句 3,而在段末加了一句"涉及金钱的一切话题都可以成为俗话或习语",看似为了译文流畅调整了原文语句顺序,但句 3 的原意却并非指以金钱为主题的都可以成为惯用语,而是与金钱相关的惯用语除了指钱的多少,还可以扩大范围至如何使用金钱,可见译文 2 调整语序的译法并不妥当,而且还漏译了原文中的关键信息。译文 3 则针对句 3 加译出"有钱能使鬼推磨",可能译者是为了凸显原文作者对惯用语的使用,但此处译文对于原文来说明显属于过度翻译。相较而言,译文 1 是较为贴近原文的译法。对于句 4 三处惯用语的翻译则与翻译句 2 一样要注意理解其中代词和副词的含义。damit um sich werfen 中的 damit 指 mit dem Geld, es auf den Kopf hauen 中的 es 指 Geld, es zum Fenster rauswerfen 中的 es 也指 Geld。译文 1 到 3 对这几处惯用语的理解和翻译都比较准确,除了译文 3 将 Geld zum Fenster rauswerfen 直译为"把钱扔出窗外",没有使用汉语中类似含义的惯用语表达以外,其余译文"肆意挥霍""挥金如土""一掷千金"等都把握了译文的语义和形式。

第二段
(句 5) Aber mal Hand aufs Herz: Viele Menschen träumen davon, im Laufe ihres Lebens zu Reichtum zu kommen. (句 6) Die Bedeutung von Geld und Wohlstand ist so individuell wie jeder Mensch selbst. (句 7) Ebenso sind es die jeweiligen Motive, nach Reichtum zu streben. (句 8) Und es gibt jene, für die Reichtum nichts mit Geld zu tun hat, sondern mit Glück, Zufriedenheit, Freundschaft oder anderen immateriellen Gütern.
译文 1: 但老实说:许多人希望在自己的一生中获得财富。对不同的人而言,金钱和富足有着不同的含义,各自追求财富的动机也因人而异。并且还有一些人,对于他们来说,财富与金钱无关,而是与幸福、满足、友情或者其他无形的事物有关。

(续表)

译文 2： 但是扪心自问，许多人是不是都梦想在其漫漫人生长河中，有一天可以变得富有。然而金钱和富有的意义就像独立的个体一样各不相同，每个人追求富有的原因也千差万别。并且对于某些人来说，富有与金钱无关，而是代表着幸福、满足、友情或是其他无形的东西。

本段的译文对原文理解都基本正确。针对句 5 中的 Hand aufs Herz 这一表达，译文 1 和 2 都正确理解了该短语，分别使用了"老实说"和"扪心自问"两个译文，其他可行的译文选择还有比如"坦率地说"等。后面针对 zu Reichtum zu kommen，译文 1 的表述"获得财富"则不如译文 2"变得富有"更为准确。

而对于句 6 和句 7，译文 1 和译文 2 的译文表达都比较好地传达了原文的含义，译者都尝试将两个句子的意思合并在一起进行表达，体现了较好的语义连贯性。

第三段
(句 9) Um die Entstehung des Geldes ranken sich viele Mythen. (句 10) Als Tauschmittel gegen Waren zahlte man einst mit Muscheln, dann kamen Gold-und Silbermünzen, später Scheine und Plastikkarten, die als Zahlungsmittel über den Ladentisch wanderten. (句 11) Heute wickelt man seine Zahlungen mühelos per Handy-App oder E-Banking ab.
译文 1： 关于金钱的诞生有着许多故事。过去人们使用贝壳作为交换商品的媒介，然后是金币银币，再后来就是作为支付媒介流通于各商店柜台的纸币和信用卡。如今人们可以通过手机软件或电子银行轻松进行支付。
译文 2： 有关"钱"的形成有许多传说。最初，人们把贝壳作为物物交换的媒介，后来出现了金币和银币，之后纸币和塑料卡片作为支付手段在柜台上流通。如今人们可以轻轻松松地使用手机软件和网上银行进行支付。

第 3 段回顾了 Geld 的发展历程。句 9 中的 Mythen 一词本义指"神话、传奇、民间故事、传说"等，此处却不能随意选择。通过后文句 10 和句 11 可以发现，本段并没有讲述一些虚幻的神话或传说，而是在描写交易货币的发展历史。因此译文 2 使用"传说"并不贴切，译文 1 的"故事"反而比较合适。句 10 中的 Plastikkarte 字面含义为"塑料卡片"，如果突兀地在译文中使用这样的译文，读者难免有点不知所云。作为译者，可以进一步探究作者的隐含表达，"塑料卡片"就是我们现在普遍使用的银行卡或信用卡等，将这层意思直接表达出来，对汉语读者的理解和译文的流畅度都有帮助。译文 2 使用"塑料卡片"、译文 1 使用"信用卡"分别表现了原文的字面含义和一部分隐含义，如果使用"支付卡片"，可以囊括所有涉及金钱交易的卡片，将这个词汇翻译得更加到位。

第四、第五段
(句12)Geld regiert die Welt. (句13)Ob als Scheine, Münzen oder einfach als Zahl, ob in materieller oder immaterieller Form, es hat seinen Wert. (句14)Geld zu haben, ist ein Stück Freiheit oder ein Weg in Richtung Unabhängigkeit. (句15)Warum gerade Geldgeschenke in den traditionellen roten Umschlägen den Singles in China heute ordentlich Probleme machen oder warum man für den Geldsegen nur fest sein Handy zu schütteln braucht, erklärt Redakteur Jonas Borschers.
译文1: 金钱统治着整个世界。不论是纸质钞票、硬币或仅仅是简单的数字,不论是以物质的形式或是非物质的形式存在,金钱都有其自身价值。拥有金钱就代表拥有一定的自由或者说它就是通向独立的大道。为什么发红包送压岁钱这一传统给如今中国的单身人士造成了很大的麻烦?为什么人们只需要用力地摇摇手机就能招来发财的好运?乔纳斯·博尔舍斯(Jonas Borschers)编辑将为大家一一揭开谜底。
译文2: 金钱统治世界。无论是纸币、硬币还是只是数字,无论是以物质的形式还是非物质的形式存在,金钱都有它的价值。有钱是自由的一部分;或者说,有钱是通往独立的路途。 编辑Jonas Borschers先生解释了:为什么传统的中国红包如今会对单身人士造成问题,为什么只要用力摇摇手机就可以拿到钱。

第五段由一个长句组成,而且使用了倒装的形式,概述了杂志中一篇文章的内容,并在句15最后才提及了文章作者的名字。这种倒装句如果完全直译入汉语,比如译为"为什么……,为什么……,编辑 Jonas Borschers 解释",不符合汉语阅读习惯,对读者并不友好。译文1和译文2都注意到了这个长句的倒装结构,并对其汉语译文作了一定的调整处理。译文1保留了句15的倒装结构,但句末添加了"一一为大家揭开谜底"这一表述,很好地调整了倒装结构在汉语中的不流畅性,衔接了前面三个问题与最后那个分句,使前后语义关系紧密、清晰;译文2则直接将译文调整了顺序,按照汉语的表达习惯,先告知人物,再提出问题。此外,句15中还有一些表达如 die traditionellen roten Umschlägen, Geldsegen 等,联系中国当下的背景可以发现,德语原文的作者是在理解这些与钱相关的现象后,用德语对其进行相应的解释,那么作为译者,面对汉语目的语读者,应当考虑这些表达所对应的现象在汉语中常见的用语是什么,不能生硬地去贴合德语原文。对于 die traditionellen roten Umschlägen,译文1译为"发红包送压岁钱这一传统",译文2译为"传统的中国红包",两者都没有机械直译,但译文1更好地表达了中国这一在过年和婚庆时将钱包在红色袋子作为礼物赠送的传统。Geldsegen 实指中国目前通过摇动手机在 App 获得不定量金钱奖励的现象,有很大的不定概率,需要碰运气,因此原文用了 Segen 一词,译文1"发财的好运"注意到了原文用词的含义,不仅解释了这一现象,也译出了原文的语义。

第六、第七段
(句 16) Wie es gelingt, sich nur mit Bargeld durch Pekings Geschäftsviertel zu schlagen. Hat unsere Korrespondentin Verena Menzel ausprobiert. (句 17) Wie unsere Bequemlichkeit und das rasante Lebenstempo in naher Zukunft das Geld verändern werden, beschreibt der Schweizer Unternehmensberater Daniel Fasnacht. (句 18) Da möchte man dem chinesischen Science-Fiction-Autor Liu Cixin eher nicht folgen, der in einer seinen Geschichten von der Macht des Geldes erzählt.
译文 1: 我们的记者维莱娜·门泽尔(Verena Menzel)尝试了一下,如何中只用现金穿梭于北京的商业区。瑞士企业顾问丹尼尔·法斯纳赫特(Daniel Fasnacht)描述了我们对便利性的追求和快节奏的生活在不久的将来将如何改变金钱。中国科幻作家刘慈欣在他的一个故事中讲述了金钱的力量,描绘了一幅我们不愿落入的境地。
译文 2: 我们的通信员维雷纳·门泽尔小姐(Verena Menzel)尝试了,如果在北京商业区只用现金会发生什么。瑞士公司顾问丹尼尔·法斯纳赫特(Daniel Fasnacht)描述了在不远的将来,追求便利以及飞快的生活节奏会如何改变金钱。到那时,人们肯定不希望金钱能拥有中国科幻小说家刘慈欣笔下描写的那种力量。
译文 3: 本社记者韦莱娜·门泽尔在北京商业区进行了一项测试,看看只用现金能否在这里畅通无阻。中国科幻小说家刘慈欣在他的书中描绘了金钱的神通广大,然而,事实可能与之截然相反,“在不久的未来,便捷化的生活方式和紧凑的生活节奏将大大改变金钱,”来自瑞士的企业顾问丹尼尔·法斯纳特这样描述道。

第六段和第七段首先又使用倒装句概述了本期杂志中两篇文章的主要内容,与上文的句 15 保持一致。在翻译句 16 和句 17 时,同样要注意汉语的表达习惯,译文 1 到 3 都注意到了这一点,调整了句子结构,贴近汉语表达习惯。对于句 16 中 mit Bargeld durch Pekings Geschäftsviertel zu schlagen 这一表达,译文 1 到 3 都理解了 schlagen 一词并非指“打击”,查阅字典可以发现,schlagen 还可以指一种极快速度的动作,文中应当指人们只携带现金在北京的购物区大量购物,不受阻碍。相较译文 2,译文 1 的“穿梭”和译文 3 的“畅通无阻”都较好地表达了这层意思,用词也较为贴切。

句 17 的理解重点在于,通过动词 werden 辨析出句中表达的是 unsere Bequemlichkeit und das rasante Lebenstempo 将在未来改变 Geld,而非颠倒过来,译文 1 到 3 都正确理解了这一点。在正确理解句 17 的基础上,才能进一步结合句 18 对第七段作出正确解读。句 18 提到了中国著名科幻作家刘慈欣,且提到了他的一部作品,却没有具体指明作品名称,为了更好地翻译,我们需要先去查阅、了解刘慈欣的相关作品背景。刘慈欣的小说中,《赡养人类》与金钱的作用相关,聚焦于物欲横流的现代都市,跟随底层杀手展现财富垄断后的世间乱象。结合来看,句 17 和 18 应当是指 Daniel Fasnacht 在文章中描写了未来世界的金钱变化趋势，编者认为大众一定不愿意看到出现刘慈欣在小说中描绘的那种金钱具有极大威力的景象或现象，不愿 dem chinesischen Science-Fiction-Autor Liu Cixin folgen。译文 3 首先翻译了句 18“中国科幻小说家刘慈欣在他的书中描绘了金钱的神通广大，然而，事实可能与之截然相反”，之后再翻译句 17，将原文的含义整体颠倒了，变成 Daniel Fasnacht 认为未来金钱的力量将会变得微弱。译文 1 的处理虽然没有明显的语义误解，但句 17 和 18 的衔接明显不如译文 2。译文 2 的可改进之处在于，“刘慈欣笔下描写的那种力量”可以再加入具体的作品名称《赡养人类》，以避免此处文中突然引入刘慈欣导致理解困难，使不了解这个作家的读者也可以获取一定的背景信息，从而更好地理解原文。

第八段
(句 19) Eine gute Lektüre wünscht Ihnen die Redaktion!
译文 1：本刊编辑部顺颂全体读者享受阅读的快乐！
译文 2：编辑们祝您阅读愉快！
译文 3：本编辑部愿该文章能给您带来收获！

第八段是卷首语的结语，作者引导读者开始进入阅读。译文 1 到 3 都注意了这种对话性，译文 1 使用的“顺颂”更为正式，也是汉语同类语篇常用的规范表达。此外，句 19 中的 Lektüre 和 die Redaktion 两处的理解也容易产生误解。Lektüre 可以指阅读，也可以指读物，但结合前面的修饰语 eine gute 可以发现，此处不应指一篇读物，而是指本次阅读过程，译文 3 的“该文章”是一个误译。die Redaktion 可以指编辑部或编辑人员，但在卷首语这样的语篇最后，往往不会以编辑个人或几个编辑为代表，通常以编辑部的身份来与读者交流，因此译文 2 使用“编辑们”并不符合汉语表达习惯。

3. 练习 3 参考译文

人们常说“时间就是金钱”“遍地是黄金”“腰缠万贯”，或与其相反的“捉襟见肘”。与金钱有关的俗语多得数不胜数，还涉及人们用钱的方方面面，如“挥金如土”“一掷千金”“大手大脚”等。

诚然，很多人都梦想着有朝一日能够发家致富。金钱和财富的意义因人而异，同理，每个人追求财富的动机也各不相同。对某些人而言，他们追求的“财富”与钱并没有关系，而是追求幸福、满足、友谊或是其他精神财富。

围绕货币的起源有着众多说法。最初人们用贝壳交易，随后有了金币银币，后来又出现了纸币和在柜台频繁使用的各种支付卡。而今日，我们付款时只需轻松打开手机支付软件或是网上银行即可。

金钱统治着这个世界。无论是纸币还是硬币，抑或仅仅是数字；无论是以物质形式还是非物质形式，货币都有其价值。有钱，意味着某种程度的自由，亦是一条通往独立的路径。

编辑乔纳斯·博尔歇斯(Jonas Borschers)会回答，为什么装在传统红包里的礼金对中国的单身一族是个麻烦？为什么只需摇一摇手机便可能带来财运？记者孟维娜(Verena Menzel)则亲身体验了如果身上只带现金，能否在北京的商圈畅行无阻。

瑞士企业管理顾问丹尼尔·法斯纳赫特(Daniel Fasnacht)将为我们解读，不久的将来便捷的生活和快速的节奏将如何改变货币。中国科幻作家刘慈欣曾在其作品中描绘了金钱的力量，希望这些不会真的发生。

编辑部顺颂全体读者阅读愉快！

4. 拓展作业 3：请将下文翻译成汉语。

Die Reiseberichte stammen aus einer Epoche, als China noch in unendlicher Ferne lagen. Es sind die Erinnerungen eines Basler Seidenkaufmannes Adolf Krayer, der um die Mitte des letzten Jahrhunderts als junger Mann nach China reiste, dort fast 10 Jahre für eine englische Firma wirkte und wachen Auges die fremde Kultur wahrnahm. Seine Reise, die er aus persönlichem Wissensdurst und Abenteuerfreude unternahm, führten ihn in verschiedene Provinzen des Riesenreiches. Krayers Texte sind lebendige Zeugnisse eines Staunens über die fremden Wunderwelten, mit scharfem Beobachtungssinn und selbstironie geschrieben. Es erstaunt, wie wenig Krayer sich von Fremdstereotypen und Vorurteilen leiten lässt, wie offen er auf seine Umgebung eingeht. Zwar spart er nicht mit Urteilen, die manchmal auch recht scharf ausfallen; sie betreffen aber sowohl Einheimische wie Europäer. Doch bei aller Subjektivität fehlt ihnen weitgehend der kolonialistische Dünkel.

Krayer gehört zum Typus jener Kaufleute, die gleichzeitig Fernfahrer waren und deren Interesse weit über das rein Kommerzielle hinausging, auf die Wahrnehmung und das Verständnis fremder Landschaften und Kulturen. Sie stehen in der Tradition eines Marco Polo und haben eine wichtige Funktion als Interpreten und

Vermittler. Sie traten, gewollt oder ungewollt, jenen hartnäckigen Vorurteilen entgegen, die sich bei ihrer Heimatbevölkerung über die oft sagenumwobenen fremden Völker entwickelt hatten. Diese Brückenfunktion steht am Beginn eines weltgeschichtlich einmaligen Austauschprozesses zwischen den Kulturen, lange bevor die Tourismusströme einsetzten.
(Krayer, 1995)

3.4 练习4：学术语篇

原文：(House, 2009)

Es können vier Kulturebenen unterschieden werden. Die erste Ebene ist die allgemein menschliche Ebene, auf der Menschen sich durch ihre Sprache, durch Reflexion und die Möglichkeit kreativer Veränderung ihrer Umwelt von Tieren abgrenzen. Die zweite Ebene ist die gesellschaftliche, nationale Ebene, in der sich Menschen durch Regierungssysteme, Tätigkeitsbereiche, Religionen und Werte gruppieren. Die dritte Ebene entspricht der zweiten, wobei verschiedene gesellschaftliche und nationale Gruppen und Untergruppen miteinbezogen werden, z. B. geographische Region, Alter, Geschlecht, etc. Die vierte Ebene ist die persönliche Ebene, die sich auf individuelles Denken und Handeln bezieht, worunter auch die kulturelle Bewusstheit fällt. Zusammenfassend kann gesagt werden, dass Kultur zwei wichtige Komponenten hat: eine kognitive, die menschliches Handeln steuert und kontrolliert, und eine soziale, bei der traditionelle Merkmale, die von den Mitgliedern einer Gesellschaft geteilt werden, betont werden.

Heute jedoch wird zunehmend kritisiert, dass ‚Kultur‘ eine inakzeptable Abstraktion ist. Es gebe keine ‚reinen Kulturen‘ und sozialen Gruppen, da diese Gruppen ständig durch äußere Einflüsse, individuelle Idiosynkrasien und Handlungen destabilisiert werden. Kulturen seien bloße Ideologien, idealisierte Systeme, die nur dazu dienen, soziale und geographische Unterschiede zwischen Menschen zu reduzieren und zu nivellieren. Das Konzept ‚Kultur‘ ist dennoch nicht sinnlos, und Versuche, es zu ‚problematisieren‘ und zu ‚relativieren‘ haben bislang keine soliden ethnographischen Beschreibungen verhindert.

[……]

请思考：本次练习的文本类型的语言和语篇特点是什么？翻译时需要注意哪些方面？

1. 原文特点及翻译难点

本练习选自一篇关于文化的学术论文。学术语言是专用语的一种，在阐明学科相关的内容基础上，学术语言体现了较一般书面语更为专业的用词、复杂的句式结构和严谨缜密的逻辑关系。通常，读懂一篇德语学术论文已非易事，需要同学在着手翻译前做好充分准备。在阅读过程中，首先查阅文中的专业词汇，根据学科领域判定词义，避免理解失误。针对原文的句式结构和语篇内的逻辑衔接，则需要时刻关注上下文语境和学科背景进行分析理解。在正确理解原文的基础上，学术语篇的翻译难点在于为专业词汇找到相应的目的语表达，并且使用汉语将原文复杂的长句和逻辑衔接正确、清晰地表达出来。

在本练习的翻译过程中可以发现，同学们在翻译专业词汇或学术语篇中常用的专业表达时，常常依赖于词典提供的释义，没有进一步将语篇语境中的确切含义翻译出来，从而导致译文不通顺或缺乏可理解性等问题。对于专业语篇的长句，同学们在句式分析时也易发生理解错误，需要注意长句成分的划分，从整体来理解句子的含义，并合理地切分成相应的汉语表达。德语学术语篇内部的逻辑衔接是翻译难点之一。译者在翻译时要关注原文的语法逻辑，更要注意作者的论证逻辑，如果拘泥于语法，则容易出现对整体语段的理解偏差，这对译者提出了更高的要求。同学们的译文还明显存在表达的随意性和口语化，对于学术语篇的翻译来说，这也是需要进一步关注和提升的方面。

2. 学生作业评析

第一段
（句 1）Es können vier Kulturebenen unterschieden werden. （句 2）Die erste Ebene ist die allgemein menschliche Ebene, auf der Menschen sich durch ihre Sprache, durch Reflexion und die Möglichkeit kreativer Veränderung ihrer Umwelt von Tieren abgrenzen. （句 3）Die zweite Ebene ist die gesellschaftliche, nationale Ebene, in der sich Menschen durch Regierungssysteme, Tätigkeitsbereiche, Religionen und Werte gruppieren. （句 4）Die dritte Ebene entspricht der zweiten, wobei verschiedene gesellschaftliche und nationale Gruppen und Untergruppen miteinbezogen werden, z. B. geographische Region, Alter, Geschlecht, etc. （句 5）Die vierte Ebene ist die persönliche Ebene, die sich auf individuelles Denken und Handeln bezieht, worunter auch die kulturelle Bewusstheit fällt. （句 6）Zusammenfassend kann gesagt werden, dass Kultur zwei wichtige Komponenten hat: eine kognitive, die menschliches Handeln steuert und kontrolliert, und eine soziale, bei der traditionelle Merkmale, die von den Mitgliedern einer Gesellschaft geteilt werden, betont werden.

(续表)

译文 1: 文化层面可以分为四种。第一层是普遍人类层面,人类通过他们的语言、反思与其创造性改造的能力,区分于动物世界。第二层是社会民族层面,人们按照政治制度、活动范围、宗教和价值观念分组。第三层与第二层相对应,包括各种社会和国家群体及子群体,如地理区域、年龄、性别等。第四是个人层面,指的是个人的思想和行为,其中包括文化意识。总结来说,文化含有两种重要组成部分,一种是指导和控制人类行为的认知部分;另一种是社会部分,强调社会成员共有的传统特征。
译文 2: 文化可以被分为四个层面。第一层是一般性的人类层面,在这一层面上,人类通过语言、思想和创造性改变环境的手段将自己与动物区分开来。第二层是社会和民族层面,不同的政治制度、工作范畴、宗教信仰和价值观将人们分成不同的群体。第三层与第二层相符合,但又将人类在不同社会群体和民族群体的基础上进行了更加详细的划分,例如通过地缘、年龄、性别等。第四层则是个体层面,这一层面主要涉及个人的思想和行为,其中也包括文化意识。总而言之,我们可以说,文化有两个重要的组成部分,分别是认知部分和社会部分。前者控制人类的行为,后者则强调一个社会的成员所共有的传统特征。
译文 3: 文化可以分为四个层面。第一是一般人类层面,人们可以通过语言、思考和创造性改变所处环境的可能性将人类与动物区分开来。第二是社会和民族层面,通过政府体制、活动领域、宗教和价值观对人们进行分类。第三层与第二层相对应,涉及不同的社会和民族群体以及相关下属群体,例如地理区域、年龄、性别等。第四是个人层面,这一层与个人思维和行为有关,文化意识也属于这个层面。总的来说,文化有两个重要组成部分,即掌控人类行为的认知部分,以及强调社会成员共有的传统特质的社会部分。
译文 4: 文化可分为以下四层:第一层是普遍意义上的人类层面,有别于动物,人类有自己的语言,能够反思并能动地改变环境。第二层为社会和国家层面,受政治体制、活动范围、宗教信仰和价值观影响人们自发构成不同群体。由此又可进一步拓展为第三层,包括社会及国家意义上不同的群体以及按其附属标准组成的小群体,例如,地理位置、年龄、性别等。最后一层基于个体的思维和行动,其中也包含文化意识。总的来说,关于文化有两个重要成分被着重强调,分别为认知性和社会性,前者指导并控制人类行为,后者指社会成员共有的传统特征。

本段由 6 个句子组成,内容结构较为清晰,句 1 提出本段要分析的概念“文化”,句 2 到 5 分别从四个层面解释了作者对文化的理解,句 6 则对“文化”这个概念进行综合概括。对句 1 的 Kulturebene 一词,译文 2 到 4 都没有从字面上直译为“文化层面”,而是联系了下文内容,将该词拆开译成“文化”和“层面”两个部分,整个句子则翻译为“文化可以分为四个层面”。与此相比,译文 1“文化层面可以分为四种”的语言表述略显口语化,汉语中基本不使用“种”来与“层面”搭配。而译文 2 将原文的被动句翻译成显性被动句,似乎忠实于原文,却不太符合汉语表达习惯,汉语中常会将“被”字省略,或常用主动句代替被动句。

句 2 中 allgemein 一词同学们分别译为“一般”或“普通”。根据原文,作者用 allgemein 来修饰 menschlich,应当是泛指人类这一族群,也就是 im allgemeinen

Sinne，指普遍意义上的人类。显然，译文 4 的表述更为准确。译文 1 到 3 的相关表述“普遍人类的”或“一般人类的”仅是对原文的字面翻译，确切的含义并没有表达出来，读者难免不知所云。究其原因可能在于译者对原文的理解尚存在一定问题和困惑，也就是说可能并没有真正理解原文的意思，即“文化”这个概念首先可以用来区分人类和动物。

句 3 和句 4 提出了文化的第二和第三层面，即第二和第三种划分文化族群的方式，内容上相互关联。其中 national 一词如何理解与翻译值得探讨。根据句 3 提到的几个区分类别 Regierungssysteme, Tätigkeitsbereiche, Religionen und Werte，涉及政体、职业、宗教和价值观等，进一步联系句 4 中与之对应的 gesellschaftliche und nationale Gruppen 以及之后的地域、年龄与性别分类方式，都与民族联系更为紧密，而本文的主题“文化”也多源于各个民族，因此句 3 和句 4 的 national 翻译成“民族的”可能比“国家的”更为合适。句 3 和句 4 是对社会和民族内不同人群，按照不同划分类别来定义他们的文化族群，两者才能够形成互相对应。也就是说，句 4 在句 3 的基础上继续将分类标准细化，形成更为精确的文化族群。在翻译时，应当注意句 3 和句 4 之间的这种关联性，将作者的逻辑意图表达清楚。译文 1 和 3 都译出了“对应”这一含义，译文 2“相符合”的表意不准确，第二和第三个层面并不是符合的关系，译文 4 将其译为“拓展”也不当，第二和第三个层面的关系应当是划分类别视角不同，并非推进或深化。此外，针对句 3 中的 Tätigkeitsbereiche 只有译文 2 理解为“工作”，其余都译为“活动”，那么哪个正确呢？Tätigkeit 确实有“工作”和“活动”两个义项，但此处若使用“活动”一词，表达的含义太过宽泛、含糊，读者无法知道通过什么方面的活动可以区分不同的人类族群，该范畴与前后文的政体、宗教等无法处于一个层面，而译为“工作”则语义清晰、逻辑合理，因而更为恰当。

句 6 较长，且结构复杂，特别是 dass 从句后面的部分，运用了好几个逗号，还有省略句、若干关系从句，想要理解整句着实不易，需要耐心、细心地加以抽丝剥茧似的分析。“dass Kultur zwei wichtige Komponenten hat:”冒号后表达的应该是文化所具有的两个重要组成部分，一个是 eine kognitive, die menschliches Handeln steuert und kontrolliert，即“主导和控制人类行为的认知部分”，一个是 und eine soziale, bei der traditionelle Merkmale, die von den Mitgliedern einer Gesellschaft geteilt werden, betont werden，这部分的理解更难，根据句法分析，应当是 traditionelle Merkmale werden betont，而其中插入的关系从句 die von den Mitgliedern einer Gesellschaft geteilt werden 修饰的是 traditionelle Merkmale，对其中 teilen 的理解至关重要。该词不是“分开”，而是“分享”的意思，是指“一个社会的

成员们所共享的传统特性”,对这个传统特性的强调和重视就是“文化”概念的第二个重要组成部分——社会部分。译文 4 中“关于文化有两个重要成分被着重强调”体现出译者在原文理解中断句错误,导致将 betont werden 错误理解为强调“文化”概念的两个组成部分。鉴于本段德语原文复杂的句式,汉语译文表达也不应拘泥于原文结构,可以适当调整语序,以符合汉语表达习惯。

第二段
(句 7) Heute jedoch wird zunehmend kritisiert, dass „Kultur“ eine inakzeptable Abstraktion ist. (句 8) Es gebe keine ‚reinen Kulturen‘ und sozialen Gruppen, da diese Gruppen ständig durch äußere Einflüsse, individuelle Idiosynkrasien und Handlungen destabilisiert werden. (句 9) Kulturen seien bloße Ideologien, idealisierte Systeme, die nur dazu dienen, soziale und geographische Unterschiede zwischen Menschen zu reduzieren und zu nivellieren. (句 10) Das Konzept „Kultur“ ist dennoch nicht sinnlos, und Versuche, es zu „problematisieren“ und zu „relativieren“ haben bislang keine soliden ethnographischen Beschreibungen verhindert.
译文 1: “文化”是一个不可被接受的抽象概念。这一观点在今天被越来越多的人所批判,有人认为,不存在“纯粹的文化”和社会群体,因为这些群体持续性地在外部影响下、由于个体特异性和个体行为而不稳定。文化仅仅是意识形态,是只为了减少和消除人们之间的社会和地理差异的理想化系统。然而,“文化”这一概念并不是毫无意义的,将其“问题化”和“相对化”的尝试,至今为止还没有妨碍到对人种论坚实的说明。
译文 2: 然而现如今,批判的声音却在不断增多,许多人批判“文化”是一个不可接受的抽象概念。他们称,“纯粹的文化”和纯粹的社会群体是不存在的,因为这些群体都在不断受外界的影响,模糊了个体的特质和行为。文化不过是意识形态而已,它是一种理想化的制度,用以减弱和消除人类之间的社会与地缘差异。但即便如此,“文化”这一理念也不是毫无意义的,虽然有人尝试对其进行“问题化”和“相对化”,但目前为止还没有对扎实的民族志描述造成阻碍。
译文 3: 然而当下越来越多的批评意见认为,“文化”是难以接受的抽象概念,不存在“纯粹的文化”和社会群体,因为这类群体总会由于外界影响、个体特质和行为而显示出不稳定的特点。此外按照批判一方的观点,文化只是意识形态,是理想化系统,从而缩小并拉平人与人之间的社会和地理差异。但“文化”这一概念也并非毫无意义,将其“视作问题抛出”并“加以联系”的种种尝试至今并不会妨碍到可靠的民族学描述。

第二段承接第一段,需要将第一段和第二段相结合来理解作者在第二段的逻辑论证过程。根据语法,对句 7 进行初次阅读时,易将„Kultur“ist eine inakzeptable Abstraktion 理解为被批评的对象,如译文 1,意思是,很多人认为“文化”并不是不可接受的抽象概念,显然对“文化”这个概念持肯定态度。但句 8 和句 9 中使用了第一虚拟式 gebe 和 seien,说明作者立即转述了他人的观点对句 7 进行补充论证,但从内容上看,转述的观点都是在对“文化”进行负面评价。这就使得前面对句 7 的理解与句 8、句 9 的意思产生了矛盾。而句 10 又使用了 dennoch 对之前的负面评价加以转

折，表示否定，并在句中提出“文化”概念并非没有意义（nicht sinnlos）。纵观句 7 到 10 的语义内容，以及作者对“文化”概念所带有的肯定态度，如果句 7 如译文 1 所译，那与之后句 8 和句 9 中对文化的负面评价就不能形成合理的语义关联和逻辑连贯性。

对句 7 的理解除了借助语法之外，译者还要密切关注表达逻辑关系的虚词，jedoch 在此表达了作者进行的第一次转折，即从第一段细分文化概念（说明“文化”概念内涵丰富）过渡到对这一概念的评判观点；而句 10 中的 dennoch 则是作者进行的第二次转折，回到作者自己所持的学术观点和真实表达意图，即对“文化”概念作出正面评价。因此，译文 2 和译文 3 比较贴切地表达了原文内容，且使用了比较恰当的方式表现了句 8 和句 9 中第一虚拟式所表达的转述性。

句 10 中的 problematisieren 和 relativieren 两个词具有较高的专业性，如何翻译值得探究。一般的译者可能都会根据字面意思直译为“问题化”“相对化”，如译文 1、2，但是这两个词该如何理解呢，什么叫问题化，什么叫相对化，语义不明，读者可能会摸不着头脑，无法透彻理解这句话的含义。因此建议译者不能拘泥于词典提供的释义，需要对此进行深入思考后再选择合适的译文表达将语义清楚地表达出来，以方便受众理解。深入理解这个句子可以发现，“问题化”就是使“文化”概念成为问题，也就是质疑这一概念，“相对化”是指“文化”这个概念有相对性，即有局限性，这样的译文对于读者来说可谓清晰明了。

3. 练习 4 参考译文

“文化”可以分为四个层次：第一层统指人类这一种群，具体是指人类通过语言、反射行为以及对环境的创造性改变将自己和动物区分开来；第二层是社会与民族，具体指人们按照政体、职业、宗教信仰和价值观而组成的不同群体；第三层则根据地理位置、年龄与性别等因素对第二层中相应的社会和民族群体及其次群体进一步细分；第四层是个体层面，涉及个体的思想与行为，其中也包括文化意识。概括而言，“文化”具有两个要素，一个是认知要素，它主导和控制人的行为；一个是社会要素，它强调某一社会群体所共有的传统特性。

而如今，越来越多的人诟病说，“文化”是一种无法理解的抽象概念。他们认为，由于文化和社会群体持续受到外部因素以及个体心理与行为的影响而变得不稳定，因此不存在“纯粹的文化”与社会群体。在他们看来，文化就是纯粹的意识形态和概念性体系，仅用于减少和消除人与人之间的社会和地理差异。然而“文化”这一概念并非没有意义，对文化概念提出质疑并认为它有局限性，这种种尝试至今未能阻止坚定的人类学描述。

4. 拓展作业4：请将下文翻译成汉语。

Die Möglichkeiten des Einsatzes maschineller Übersetzung haben sich seit ihrer Erfindung und vor allem in den letzten Jahren dank technologischer Entwicklungen dramatisch erweitert: Weder kommen Übersetzungsmaschinen nur in ressourcenstarken internationalen und multilingualen Organisationen der Politik (z. B. Europäische Kommission, Vereinigte Nationen) und Wirtschaft (z. B. Caterpillar, Ebay) vor, noch werden sie ausschließlich von professionellen Translatoren im Rahmen standardisierter Fachkommunikation bedient.

Übersetzungsmaschinen werden gegenwärtig nicht nur von Translatoren als „elektronisches Hilfsmittel" zur Steigerung von Produktivität und Effizienz bzw. zur Reduktion von Kosten und Zeit verwendet. Sie werden auch-und insbesondere-von Nicht-Translatoren als Translatoren verwendet: Jedem, der ein „Smartphone" besitzt, ist eine Übersetzungsmaschine in Form einer „App" stets und überall zur Hand.

Zum Beispiel können Nutzer von „Social Media" (z. B. Facebook, Twitter, YouTube) Beiträge in Sprachen, die sie nicht verstehen, auf Knopfdruck übersetzen lassen. Überhaupt ermöglichen frei verfügbare Übersetzungsmaschinen wie DeepL oder Google Translate den Zugang zu allen möglichen Informationen in allen möglichen Formen und Situationen. Zugänglich werden etwa fremdsprachige Zeitungsartikel bei der Recherche, Produktbeschreibungen beim Shoppen, Speisekarten im Urlaub, Krankengeschichten von Patienten im Krankenhaus, Übungsmaterial in einer Wiener Fahrschule und Standorte von Verschütteten bei Rettungsaktionen.

Der Einsatz von Übersetzungsmaschinen unterliegt prinzipiell keinen immanenten Beschränkungen. Das bedeutet, dass es zurzeit immer weniger Situationen gibt, in denen Translation nicht zur Verfügung steht-der Tendenz nach scheint sich Warren Weavers Traum von der Lösung des weltweiten Übersetzungsproblems zu erfüllen und das Bedürfnis nach Translation in den Zustand der „Hintergrundserfüllung" zu rücken, d. h. die Befriedigung des globalen Translationsbedürfnisses auf Dauer zu stellen.

(RozmysŁowicz, 2022)

由于篇幅有限，我们在第三章仅选择有限的翻译练习实例加以展示和评析。通过以上四个练习实例（演讲、招聘广告、文学类文本、学术语篇），我们可以观察到学生在翻译过程中（在理解和表达层面）存在的问题以及学生译文后续可以提升的空间。虽然练习讲评所涉及的文本类型只有四种，但我们在整章编写过程中针对练习文本特点和翻译难点的分析、关于译文及其翻译方法优劣的评析以及对译文的完善建议，可以为大家今后同类文本或其他文本的翻译实践提供建设性的参考和借鉴。

四、 实践部分 2：译本分析

第四章是本教材实践板块的第二部分。通过第三章的翻译练习评析，我们为大家提供了从事不同文本类型翻译实践的基本思路，描述了不同类型语篇的特点和翻译难点，展示和分析了学生对这些语篇的处理方式。在本章，我们将带领大家对各类译本进行更深入的理论思考，包括译本分析的问题发现、理论视角、分析步骤和分析方法等，以期帮助大家了解和掌握译本分析的基本操作过程，为发现并确定翻译研究的切入点、撰写翻译方向的学期论文等打下基础。本章选择了文学、政论和外宣等文本（4.1《美食家》、4.2《围城》、4.3《共产党宣言》、4.4《习近平谈治国理政》），涉及德汉和汉德翻译，编写思路和框架如下：首先对译本的原文进行简要介绍，包括文本的内容、风格、影响力和译本的产生及传播情况等；然后根据原文和译本情况，简要介绍分析该译本的基本思路和方法；接着以学生的译本分析 PPT 为例，对演示文稿内容进行分析点评。

需要说明的是：(1)本章译本分析实例都来源于同济大学德语系研究生翻译课的教学实践，但我们对译本分析文稿的具体来源作匿名处理，所作评析也是对事不对人。(2)为使本教材体例基本一致，我们对学生 PPT 文稿的内容作了适当的删减，对其版面格式进行了一定的调整，没有完全统一，以期保留一定的差异性和个性化特征。(3)因为本教材是黑白色，同学们形式多样、富有动感的 PPT 模板及其页面上的色彩、标记等都无法得到呈现，实属遗憾，期待本教材的使用者在教学中亲自操作、亲身体验其中的乐趣和魅力。

4.1 《美食家》译本分析

4.1.1 《美食家》及其译本概况

《美食家》是当代作家陆文夫创作的中篇小说，1983 年发表于《收获》第一期。该小说创作于中国改革开放初期，作品一出版便给当时正逐渐从程式化、概念化阴影中走出来的文坛带来一股清新之风，令人瞩目。作者在《美食家》和其他作品中栩栩如生地描摹了古城苏州的风土人情、园林风景、吴越遗迹、风味小吃、吴侬软语、石板小巷、小桥流水，这些苏州特有的文化成为其小说中重要的情节要素，具有独特的文化地域魅力，使其小说赢得了“小巷文学”和“苏州文学”的美称。《美食家》讲述了革命干部高小庭和资本家朱自冶四十余年的浮沉纠葛，从个体角度呈现20世纪中叶至80年代中国社会历史的巨大变迁，同时通过描写苏州一带的饮食文化和几十年间人们对“吃”的不同态度反映人们价值观念的变化，是一部地方风情浓郁、思想寓意隽永的精品。

《美食家》共有两个德语译本。其一是由汉学家韩北山(Stefan Hase-Bergen)翻译的，1992年由波鸿大学Dr. N. Brockmeyer大学出版社出版，发行量很小。另一个译本即是高立希先生(Ulrich Kautz)1993年翻译、由瑞士Diogenes出版社出版的《美食家——一位中国美食家的生活与激情》(*Der Gourmet: Leben und Leidenschaft eines chinesischen Feinschmeckers*)。高立希作为资深的中国文学翻译家，从中国改革开放初期便开始关注和译介中国文学作品。他曾翻译过李准、王蒙、邓友梅、陆文夫、李国文、王朔、余华、皮皮、阎连科等作家的中篇小说和长篇小说约三十部。高立希的《美食家》德译本流传甚广，连续再版，译者自己也认为是其最为成功的译作之一。

4.1.2 译本分析思路

《美食家》是一部依托民间日常生活、以小见大描写社会生活变革的作品。作品的主题决定了其语言表达贴近日常生活，幽默风趣，也有很多体现苏州文化特色和市井风貌的文化元素。对于这样的文学作品，可进行译本分析的角度和切入点是多样化的。首先，可以对译者的翻译策略和方法进行基于语料的分析，比如高立希(2015:11)曾经说过：“我必须考虑我要面对的‘普通读者’的理解能力，而我的翻译实践正是建立在这一基础之上。[……]那么，怎样才算顾及德国读者的理解能力呢？举例来说，书中的有些地方对于中国人来说是不言自明的，不需要多加解释，但对德语读者来说却难以理解。碰到这种情况，翻译就需要比原著更为详细，做到让一般德国人都能看明白。一方面，德译本有些段落会比原著长；另一方面，对原著的有些段落我会加以精简。[……]”。那么这一理念在其译本中是否得到了运用和体现呢？其翻译效果如何呢？其次，原作中出现了诸如菜名、熟语、人名、地名和成语等丰富的文化专有项，既体现了作者的语言风格，也体现了作品所要表达的文化内涵和主题意境,它们的译文是影响译本质量的重要因素,因而既是翻译的重点,亦是翻译的难点,译者在翻译文化专有项时需要充分发挥译者主体性,充分考虑原作内涵、目的语受众、目的语语言表达能力等多重因素。这就为大家分析文化专有项的翻译提供了各种理论视角,比如比较原文译文等值关系的等值理论、从翻译目的出发的目的论、艾克西拉提出的文化专有项翻译方法理论、语用学领域的顺应论等,都可以为《美食家》的文化专有项译文分析提供理论框架。选择文化专有项进行译本分析或译本对比,往往可以获得丰硕的研究成果。再者,由于德汉语言在词汇、句式等层面存在的差异,可以借助汉德对比语言学理论,从语言学和翻译学视角探究《美食家》原作语言特色的德译策略和方法。最后,除了针对一个译本进行深入分析,还可以对两个译本进行比较。译本比较也是译本分析中常见的切入视角,通过译本比较,可以发现不同的译者所使用的不同的翻译策略和方法,进而总结不同译者的不同翻译理念和翻译风格,分析不同译本的表达效果,乃至在目的语国家的接受效果。

4.1.3 《美食家》译本分析实例

此处的报告演示文稿所涉及的译本分析实例是从语用等值视角对《美食家》高立希译本中菜名的德译进行分析,题目为《语用等值视角下的菜名翻译——以〈美食家〉菜名为例》。该选题的意义在上文译本分析思路中已经提及。菜名是《美食家》这部小说中重要的文化专有项,如何将这些菜名译入德语对整部小说的德译起到重要作用,通过分析可以窥见译者所采用的翻译策略和方法,是学习并借鉴此类文化专有项翻译方法的良好途径。

PPT 内容	点评
PPT1(参考文献) 1. 陆文夫:美食家。江苏:凤凰文艺出版社,2018 年。 2. Lu Wenfu: Der Gourmet. Übersetzt von Ulrich Kautz. München. Der Diogenes Verlag 1993. 3. Koller, Werner: Einführung in die Übersetzungswissenschaft. Wirbelscheim. Quelle & Meyer Verlag 2004. 4. 高利希:我的三十年——怎样从事中国当代小说的德译。《外语教学理论与实践》,2015 年第 1 期。 5. 来炯:语言和文化:翻译的等值要求和五种类型词汇的翻译策略——以德语和汉语为例。《德语研究》,2009 年第 1 期。 6. 孟建钢:文化·翻译·语用等值——兼谈符号学理论在翻译中的应用。《中国科技翻译》,2000 年第 1 期。 7. 熊欣:跨文化交际理论下的中国菜名英译研究。上外博士论文 2013。	**评** 要求学生在报告 PPT 的前面或末尾罗列参考文献,可以培养他们的学术思维习惯,加强他们的文献规范意识,也有助于使后续分析更加有理有据。此处学生的参考文献是报告中使用的理论资料、相关的译文分析论文,以及小说原文和译文,为其报告提供理论支持和分析范例。

（续表）

<table>
<tr><th>PPT 内容</th><th>点评</th></tr>
<tr><td>PPT2
Werner Koller 的五种等值类型
denotative Äquivalenz 本义等值
konnotative Äquivalenz 隐含义等值
textnormative Äquivalenz 文本规范等值
Pragmatische Äquivalenz 语用等值
formal-ästhetishce Äquivalenz 形式-审美等值</td><td>评
学生首先根据掌握的翻译学理论知识，展示本报告的理论框架，并用黑体特别提示了本报告的理论分析切入点“语用等值”，为之后的文本分析提供了必要的理论支撑。</td></tr>
<tr><td>PPT3
语用等值要求
译文语篇能被译文读者所接受，产生的交际功能与原语篇在原文读者中产生的相同。
原文读者和译文读者在理解语篇时有不同的交际条件（Rezeptionsbedingung），译文读者缺少的背景知识需在译文中补充。</td><td>评
本页 PPT 对“语用等值”作进一步说明，明确指出“语用等值”要求翻译时注意译文的“交际功能”和“信息补充”，为后文的实例分析打好基础。</td></tr>
<tr><td>PPT4
《美食家》中国菜名命名方法（参考：陈小慰：《新编实用翻译教程》）
• 写实命名法：食材（＋汤）；口味＋食材；烹饪方式＋食材（＋刀工）；辅料＋食材；混合命名或其他
• 写意命名法：带隐喻的食物名称；带典故的食物名称</td><td>评
中国饮食文化博大精深、丰富多彩，要对菜名翻译进行分析着实不易。报告者受参考文献启发，先对菜名的命名方法进行归类（分为写实和写意两种），为后续分析提供理论依据和具有可操作性的分析途径。但陈小慰的文献信息应添加到前面的参考文献中。</td></tr>
<tr><td>PPT5
<table>
<tr><td colspan="5">一、写实命名法</td></tr>
<tr><td>1. 食材（＋汤）</td><td>2. 口味＋食材</td><td>3. 烹饪方式＋食材（＋刀工）</td><td>4. 辅料＋食材</td><td>5. 混合命名或其他</td></tr>
<tr><td>豆腐干</td><td>辣白菜</td><td>清炒虾仁</td><td>酱肉</td><td>头汤面</td></tr>
<tr><td>兰花豆</td><td>臭豆腐干</td><td>油爆虾</td><td>糟鹅</td><td>大面</td></tr>
<tr><td>蟹粉菜心</td><td>五香牛肉</td><td>红烧肉</td><td>乳腐酱方</td><td>窝窝头</td></tr>
<tr><td>豆腐汤</td><td>嫩藕片</td><td>白菜炒肉丝</td><td>茶叶蛋</td><td>三套鸭</td></tr>
<tr><td>藕粉鸡头米</td><td></td><td>大蒜炒猪肝</td><td>冰糖蹄膀</td><td></td></tr>
<tr><td>排骨</td><td></td><td>生炒鸡丁</td><td>蜜汁火腿</td><td></td></tr>
<tr><td>毛豆青椒</td><td></td><td>白斩鸡</td><td>桂花圆子</td><td></td></tr>
<tr><td colspan="5">二、写意命名法</td></tr>
<tr><td colspan="3">1. 带隐喻的食物名称</td><td colspan="2">2. 带典故的食物名称</td></tr>
<tr><td>松鼠鳜鱼</td><td>菊花鱼</td><td>凤尾虾</td><td colspan="2">叫花子鸡</td></tr>
<tr><td>青菜狮子头</td><td>水晶烧卖</td><td>芙蓉鸡片</td><td colspan="2">天下第一菜</td></tr>
</table></td><td>评
本页 PPT 在上页菜名命名方法分类的基础上，对《美食家》中出现的汉语菜名进行了归类，列举了一些具有代表性的例子。
报告者在 PPT 末尾罗列了写实和写意命名法菜名的汉德对照表达，共有 51 个中国菜名及其德译，为充分解析各类中国菜名的翻译方法和语用等值策略做好了语料准备，也显示了报告者对汉语原文文本和德译本的充分研读。</td></tr>
</table>

（续表）

PPT 内容	点评
PPT6 一、写实命名法——1. 食材(＋汤) 豆腐干 Knabber-Doufu 蟹粉菜心 Krabbenfleisch mit Gemüserapsherzen 豆腐汤 Doufusuppe 西瓜盅又名西瓜鸡 Melonenschale oder Melonenhuhn 排骨 Rippchen 南腿片 Schinkenscheiben 毛豆青椒 junge Sojabohnen mit Paprika 剔芯莲子羹 feine Lotoskernsuppe 虾子鲞鱼 Krabbenrogen und gedörrtes Fischfilet/Dörrfischfilets auf Krabbenrogen 鮰肺汤 Fischlungensuppe 食材直译可以实现语用等值,无需额外补充信息	评 本页 PPT 开始正式进入译文分析。首先,报告者提出写实命名法中国菜名的第一种译法——直译,并指出,这类菜名的原文使用了德语读者熟悉的食材本身的名称,译入德语采用直译的方法,直截了当,可以实现语用等值的效果,无需额外增添信息。
PPT7 一、写实命名法——1. 食材(＋汤) 兰花豆 gepuffte Saubohnen puffen:(燃烧时)发出噗噗声;发出砰砰的裂声(或射击声) 翻译:食材＋烹饪方式 藕粉鸡头米 Flammeri aus Seerosensamen und Lotoswurzelstärke Flammeri: kalte Süßspeise aus Milch, Zucker, Stärkeprodukten und Früchten (die zum Servieren gestürzt wird) 替换用译文读者熟悉的东西,提高菜名翻译的理解性和接受度	评 本页 PPT 分析了写实命名法菜名的第二种译法,即针对那些德语文化中未出现的或烹饪方式陌生的食材表达,使用德语读者熟悉的材料或词汇,对菜名进行一定程度的意译,以实现语用交际效果,使读者明白菜名表达的含义,提高了译文菜名的可理解性和可接受度。
PPT8 一、写实命名法——2. 口味＋食材 辣白菜 scharfes Weißkraut 臭豆腐干 Knabber-Würzdoufu 五香牛肉 würzige Rinderbratenscheiben 嫩藕片 Scheiben zarter Lotoswurzeln 口味和食材直译即可实现语用等值,无需额外补充信息	评 针对写实命名法菜名的第二类,原文菜名在食材基础上增加了口味描写,报告者对其译文进行分析后指出,使用直译方法,即口味＋食材的模式,可直接达到语用等值的效果。
PPT9 一、写实命名法——3. 烹饪方式＋食材(＋刀工) 清炒虾仁 Garnelen nature 油氽豆腐干 in Öl gewellten pikanten Trocken Doufu 红烧肉 Rotgeschmortes Schweinefleisch 熏鱼 Räucherfisch 油爆虾 fritierte Krabben 白斩鸡 Hühnerragout nature/Hühnerbrust nature	评 第 9~10 页 PPT 列举了一些添加烹饪方式和食材的菜名及德译。 第 10 页 PPT 特别分析了三个带有"炒"这个烹饪方式的菜名,德译文中使用了 mit 这一介词表达,报告者

（续表）

PPT 内容	点评
PPT10 一、写实命名法——3. 烹饪方式＋食材(＋刀工) 白菜炒肉丝 Weißkohl mit Geschnetzeltem von Schwein 大蒜炒猪肝 Schweineleber mit Knoblauch 生炒鸡丁 geschnetzeltes Huhn 只有食材罗列，很难想象菜的样子和味道。 译出“炒”这一烹饪方式，可更好实现语用等值 红烧鱼块 Fischgulasch 红烧：Gulasch 采用译文读者熟悉的表达	从交际效果出发，认为只罗列食材，读者很难想象菜肴的样子和味道，译者应将“炒”直接译出。而对“红烧鱼块”这一菜名，报告者认为译者使用 Gulasch 一词使读者能通过德语文化中的既有表达领会“红烧鱼块”这一菜肴的外形和烧法，是实现语用等值的较好途径。
PPT11 一、写实命名法——4. 辅料＋食材 酱肉 in Sojasoße eingelegten Schweinebraten 糟鹅 in Reisweintrester marinierte Gans/in Wein marinierte Gans 乳腐酱方 in fermentierter Sojamilch geschmortes Schweinfleisch 茶叶蛋 in würzigen Teesud gekochte Eier 冰糖蹄膀 mit Kandiszucker geschmortes Eisbein 蜜汁火腿 Schinken in Honigsoße 改译为烹饪方式＋食材，避免辅料＋食材罗列可能产生的误会	评 本页 PPT 分析的是第四种写实命名法菜名，菜名中出现辅料或佐料与食材。报告者分析，译者将这类菜名普遍改译为烹饪方式与食材相结合，是帮助读者理解、实现语用等值和交际目的的好方法。
PPT12 一、写实命名法——4. 辅料＋食材 桂花小圆子 nach Osmanthus duftende Klebereisbällchen 糯米小圆子＋桂花酱调味 改译为口味＋食材，比单纯译为糯米团子＋桂花更能体现出菜肴的本质，有利于译文读者的理解和实现语用等值	评 针对辅料＋食材的中国菜名，报告者列举了一种改译法，改为口味＋食材，认为此法更能体现出菜肴本质，有利于译文读者的理解和实现语用等值。
PPT13 一、写实命名法——5. 混合命名或其他 头汤面 die ersten frischen Nudeln 体现食材的新鲜和不同寻常，便于读者理解 大面 Nudelschmaus 体现面中配料之多？不易理解 窝窝头 Maisbrötchen 既有食材 Mais，又添加了 Brötchen 这一译文读者容易接受的词汇 三套鸭 „Überraschungs-Ente“ 原文有对该菜名的解释，便于读者理解其含义 在翻译其他一些菜名时，可适当采用该方法，从而实现语用等值	评 针对写实命名法中的混和型菜名，报告者列举了一些典型译例说明译者的灵活应对。如“头汤面”译出了食材的新鲜度；“窝窝头”译出了食材，并辅之以德语读者所熟悉的 Brötchen；“三套鸭”采用意译＋具体解释。无论采用何种译法，译者都努力使读者通过译文充分理解该菜名所表现的核心信息。报告者也对某些译名(如“大面”)提出了质疑。

(续表)

PPT 内容	点评
PPT14 二、写意命名法——1. 带隐喻的食物名称 松鼠鳜鱼 fritierter „Eichhörnchen“-Mandarinfisch 雪花鸡球 „Schneeflocken“-Hühnerfleischbällchen 青菜狮子头 „Löwenkopf “-Fleischklöße mit Gemüse 芙蓉鸡片 „Hibiskus“-Hühnerfleischscheibchen 菊花鱼 „Chrysanthemen“-Fisch 水晶烧卖 „Kristall“-Teigtäschen 凤尾虾 „Phönixschwanz“-Krabben 原文用隐喻描述食物形态,译者试图通过添加引号明示修辞手段,表达原文含义。但事实上不易理解,没有较好地实现语用等值	评 本页 PPT 中报告者对写意命名法中带隐喻的中国菜名德译进行分析。原文用隐喻描述菜肴外形,译者使用直译法,并采用引号标记隐喻词汇。报告者认为,这种直译法产生的译文对德语读者来说很难理解,读者很难将带引号的词汇与菜肴色泽、外观相联系,不利于实现原文的语用效果和交际目的。
PPT15 二、写意命名法——1. 带隐喻的食物名称 八宝饭 Reis der Acht Köstlichkeiten—Sie wissen ja, Klebereisbrei mit Nüssen und Früchten 既有“八宝”,保留原文特色,又对具体食材进行简述,便于理解。 豆腐脑 Doufu-Pudding 采用译文读者熟悉的 Pudding,贴切描述了豆腐脑的形态,便于读者接受,实现了语用等值。	评 本页 PPT 展示了两个处理得较为恰当的隐喻类菜名翻译。“八宝饭”的译文兼顾了原文的隐喻表达,又解释了食材信息,使德语读者能理解菜肴内容,也了解了菜名内涵。“豆腐脑”的译文将“脑”一词的隐喻含义通过译文 Pudding 表现出来,使读者明白原文菜名的表达效果,达到了语用等值。
PPT16 二、写意命名法——2. 带典故的食物名称 叫花鸡 Huhn nach Bettlerart 如此译法,译者大概难以理解 天下第一菜 das „Erste Gericht unter dem Himmel“ 单纯直译,未解释其作为天下第一菜的典故 不能很好地实现语用等值	评 针对写意命名法菜名的第二类——带典故的菜名,报告者认为书中出现的几例译文都是单纯直译或译者未能通过译文传达菜名的文化内涵,故而未能实现语用等值。
PPT17 Fazit:中式菜名翻译的启示 实现语用等值最巧妙的是采用借用法,使用德语或目的语中意思相同或相近的词语或表达,最利于读者接受 1. 写实命名法菜名的翻译 * 对于写实命名的菜名,尤其是口味或烹饪方式+食材的菜名,可采用直译,即照着中式菜名也译成口味或烹饪方式+食材,不需多加解释。	评 在详细列举菜肴译名并分析了不同的翻译方法及其语用效果之后,报告者进行总结,认为实现语用等值较好的菜名翻译方法是使用德语中具有相近含义的表

（续表）

<table>
<tr><th>PPT 内容</th><th>点评</th></tr>
<tr><td>＊ 对于写实命名中只有食材或辅料＋食材的菜名，可补充烹饪或加工方式，采用烹饪方式＋食材＋辅料的译法，使菜名更易为外国读者所理解，实现语用等值。</td><td rowspan="2">达加入译文，以帮助德语读者理解与接受。报告者还总结了不同命名法的中国菜名在德译中实现语用等值的不同方式。这些结论体现了报告者能对丰富且复杂的中国菜名德译进行基本的分类、归纳和总结，并借助理论考量德译的交际效果。</td></tr>
<tr><td>PPT18
Fazit：中式菜名翻译的启示
2. 写意命名法菜名的翻译
＊ 对含有隐喻的菜名，若隐喻描述的是菜肴外形，可采用-förmig ＋食材的表达方式。既保留中文特色，又使读者理解菜名意义。
＊ 对含有典故的菜名，可采用直译＋解释的方式。考虑到原文的风格，可对烹饪方式或文化背景进行简要介绍。</td></tr>
<tr><td>PPT19
一、写实命名法
1. 食材（＋汤）
豆腐干 Knabber-Doufu　　兰花豆 gepuffte Saubohnen
豆腐汤 Doufusuppe
西瓜盅/西瓜鸡 Melonenschale/Melonenhuhn
排骨 Rippchen　　锅巴汤 Reiskrusten-Suppe
南腿片 Schinkenscheiben
毛豆青椒 junge Sojabohnen mit Paprika
剔芯莲子羹 feine Lotoskernsuppe　　鲃肺汤 Fischlungensuppe
蟹粉菜心 Krabbenfleisch mit Gemüserapsherzen
藕粉鸡头米 Flammeri aus Seerosensamen und Lotoswurzelstärke
虾子鲞鱼 Krabbenrogen und gedörrtes Fischfilet/Dörrfischfilets auf Krabbenrogen
2. 口味＋食材
辣白菜 scharfes Weißkraut
臭豆腐干 Knabber-Würzdoufu
嫩藕片 Scheiben zarter Lotoswurzeln
五香牛肉 würzige Rinderbratenscheiben
3. 烹饪方式＋食材（＋刀工）
清炒虾仁 Garnelen nature
红烧鳗 in Sojasoße geschmorten Aal
红烧鱼块 Fischgulasch
红烧肉 Rotgeschmortes Schweinefleisch
油爆虾 fritierte Krabben
大蒜炒猪肝 Schweineleber mit Knoblauch
熏鱼 Räucherfisch
熏青鱼 Räucherkarpfen
生炒鸡丁 geschnetzeltes Huhn
白菜炒肉丝 Weißkohl mit Geschnetzeltem von Schwein
油余豆腐干 in Öl gewellten pikanten Trocken Doufu
白斩鸡 Hühnerragout nature/Hühnerbrust nature</td><td>评
PPT 最后三页展示的是两类菜名的汉德对照表达，共包括 51 个中国菜名及其德译，为报告者进行菜名德译分析提供了丰富的语料，也体现了报告者所做的译本分析准备工作。这些语料也可以供参与课程的其他同学课后进一步研读和思考。</td></tr>
</table>

(续表)

PPT 内容	点评
PPT20 4. 辅料+食材 酱肉 in Sojasoße eingelegten Schweinebraten 糟鹅 in Reisweintrester marinierte Gans/in Wein marinierte Gans 乳腐酱方 in fermentierter Sojamilch geschmortes Schweinfleisch 蜜汁火腿 Schinken in Honigsoße 茶叶蛋 in würzigen Teesud gekochte Eier 冰糖蹄膀 mit Kandiszucker geschmortes Eisbein 桂花小圆子 nach Osmanthus duftende Klebereisbällchen 5. 混合命名或其他 头汤面 die ersten frischen Nudeln 大面 Nudelschmaus 窝窝头 Maisbrötchen 三套鸭 „Überraschungs-Ente“	
PPT21 二、写意命名法 1. 带隐喻的食物名称 凤尾虾 „Phönixschwanz“-Krabben 菊花鱼 „Chrysanthemen“-Fisch 水晶烧卖 „Kristall“-Teigtäschen 豆腐脑 Doufu-Pudding 青菜狮子头 „Löwenkopf“-Fleischklöße mit Gemüse 芙蓉鸡片 „Hibiskus“-Hühnerfleischscheibchen 雪花鸡球 „Schneeflocken“-Hühnerfleischbällchen 松鼠鳜鱼 fritierter „Eichhörnchen“-Mandarinfisch 八宝饭 Reis der Acht Köstlichkeiten—Sie wissen ja, Klebereisbrei mit Nüssen und Früchten 2. 带典故的食物名称 天下第一菜 das „Erste Gericht unter dem Himmel“ 叫花子鸡 Huhn nach Bettlerart	

从上述《美食家》德译本的分析报告可以看出,报告者在具备一定的翻译学理论基础后,能够选择一个较为合适的理论切入点,并从译本中选择一类理论应用性较强的研究对象,对译本的表达效果、翻译方法的优劣进行分析。整个分析过程中,报告者的逻辑思路较为清晰,PPT 的展示版面可读性也较强。通过该译本分析,参与课程的其他同学可以较为全面地了解《美食家》中中国菜名这一重要文化专有项的类型构成和主要译法,并与报告者一起对译文的语用效果进行思考,达到了课程希望的促进学生了解并运用翻译理论、解决具体翻译问题、鉴赏翻译文本的教学目的。

4.2 《围城》译本分析

4.2.1 《围城》及其译本概况

《围城》是学贯中西的钱钟书先生唯一的一部长篇小说，是中国现代文学史上非常重要的一部讽刺小说，被誉为"新儒林外史"。小说以出身于中国南方乡绅家庭的青年人方鸿渐为主人公，讲述了其在民国至抗战年间的婚恋和就业经历，为读者展示了时代背景对各色人物命运的影响。故事情节已广为人知，且先后搬上过影视荧幕，在此不再一一赘述。小说先后被译为多国文字，德译本《Die Umzingelte Festung》于 1988 年出版。在翻译《围城》期间，译者莫宜佳（Monika Motsch）曾亲自拜访钱钟书先生，就原文的理解进行深入探讨。德译本一经出版就引起了极大的反响，《法兰克福汇报》《南德意志报》《新苏黎世报》等多家重要报纸都对作品给予高度关注和评价。译者莫宜佳是德国著名的汉学家和翻译家，曾凭借此书获得法兰克福书展翻译奖。应当说，《围城》的德译本是中国现代文学成功德译的典范之一。

4.2.2 译本分析思路

作为一部中国文学经典，《围城》引发的思考是多方位的，其中很大一部分来自于钱钟书先生深厚的语言功力。《围城》汉语原作的语言魅力毋庸置疑，如果查阅中国知网，以"《围城》语言"为关键词，可以获得众多关于该小说语言特色的分析论文。概括而言，《围城》的语言总体呈现了幽默诙谐的风格，多运用各种修辞手法，比喻、隐喻、文字游戏、典故等在作品中随处可见，而且在简练明快的整体语言风格下，连贯和谐地将整个故事娓娓道来。

翻译这样一部作品，译者面临的困难和挑战无疑是巨大的，翻译时需要兼顾的因素也颇为复杂。但翻译的难点也恰恰为译本分析提供了多角度和多侧面，也就是说，翻译时需要译者关注的词、句、篇等方面的问题都可以成为译本分析的切入视角。与《美食家》相似，作为文学文本，《围城》的译本分析首先可以从原文最显著的语言特点入手，因此，钱钟书先生擅于运用的各类修辞手段及其德译方法是最易搜集且值得深入分析的素材。我们可以在细读原文的基础上，择定作品中的一个或多个片段，分析其中某类修辞手段的德译方法及其表达效果。第二，除了择定某一种特定的修辞或语言表达手段进行译文分析之外，我们也可以从更宏观的视角分析译者莫宜佳的翻译风格，即她作为译者在翻译整部作品中的主体性发挥。当然这需要我们对原作和译本都有更深入的阅读和理解,再从词、句、篇层层推进的视角分析译者在翻译过程中主要采用了哪种翻译策略、具体哪种翻译方法,以及达到了怎样的译文效果。第三,对于《围城》这样一部经典的长篇小说,译本分析也可以进一步探讨其在德语世界的传播效果。在分析作品内部具体的译文细节、译者的翻译风格基础上,通过搜集德语世界该译本的出版情况、书评和相关的研究文献等,可以勾勒出德语世界对《围城》的接受程度,乃至对中国现代文学的评价。总体而言,对于《围城》这样一部经典作品,正如其原文带给人常读常新的感觉一样,其德语译本也已经成为具有一定文学价值的德语作品,我们无论从翻译学、文学还是传播学的视角都可以对其做出自己的解读和分析。

4.2.3 《围城》译本分析实例

此处选择的译本分析实例以《围城》中的隐喻译文为分析语料,题目为《〈围城〉隐喻翻译》。该选题以《围城》作品显著的修辞特征之一——隐喻为切入点,语料搜集对于刚刚接触译本分析的同学而言较为直观。由于隐喻在《围城》原文中具有较明显的表达效果,其译入德语的方法、策略和译文的表达效果都对整个译文的可读性和接受度产生一定影响,也在一定程度上体现了译者的翻译思维过程和翻译风格。因此,该选题对于翻译学课程或翻译专业的学生来说都是具有可操作性且易于独立完成的译本分析课题。

PPT 内容	点评
PPT1(Literaturverzeichnis) Lakoff, George/Johnson, Mark: Metaphor We Live By[M]. Chicago: The University of Chicago Press. 1980. Newmark, Peter: Approaches to translation[M]. New York: Pergamon Press, 1981. Newmark, Peter: A textbook of translation[M]. London: Prentice Hall International Ltd, 1987. Newmark, Peter: About translation[M]. Clevedon: Multilingual Matters Ltd, 1991. 钱钟书. 围城 汉德对照[M]. 莫宜佳译. 外语教学与研究出版社,2016. 束定芳. 隐喻学研究[M]. 上海外语教育出版社, 2000.	**评** 与《美食家》译本分析报告类似,本报告也将参考文献列于报告开端,包括使用的隐喻类理论书籍、翻译学理论文献和《围城》原文与译本。这一方面有助于报告者建立理论框架,确定所分析语料的范围,另一方面也体现了报告者在撰写演示文稿、进行译本分析过程中严谨的学术态度。
PPT2 概念隐喻 Lakoff/Johnson 认为,隐喻的实现机制是映射,人们借助一个概念域(始源域)来理解另一个概念域(目标域),即在理解抽象概念过程中把始源域映射在目标域上,例如:争论是战争,爱是一次旅行。	**评** 本页 PPT 中报告者简要说明概念隐喻的定义,解释生活中隐喻的发生机制,为之后分析《围城》原文中各种隐喻类型和收集语料提供理论基础。

(续表)

PPT 内容	点评
PPT3 方位隐喻(因文化不同而不同) Glücksein☺ sein ist Oben👆; Traurig☹ sein ist Unten👇 高兴为上;悲伤为下 1. Meine Stimmung *stieg*. 我的心情越来越好。 2. Du bist in *Hoch*stimmung. 你情绪很高啊。 3. Ich fühle mich *niedergedrückt*. 我感到沮丧。 4. Er ist zurzeit wirklich *unten*. 他最近情绪低落。 5. Ich *verfiel* in eine tiefe Depression. 我心情变得很糟糕。 6. Meine Stimmung *sank*. 我的心情跌向谷底。	评 本页 PPT 中报告者讲解了第一种隐喻类型——方位隐喻,并通过德语和汉语中对应的方位隐喻例句来讲解方位隐喻的生效机制。方位隐喻可能存在文化差异。本页 PPT 的德汉例句使抽象的隐喻概念易于理解,比如高兴为上,悲伤为下,是一致的。
PPT4 快乐属性上扬,悲伤属性下落 1. 心似乎减轻重量,直长升上去。(S. 28)⬆ 2. 他垂头丧气,用纸包了唐小姐的来信,交给车夫走了。(S. 66)⬇ 身体基础:低垂的姿态通常与悲伤郁闷联系在一起; 挺直的姿势则表示积极的情感状态。	评 本页 PPT 继续讲解方位隐喻,并选择了《围城》原文中的例句加以说明,报告者总结了身体方位与人的内心情绪之间的隐喻关联。
PPT5 实体隐喻 Der Körper ist Behälter. 将身体作为容器。 1. 方鸿渐正满肚子委屈,听到这话,心里作恶,想信教在鲍小姐的行为上全没影响,只好借李医生来讽刺,便说:“信基督教的人,怎样做医生?”(S. 11) 2. 汪处厚想起了,气直冒上来。(S. 144) 3. 刘小姐冷落在一边,满肚子的气愤,恨汪太太,恨哥嫂。(S. 154)	评 本页 PPT 中报告者运用《围城》原文的例句讲解了第二种隐喻类型——实体隐喻。本页例句的隐喻关系是将身体作为容器,可以装委屈、装气等东西。
PPT6 Das Gefühl ist Entität. 将某一情感(如嫉妒、痛苦)看作实体。 1. 昨天囫囵吞地忍受的整块痛苦,当时没工夫辨别滋味,现在牛反刍似的,零星断续,细嚼出深深没底的回味。(S. 68) 2. 鸿渐无力抵抗、无救援地让痛苦蚕食虫蚀着他的心。(S. 88)	评 本页 PPT 承接上一页,继续用《围城》原文例句说明实体隐喻的第二种关系,即将某一情感(如痛苦)隐喻为一个实体。
PPT7 Die Inflation ist eine Entität. 通货膨胀是实体。 1. Die *Inflation verringert* unseren Lebensstandard. 通货膨胀在降低我们的生活水平。 2. Wir müssen die *Inflation bekämpfen*. 我们必须同通货膨胀斗争。 3. Die *Inflation treibt uns* in die Enge. 通货膨胀把我们逼入了死角。 4. Die *Inflation macht mich verrückt*. 通货膨胀让我疯。	评 第 7 页 PPT 补充了 Inflation 作为实体的隐喻关系例句。通过第 5～7 页 PPT 的实体隐喻实例,报告者充分展示了实体隐喻在《围城》原文中的运用及其他常见的实体隐喻。

(续表)

<table>
<tr><th>PPT 内容</th><th>点评</th></tr>
<tr><td>PPT8
结构隐喻:以一个高度结构化、清晰界定的概念来建构另一个概念。
Zeit ist eine Art von (abstrakter) Substanz.
kann ziemlich genau quantifiziert werden.
hat einen Wert pro Mengeneinheit.
dient einem sinnvollen Zweck.
[……]</td><td>评
本页 PPT 讲解第三种隐喻关系,即结构隐喻,并通过 Zeit 的结构隐喻关系来具体解释结构隐喻的运作机制,如时间可以定量,时间有一定价值,等等。</td></tr>
<tr><td>PPT9
Der Mensch ist Tier. 人是动物。
1. 鸿渐背后对辛楣道:“那雌老虎跳出来的时候,我们这方面该孙小姐出场,就抵得住了。”(S. 106)(雌老虎:比喻凶悍泼辣的女子。)
2. 太太不忠实,偷人,丈夫做了乌龟,买彩票准中头奖,赌钱准赢。(S. 3)(乌龟:骂人的话,指妻子有外遇的人。)
3. 譬如在伦敦,男人穿皮外套而没有私人汽车,假使不像放印子钱的犹太人或打拳的黑人,人家就疑心是马戏班的演员,再不然就是开窑子的乌龟(……)。(S. 24)(开窑子的乌龟:称妓院的男主人或男仆。)</td><td>评
在上页 PPT 中解释了结构隐喻概念之后,报告者在本页选用《围城》原文中的例句来说明结构隐喻概念,点明了“雌老虎”和“乌龟”与人类形象之间的隐喻关系。</td></tr>
<tr><td>PPT10
Das Gefühl hat Geschmack. 感觉有口味。
1. 鸿渐脸上遮不住的失望看得苏小姐心里酸溜溜的。(S. 34)
2. 鸿渐忽然明白,这姓赵的对自己无礼,是在吃醋,当自己是他的情敌。(S. 32)
3. 赵辛楣对方鸿渐虽有醋意,并无什么你死我活的恨意。(S. 33)
据传这个典故出自唐朝宫廷,唐太宗为了笼络人心,要为当朝宰相房玄龄纳妾,房夫人出于嫉妒,横加干涉。太宗无奈,只得令她在喝毒酒和纳小妾之间选择其一。没想到房夫人确有几分刚烈,宁愿一死也不在皇帝面前低头,于是端起“毒酒”一饮而尽。当房夫人含泪喝完后,才发现杯中不是毒酒,而是带有甜酸香味的浓醋。从此便把“嫉妒”和“吃醋”融合起来,“吃醋”便成了嫉妒的比喻语。</td><td>评
本页 PPT 使用《围城》中的例句解释结构隐喻中的感觉关系,即嫉妒的感觉有醋的味道,并给出了“醋味”与“嫉妒”之间隐喻关系的形成来源,体现了报告者分析过程中较为严谨的求证态度,有助于培养学术研究的必要素质。</td></tr>
<tr><td>PPT11
<table><tr><th>semantische Übersetzung</th><th>kommunikative Übersetzung</th></tr><tr><td>stärker von Ausgangssprache geprägt</td><td>stärker von Zielsprache geprägt</td></tr><tr><td>wortwörtlich(literal)</td><td>frei(free)</td></tr><tr><td>dem Original treu(faithful)</td><td>idiomatisch(idiomatic)</td></tr></table></td><td>评
在分类讲解了各类隐喻关系之后,报告者在本页 PPT 中开始介绍隐喻的翻译方法。首先通过表格直观列出了两种基本翻译方法,即语义法和交际法,描述了两种方法的区别,语义法以源语为导向,交际法则更多以目的语为导向。</td></tr>
</table>

（续表）

<table>
<tr><th>PPT 内容</th><th>点评</th></tr>
<tr><td>

PPT12
Beispiel A：Frisch angestrichen!
(a) kommunikative Übersetzung：Wet paint!
(b) semantische Übersetzung：Recently painted!
Beispiel B：Wet paint!
(a) kommunikative Übersetzung：油漆未干，请勿触摸！
(b) semantische Übersetzung：湿油漆！

</td><td>

评
本页 PPT 中报告者用两个例子说明了运用语义法和交际法所产生的不同译文。原文作为禁止类公示语，其交际目的是要达到呼吁、禁止功能，而交际法产生的译文（如“油漆未干，请勿触摸！”）其禁止功效显然比语义法产生的译文（如“湿油漆！”）更清晰，因而更合适。

</td></tr>
<tr><td>

PPT13

<table>
<tr><td>1</td><td>译为具有相同意象的隐喻</td><td>Reproduktion desselben Sinnbildes</td><td>Reproducing the same image in TL</td></tr>
<tr><td>2</td><td>译为目标语中等效隐喻</td><td>Ersetzung des Bildes in der AS durch ein vergleichbares Bild in der ZS</td><td>Replace the image in the SL with a standard TL image</td></tr>
<tr><td>3</td><td>译为明喻</td><td>Verwandlung der Metapher in einen Vergleich mit Bewahrung des Sinnbildes</td><td>Translation of metaphor by simile</td></tr>
<tr><td>4</td><td>译为明喻，附上释义</td><td>Verwandlung der Metapher in einen Vergleich mit einer Erklärung</td><td>Translation of metaphor (or simile) by simile plus sense</td></tr>
<tr><td>5</td><td>以释义译出隐喻</td><td>Direkte Übersetzung der Metapher durch eine nichtmetaphorische Erklärung</td><td>Conversion of metaphor to sense</td></tr>
<tr><td>6</td><td>删除不译</td><td>Tilgung</td><td>Deletion</td></tr>
<tr><td>7</td><td>以释义加注隐喻</td><td>Bewahrung derselben Metapher mit einer Erklärung</td><td>Same metaphor combined with sense</td></tr>
</table>

</td><td>

评
在区分语义法和交际法的基础上，报告者在本页 PPT 中展示了纽马克的隐喻翻译方法分类，并将其英语表述译成了相应的汉语和德语，以此作为本报告依托的翻译方法分类框架。
需要指出的是，作为学术研究的一部分，也为了使后面的分析更加有依据，本页应该标注文献出处，即说明这个分类是参考纽马克哪个文献的。

</td></tr>
</table>

(续表)

PPT 内容	点评
PPT14 **die semantische Übersetzung** Strategie1: Reproduzierung des gleichen Bildes Strategie3: Verwandlung der Metapher in einen Vergleich mit Bewahrung des Sinnbildes Strategie2: Ersetzung des Bildes in der Ausgangssprache durch ein harmonisches „Standardbild" in der Zielsprache Strategie7: Bewahrung der gleichen Metapher mit der Ergänzung zum Sinne Strategie4: Verwandlung der Metapher in einen Vergleich mit Bewahrung des Sinnbildes und einer zusätzlichen Erklärung Strategie5: Ersetzung der Metapher durch eine nichtmetaphorische Erklärung Strategie6: Tilgung **die kommunikative Übersetzung**	评 本页PPT中报告者进一步梳理纽马克的隐喻翻译类型,并建立了以语义翻译和交际翻译为两极的隐喻翻译渐变轴。上页PPT展示的七种隐喻翻译方法根据其所产生的译文与源语的接近程度和达到的交际效果分别位于轴的不同位置。建立该理论框架说明报告者不仅对隐喻翻译方法,也对其译文效果进行了有益的思考与衡量。当然,第6个策略"删除"是否可以归为交际翻译,有待探讨。
PPT15 1) 译为具有相同意象的隐喻(翻译简单隐喻时经常使用) B1 AT:鸿渐无力抵抗、无救援地让痛苦蚕食虫蚀着他的心。(S. 88) ZT: So ließ er es widerstandslos zu, dass der Schmerz sich wie eine Made in sein Herz fraß. (S. 374) B2 AT:鸿渐背后对辛楣道:"那雌老虎跳出来的时候,我们这方面该孙小姐出场,就抵得住了。"(S. 106) ZT: Später bemerkte Hongjian heimlich zu Xinmei: „Als diese Tigerin raussprang, hätten wir Fräulein Sun in die Arena schicken müssen, die wäre mit ihr fertig geworden." (S. 406) 源语和目的语在文化认知上的相似性越高,就越能成功重现原隐喻。	评 基于上述分析理论框架,报告者首先分析了《围城》中隐喻翻译的第一种方法,即译为具有相同意象的隐喻,并指出能使用这一方法的前提在于源语和目的语中存在相似的文化和认知。
PPT16 2) 译为目的语中的等效隐喻 B3 AT:昨天囫囵吞地忍受的整块痛苦,当时没工夫辨别滋味,现在牛反刍似的,零星断续,细嚼出深深没底的回味。(S. 68) ZT: Am Vortag hatte er die bittere Pille auf einmal geschluckt, ohne auf den Geschmack zu achten. Jetzt war er wie eine Kuh, die sorgfältig wiederkäut und sich dem endlosen Nachgeschmack hingibt. (S. 342) B4 AT:太太不忠实,偷人,丈夫做了乌龟,买彩票准中头奖,赌钱准赢。(S. 3) ZT: Wenn eine Frau untreu ist und ihrem Mann Hörner aufsetzt, zieht er in der Lotterie bestimmt den Hauptgewinn und hat Glück	评 本页PPT中报告者分析了《围城》德译本中的第二种隐喻翻译方法,即译为目的语中的等效隐喻。如果目的语中存在一种表达原文隐喻相同涵义的等效隐喻表达,那就可以直接借用到译文中,也就是"近义替代"法。 但使用这种方法的一个危险在于,两个隐喻的具体意涵是否真的一致,而不是似

（续表）

PPT 内容	点评
im Spiel.（S. 240） jemandem Hörner aufsetzen: den Mann sexuell betrügen; fremdgehen/untreu sein Hörner: Woher kommt das? https://www.swr.de/wissen/1000-antworten/kultur/1000-antworten-1614.html	是而非，这一点需要译者认真确认。 本页报告者通过网页给出了 Hörner 一词作为等效隐喻的依据，是一种很好的做法。
PPT17 3）译为明喻 B5 AT：周经理眼睛躲避着鸿渐的脸，只瞧见写字桌前鸿渐胸脯上那一片白衬衫慢慢地饱满扩张，领带和腰带都在离桌上升。（S. 69） ZT: … wie Hongjians weißes Hemd vor seinem Schreibtisch wie ein Ballon anschwoll, während Schlips und Gürtel nach oben strebten.（S. 345） 更清楚、直观地体现源喻与目标喻之间的联系，帮助读者理解。	评 本页 PPT 中报告者分析了《围城》德译本中将隐喻关系译为明喻的例子（“饱满扩张”译为 wie ein Ballon anschwoll），认为明喻可以直观地体现隐喻关系双方之间的关系，读者更易理解。
PPT18 4）译为明喻，附上释义 B6 AT：这不是吃菜，这像神农尝百草了。（S. 41） ZT: Das ist nicht mehr essen, sondern probieren—so wie der legendäre Kräuterdoktor Shennong Hunderte von Heilkräutern durchprobierte（S. 302） 文化专有项，不能直接被理解，需进行文内解释	评 本页 PPT 中报告者展示了第四种隐喻翻译方法，即在译为明喻的基础上再添加注释。因为对于文化专有项来说，源语和目的语文化之间存在差异，如果不进行适当解释，就不易理解。
PPT19 5）以释义译出隐喻 B7 AT：汪处厚想起了，气直冒上来。（S. 144） ZT: Bei dem Gedanken wurde er zornig.（S. 465） B8 AT：方鸿渐正满肚子委屈，听到这话，心里作恶，想信教在鲍小姐的行为上全没影响，只好借李医生来讽刺，便说：“信基督教的人，怎样做医生？”（S. 11） ZT: Fang, der sowieso tief gekränkt war und dem die Bemerkung gegen den Strich ging, da er Fräulein Bao nicht gerade christlich beeinflusst fand, reagierte sich an Herrn Li ab und spottete: „Christen können doch keine Ärzte werden!“ B9 AT：鲍小姐眼迸火星道：“伺候吃饭的赏钱，昨天早给了。你还要什么赏？我房舱又不是你管的。”（S. 13） ZT: Sie sprühte vor Zorn: „Gestern im Speisesaal hast du schon dein Trinkgeld bekommen, mehr gibt es nicht. Du kümmerst dich nicht um meine Kabine!“（S. 257）	评 本页 PPT 中报告者通过例句说明了第五种隐喻翻译方法，即直接解释隐喻表达的内涵。但报告者并未像前面两页 PPT 那样对译者采用的翻译方法作进一步评析。这样翻译可能的原因是，目的语中没有和原文一致的实体隐喻表达，因此译者直接进行了意译。

（续表）

PPT 内容	点评
PPT20 6）删除不译 B10 AT：刘小姐冷落在一边，满肚子的气愤，恨汪太太，恨哥嫂。（S. 154） ZT：Fräulein Liu，die sich als Mauerblümchen fühlte，hasste Frau Wang，hasste ihren Bruder samt Schwägerin.（S. 479）	评 报告者在本页 PPT 中举例说明了第六种翻译方法，即对原文中的隐喻“满肚子的气愤”做了删除处理。但是报告者对译者这种对原文隐喻未加翻译的处理方法也没有作进一步的说明或解释。
PPT21 7）为强化喻体意象，以释义加注隐喻。 需要上下文——使用频率很低；文学作品中使用频率更低； 政治文本中更常见：B11 为 B12 创造了认知基础： B11（《习近平谈治国理政》） AT：新中国成立前后，毛泽东同志就提出了统筹兼顾、“弹钢琴”等思想方法和工作方法。弹钢琴要十个指头都动，不能有的动，有的不动。但是十个指头同时都按下去，那也不成调子。要产生好的音乐，十个指头的动作要有节奏，要互相配合。（S. 205） ZT：Um die Gründungszeit der Volksrepublik China stellte Mao Zedong Denk- und Arbeitsmethoden zur einheitlichen Planung unter Berücksichtigung aller Faktoren vor. Beim Klavierspielen müssen sich alle zehn Finger bewegen; es geht nicht, dass sich dabei einige bewegen und andere nicht. Wenn jedoch zehn Finger gleichzeitig auf die Tasten drücken, kommt auch keine Melodie heraus. Um gute Musik hervorzubringen, muss die Bewegung der zehn Finger rhythmisch und koordiniert sein.（S. 249） B12（《习近平谈治国理政》） AT：我们要学会运用辩证法，善于“弹钢琴”。（S. 206） ZT：Wir müssen uns mit materialistischer Dialektik vertraut machen und auf das Klavierspielen mit zehn Fingern verstehen.（S. 251）	评 报告者在对《围城》德译本进行研读时，并未发现第七种隐喻翻译方法，即为强化喻体对隐喻进行特别加注的方式。 为了说明这一方法的具体操作，报告者特地找了政治文本中的例句加以说明。可以说，B11 为 B12 创造了认知基础。
PPT22 Kompensation 补偿翻译法 B13 AT：刘小姐冷落在一边，满肚子的气愤，恨汪太太，恨哥嫂。（S. 154） ZT：Fräulein Liu，die sich als Mauerblümchen fühlte，hasste Frau Wang，hasste ihren Bruder samt Schwägerin.（S. 479） B14 AT：那女人平日就有一种孤芳自赏、落落难合的神情——大宴会上没人敷衍的来宾或喜酒席上过时未嫁的少女常有的神情——此刻更流露出嫌恶，黑眼镜也遮盖不了。（S. 3） ZT：Diese，die schon gewöhnlich so nazistisch-blasiert dreinblickte wie ein Mauerblümchen auf einem Fest oder die alte	评 在以上七种翻译方法之外，报告者通过文本研读还发现译文中出现了原文中未出现的隐喻关系，并将这种处理方法称为补偿翻译法。B13 和 B14 中，译者用 Mauerblümchen（壁花）表达了原文的“冷落”和“没人敷衍”之意；B15 中，译者用 jm einen Stich ins Herz geben 的结构翻译了原文

（续表）

PPT 内容	点评
Jungfer auf einer Hochzeit, setzte augenblicklich eine besondere missbilligende Miene auf, die nicht einmal die Sonnenbrille verdecken konnte .(S. 13) „Mauerblümchen“: 壁花，即舞会、聚会中坐在角落，无人问津的女子。	的“酸溜溜的”，都属于补偿翻译法。 报告者此处虽然没有对这种补偿译法作进一步评析，但后面 B15 中，报告者还提出了另一种译文建议，即将“酸溜溜”直接意译成 den Neid erregen。两种处理方法放在一起展示，可以引发同学们对不同译文的比较和思考。
PPT23 Kompensation 补偿翻译法 B15 AT：鸿渐脸上遮不住的失望看得苏小姐心里酸溜溜的。(S. 34) ZT: Hongjians unverhohlene Enttäuschung gab Fräulein Su einen Stich ins Herz. (S. 291) vs. erregte den Neid von Fräulein Su. jemandem einen Stich ins Herz geben: eine schwere Kränkung/ seelische Verletzung; ein seelischer Schmerz; ein Ereignis, das jemanden kränkt/innerlich verletzt/schmerzt; ein Umstand, der jemanden hart trifft.	
PPT24 文学作品中隐喻翻译策略 相对常用： 译为具有相同意象的隐喻；在目的语中寻找一个能代替原隐喻意象的新意象，使之不与目的语文化冲突；仅保留隐喻语义；补偿翻译法 相对不常用： 将隐喻译为明喻并保留意象；将隐喻译为明喻并解释说明喻义；删译；在目的语中译为相同隐喻，并解释说明喻义 翻译隐喻时，对语境（特别是与民族文化息息相关的非语言语境）的把握是否准确，很大程度上决定了隐喻译文能否达到预期目的与效果。	**评** 在充分解析《围城》中隐喻的德译方法之后，报告者总结了这些翻译方法在文学作品中哪些比较常用，哪些不常用，并对隐喻翻译成功与否的关键提出了自己的看法，即翻译隐喻时，要准确把握语境。 报告者最后还通过《围城》中“醋、酸”的德译进一步佐证自己的观点，点明了自己在进行了大量译文阅读和分析之后对隐喻翻译方法产生的独立思考结论。报告者建议，针对那些通过上下文可以推测出大致意思的隐喻，不必每次都将其含义翻译出来，这样，相关隐喻会慢慢成为外来的“文化专有项”，就像汉语中“阿喀琉斯之踵”“达摩克里斯之剑”的表达一样。该建议对于隐喻翻译确实具有一定的借鉴意义，值得大家探讨。
PPT25 有关“醋、酸”的翻译 B16 AT：鸿渐忽然明白，这姓赵的对自己无礼，是在吃醋，当自己是他的情敌。(S. 32) ZT: Hongjian begriff plötzlich, dass Zhao ihn für seinen Rivalen hielt und aus Eifersucht so ruppig war. (S. 289) B17 AT：赵辛楣对方鸿渐虽有醋意，并无什么你死我活的恨意。(S. 33) ZT: Zwar war Zhao auf Fang Hongjian eifersüchtig, aber es war kein tödlicher Hass. (S. 290) B18 AT：鸿渐脸上遮不住的失望看得苏小姐心里酸溜溜的。(S. 34) ZT: Hongjians unverhohlene Enttäuschung gab Fräulein Su einen Stich ins Herz. (S. 291)	

（续表）

PPT 内容	点评
B19 AT：辛楣一肚皮的酒，几乎全成醋酸。(S. 60) ZT: Der Wein in Xinmeis Bauch verwandelte sich in Essig, so sauer war er. (S. 330) 通过上下文可推测出隐喻的大致意思——不必每次都将其含义翻译出来——相关隐喻会慢慢成为“文化专有项”(如“阿喀琉斯之踵”)	

可以说，本报告内容反映出报告者具备了基于翻译学专业文献为自己的研究建立理论框架，并应用于具体语料分析的能力。在《围城》这一规模宏大的原作和译文背景下，报告者首先选择了合适的切入点，隐喻作为《围城》的语言特点之一，确实是翻译过程中需要译者多加思考、涉及两种语言文化背景的特殊语言现象，对于译本分析而言，隐喻可以让我们“有话可说”。此外，报告者能够在众多的译学理论中选择合适的框架，并进一步思考和加工，不仅对语料做了翻译方法的分类，也兼顾了对译文表达效果的思考，提升了译本分析的质量，也促进了自己和其他学习者对隐喻现象翻译的深层次思考。

4.3 《共产党宣言》译本分析

4.3.1 《共产党宣言》及其译本概况

《共产党宣言》(*Das Manifest der Kommunistischen Partei*，下称《宣言》)是卡尔·马克思和弗里德里希·恩格斯为共产主义者同盟起草的纲领，被看作国际共产主义运动第一个和最基本的纲领性文献，也被认为是马克思主义诞生的重要标志。《宣言》写于 1847 年 12 月至 1848 年 1 月，并于 1848 年 2 月在伦敦第一次用德文发表。《共产党宣言》贯穿马克思主义的历史观，包括七篇序言、引言和正文四章，具体内容在此不一一赘述。

《宣言》发表以后，被翻译成许多种文字在世界各国流行。在中国五四运动前，《宣言》的翻译只是零散的片段式节译。1920 年出版的陈望道译本(以英译本为蓝本，同时参照日译本)是《宣言》的首个中文全译本。中华人民共和国成立前，包括陈望道译本在内共出现了七种全译本。其中，成仿吾和徐冰的译本是第一次从德文原版翻译的。中华人民共和国成立后，《宣言》共出现了三种译本。中央编译局根据德语原版进行了翻译出版，并对其译本前后进行了五次修订，长期以来该译本已经成为“不可撼动的权威性翻译”。成仿吾也对其译本进行了重新校订出版。2020年，同济大学德语系教授吴建广在其多年研究的基础上，在《德意志研究》上正式发表了根据德语原版翻译的《宣言》全译文。

4.3.2 译本分析思路

《宣言》篇幅并不算长，但思想内容丰富，遣词造句都蕴含了作者的深意，具有很强的可读性。同时，作为一部面向大众的作品，希望引起广大读者的共鸣，因此具有明确的呼吁功能和强烈的感情色彩。集以上特点于一身，《宣言》呈现了一种政论文与文学文本兼容的样貌，也赋予了其译本丰富的研究视角。第一，对于《宣言》中的各种修辞手段，如排比、隐喻等，我们可以探讨不同译者的翻译策略和方法，比较各译本的表达效果。第二，《宣言》中有较多长句和复杂结构句式，它们兼具表意和情感呼吁作用，我们也可以从德汉语言对比入手，探讨这些句子如何翻译成汉语才能兼顾形与义，或兼顾语义和句子的情感色彩。第三，《宣言》是共产主义的核心著作，包含多个体现共产主义思想的核心概念或词汇，如 aufheben、Kommunist 等，它们自《宣言》诞生以来被反复使用。其汉语译文有的已经固化，有的在各个译本中还存在细微的差异，这些相同或不同处均体现了每个译本对《宣言》的理解视角和译者主体性的发挥，我们也可以以这些核心概念作为切入点，探讨、比较不同译者对核心概念的不同翻译方法，体会汉语译文的差异，从而对《宣言》原文有更深入的理解。第四，《宣言》诞生至今，流传的汉语译本众多，重译频率较高，体现了这部作品的重要性，也为我们提供了译本比较的广阔空间。我们可以在条件允许的情况下，对译本进行历时或共时的比较分析。从历时角度挖掘《宣言》重译体现的时代精神、语言表达等方面的变化，从而理解译者在不同时代的生活语境和认知背景；也可以从共时角度分析同时代译者对《宣言》文本的不同理解和处理方法。总之，《宣言》的汉译研究可以多角度、多层面、多维度展开，对其进行译本分析可以促进和提升翻译专业学生理论和实践方面的综合能力。

4.3.3 《共产党宣言》译本分析实例

《宣言》的译本分析视角多样，在以往的课堂上，学生也展示了词、句、篇等各种分析模式。此处选择的译本分析报告题目为《顺应论视角下〈共产党宣言〉定语从句的汉译分析》，该报告以《宣言》中常用的定语从句为研究语料。定语从句是德语中常用的复合句式之一，对主句中的相关词进行修饰说明，定语从句的位置一般在相关名词或代词后面，而这一定语后置的形式在汉语中很少出现。语言结构上的差异,以及定语从句形成的德语长句都是德汉翻译中的重点和难点之一,再加上《宣言》特殊的情感表达需求,因此,定语从句的翻译策略和方法是《宣言》译本值得探讨的一个问题。此外,该报告选择了语用学顺应理论来解读语料分析结果,也是将翻译学和语言学结合的一次较好尝试。

PPT 内容	点评
PPT1 [1] 常志红. 顺应理论视角下定语从句的英汉对比——以《英汉互译基础与提高》一书为例[J]. 明日风尚,2018(13):277-278. [2] 江燮松. 新编德语语法精要[M]. 上海:上海译文出版社,2014:319ff. [3] 桂乾元. 德语定语从句功能异化探析[J]. 外国语,1990(05):45-48+38. [4] 马克思/恩格斯. 共产党宣言[A]. 吴建广译本,载张建伟主编《德意志研究》[C]. 武汉:崇文书局,2020:214-256. [5] 马克思/恩格斯. 共产党宣言[A]. 编译局新版,载《马克思恩格斯选集》[C]. 北京人民出版社,1995. [6] 谭益兰. 浅谈英汉定语差异与英语定语从句的翻译[J]. 西藏科技,2020(09):47-50. [7] 王颖频. 语用顺应论视角下的德汉翻译研究和 MTI 翻译教学[M]. 上海译文出版社,2018:25-30,38-69. [8] 王兆渠/吴仁钧,等(编). 现代德语实用语法[M]. 上海:同济大学出版社,2010. [9] 许承军. 英汉翻译教程[M]. 上海:上海交通大学出版社,2007:168-179.	**评** 报告者首先展示了译本分析使用的文献,包括翻译学专著、顺应论视角的翻译论文、涉及定语从句的语法类著作,及《宣言》的原著和译本。其中包括所要分析的两个译本的信息。这些文献能较全面地为本分析报告提供理论支持和语料来源。
PPT2 Veschueren 1987:《作为顺应论的语用学》; 1999:《语用学新解》 使用语言是一个不断选择的过程,这种选择可能是有意识或无意识的运动,可能是由语言内部原因或外部原因驱动(Verschueren 1999: 55-56) 语言三特性: * 变异性(Variability):语言选择的范围,语言能够以不同的形式表达 * 协商性(Negotiability):语言选择基于灵活的原则和策略进行 * 顺应性(Adaptability):顺应是选择的目的,结果须和交际环境相适应 顺应四维度: * 语境关系:交际语境+语言语境→语言表达形式 * 语言结构:语言选择涉及各个层面的语言因素 * 动态性:如何实现动态的顺应过程 * 意识性:认知心理因素对语言选择和顺应的影响	**评** 本页 PPT 中报告者简要展示了语用顺应论的核心概念:(1)语言三特性(变异性、协商性和顺应性)是语言顺应的基础;(2)顺应四维度(语境顺应、语言结构顺应、顺应的动态性和意识性)是顺应理论的四个分析维度。这些内容为引入顺应性翻译提供理论基础。

（续表）

<table>
<tr><th>PPT 内容</th><th>点评</th></tr>
<tr><td>PPT3
顺应与翻译：
翻译中，译者需要不断做出选择，在此过程中需要顺应许多因素；翻译过程也是不断顺应的过程，产生的译文本质上也是顺应的结果。
比如结构顺应的层面：
1. 语音层面：Higgins(河马金斯)、Trunkaby(象克鼻)
2. 词汇层面：That's the beauty of the complacency(知足常乐)
3. 句法结构：汉语和德语有不同的构词法和造句规则，同样的事情可以用不同的句法结构来描述；使译文更符合译文读者的习惯，可能需要改变原文文本的句子形式。
……</td><td>评
本页 PPT 中报告者进一步说明了翻译与语用顺应之间的联系，并举例说明了结构顺应的具体内容，简要提出德汉两种语言由于语言结构的差异需要在语言转换过程中进行语音、词汇、句法等层面的顺应。</td></tr>
<tr><td>PPT4
Der Unterschied zwischen Deutsch und Chinesisch

Chinesich
• 1. 汉藏语系
• 2. 重意合，即借助词语或句子的意义或逻辑联系实现它们之间的连接。
• 3. “竹竿型”
• 4. 无定语从句
• 5. 分析型语言，绝大多数定语前置

Deutsch
• 1. 印欧语系-日耳曼语族-西日耳曼语支
• 2. 重形合，即借助语言形式手段现实句法关系，实现词语和句子的衔接
• 3. “框架”
• 4. 定语从句借助语言形式手段（如先行词和关系代词）
• 5. 从句：被修饰词之后
• 6. 限定性、非限定性（异化功能）

Englisch
• 1. 印欧语系-日耳曼语族-西日耳曼语支
• 2. 重形合，即借助语言形式手段现实句法关系，实现词语和句子的衔接
• 3. “树型”
• 4. 定语从句借助语言形式手段（如先行词和关系代词）
• 5. 从句：被修饰词之后
• 6. 限定性、非限定性</td><td>评
报告者在本页 PPT 中进一步对比汉语、德语的结构差异，为分析中聚焦德语定语从句的汉译方法、解释翻译时如何进行结构顺应提供基础。但报告者在此处并未交代出处来源，也没有说明为什么还提到了英语。</td></tr>
<tr><td>PPT5
《共产党宣言》：定语从句/从句＝132/252，定语从句占全文从句的 87％
＊定语从句修饰的对象是主句中的一个名词或代词，也可以是整个句子。定语从句大部分是关系从句，由关系代词、关系代副词（如 wo(r)＋介词）或关系副词（如 wo，wohin）引导；定语从句也可由连词（如 dass，ob）、疑问代词或疑问副词（如 wer，wo）引导。（江燮松 2014：319；王兆渠等 2010：556ff）
1. Das Haus, in dem (worin) wir früher einmal wohnten, soll jetzt abgerissen werden.
2. Wir besprechen jetzt die Frage, wo wir die Sommerferien verbringen werden.</td><td>评
报告者在分析《宣言》定语从句汉译前，先对定语从句进行了描述，并统计了定语从句在原文从句中的占比（87％），凸显了本报告的研究价值。此外报告者还通过例句，说明本报告的研究对象主要涉及关系从句（如句 1），也包括其他定语从句（如句 2）。</td></tr>
</table>

（续表）

PPT 内容	点评
PPT6 Vier Übersetzungsstrategien（英语定语从句汉译策略） 1. 前置法：定语从句简洁、符合汉语表达习惯（“……的”定语词组） 2. 后置法：将定语从句译成后置的并列分句 a. 重复先行词或用指示代词指代先行词 例：I told the story to my bosom friend, who later shared it with her parents. 译：我把这件事告诉了闺蜜，闺蜜又告诉了她的父母。 b. 省略先行词 例：The four leaders resumed their talks on the following day, which continued late in the night. 译：第二天，四位领导继续会谈，一直谈到深夜。	评 第 6～7 页 PPT 中，报告者展示了参考文献提到的四种英语定语从句汉译方法（前置法、后置法、融合法、状译法），并通过英汉翻译的例句说明了这些方法的具体操作模式。 当然，作为学术研究的理论依据，这两页 PPT 中关于四种翻译策略的提法应该标注一下文献来源：（谭益兰，2020）。
PPT7 3. 融合法：对原文进行重组，将原文中的主语和定语融合在一起，译成独立的汉语句子 例：The classroom is a place where students work hard from dawn to dark. 译：在教室，学生们从早到晚都在刻苦学习。 4. 状译法：定语从句兼具状语从句的作用，与主句语义上有状语关系，如说明原因、结果、目的、让步及条件等。 例：A good deal went on in the school, which her father did not know. 译：学校里发生了许多事，但她的父亲却不知道。——转折	
PPT8 例：Diese Dialekte, die von speziellem kulturem Wert sind, haben in der Entstehung und Entwicklung der chinesischen Nation eine einzigartige Rolle gespielt und stellen einen wichtigen Bestandteil der glänzenden Kultur der chinesischen Nation dar. 译 1：这些具有特定文化价值的方言促进了中华文明的形成和发展并构成了华夏灿烂文明的重要部分。 译 2：这些方言具有特定的文化价值，它们促进了……——融合法 例：Der Alte dankte uns, den wir einmal geholfen hatten. 译 1：这个我们曾经帮助过的老人感谢我们。 译 2：这位老人感谢我们，因为我们曾经帮助过他。——状译法（原因）	评 基于第 6～7 页 PPT 展示的汉译方法，报告者在本页 PPT 中通过两个德语例句进一步解释了定语从句德译汉的不同结果，探讨不同译文与汉语语言结构和表达习惯的契合性。与译 1 相比，译 2 采用融合法或状译法，没有出现长定语，显然更符合汉语的表达习惯。
PPT9 1. Wo ist die Oppositionspartei, die nicht von ihren regierenden Gegnern als kommunistisch verschrien worden wäre, wo die Oppositionspartei, die den fortgeschritteneren Oppositionsleuten sowohl wie ihren reaktionären Gegnern den brandmarkenden Vorwurf des Kommunismus nicht zurückgeschleudert hätte?	评 本页 PPT 起开始分析《宣言》中的定语从句汉译。报告者采用了译本对比的模式，比较中央编译局和吴建

（续表）

PPT 内容	点评
吴：哪里还有反对党派，不被其执政党的对立者诋毁为共产主义的呢？哪里还有反对党派，不用共产主义这个烙上火印的指责，还治其更为进步的反对人士，还治其反对的对立者呢？——后置＋并列＋省略先行词 编：有哪一个反对党不被它的党政的敌人骂为共产党呢？又有哪一个反对党不拿共产主义这个罪名去回敬更进步的反对党和自己的反动敌人呢？——融合法	广老师的译本，分析两者对定语从句的不同翻译方法，以此说明不同译法对汉语的顺应差异表现。 编译局译本采用融合法，吴译采用后置＋并列＋省略先行词的方法，都达到了较好的效果。
PPT10 2. Es ist hohe Zeit, dass die Kommunisten ihre Anschauungsweise, ihre Zwecke, ihre Tendenzen vor der ganzen Welt offen darlegen und dem Märchen vom Gespenst des Kommunismus ein Manifest der Partei selbst entgegenstellen. 吴：现在正是时候，共产主义者要将他们的观察方式、他们的目的、他们的倾向公布于世界，并以共产党自己的一份宣言来对峙关于共产主义是鬼怪这样的谣传。——后置＋并列＋省略先行词 编：现在是共产党人向全世界公开说明自己的观点、自己的目的、自己的意图并且拿党自己的宣言来反驳关于共产党幽灵的神话的时候了。——前置："……的"	**评** 本页 PPT 继续通过实例说明两个译本对原文同一定语从句的不同译法。编译局译本这次没有使用融合法，而是使用前置法，出现了长定语现象，与吴译（后置＋并列＋省略先行词）相比，不太符合汉语语言习惯。
PPT11 3. Der Sozialismus der Bourgeoisie besteht eben in der Behauptung, dass die Bourgeoisie sind—im Interesse der arbeitenden Klasse. 吴：资产阶级的社会主义就基于这样一个断言：资产者之为资产者，是为了劳动阶级的利益。 编：资产阶级的社会主义就是这样一个论断：资产者之所以为资产者，是为了工人阶级的利益。 ——并列＋"："（补充说明）	**评** 第 11～13 页 PPT 中报告者展示了三个实例，说明两个译本对原文定语从句的相同译法，分别用了并列＋"："（补充说明），或前置＋"："（补充说明），或状译（时间状语）的方法。
PPT12 4. Man spricht von Ideen, welche eine ganze Gesellschaft revolutionieren; man spricht damit nur die Tatsache aus, dass sich innerhalb der alten Gesellschaft die Elemente einer neuen gebildet haben, dass mit der Auflösung der alten Lebensverhältnisse die Auflösung der alten Ideen gleichen Schritt hält. 吴：人们谈到使整个社会革命化的那些理念；因而人们只会说出的只是这一事实：在旧社会内部，新社会的元素已经形成，旧理念的瓦解同旧生活关系的瓦解步调一致。 编：当人们谈到使整个社会革命化的思想时，他们只是表明了一个事实：在旧社会内部已经形成了新社会的因素，旧思想的瓦解是同旧生活条件的瓦解步调是一致的。 ——前置＋"："（补充说明）	

(续表)

<table>
<tr><th>PPT 内容</th><th>点评</th></tr>
<tr><td>PPT13
5. Alle früheren Klassen, die sich die Herrschaft eroberten, suchten ihre schon erworbene Lebensstellung zu sichern, indem sie die ganze Gesellschaft den Bedingungen ihres Erwerbs unterwarfen.
吴:过去一切的阶级在夺取统治权之后,总是使整个社会顺从于他们获得利益的条件,企图以此来巩固它们已经获得的生活地位。
编:过去一切阶级在争得统治之后,总是使整个社会服从于它们发财致富的条件,企图以此来巩固它们已经获得的生活地位。
——状译:时间</td><td></td></tr>
<tr><td>PPT14
6. Der Arbeiter wird ein bloßes Zubehör der Maschine, von dem nur der einfachste, eintönigste, am leichtesten erlernbare Handgriff verlangt wird.
吴:劳动者变成了机器的单纯附属品,要求他做的只是极其简单、极其单调和极易学会的操作。
编:工人变成了机器的单纯附属品,要求他做的只是极其简单、极其单调和极易学会的操作。
——后置+并列+指示代词指代先行词
建议:工人变成了机器的单纯附属品,因为要求他做的只是极其简单、极其单调和极易学会的操作。——状译:原因</td><td>评
本页 PPT 中报告者除了展示编译局和吴建广老师相同的翻译处理方法之外,还提出了新的翻译建议,即将定语从句译为汉语的原因从句,体现了报告者对目的语语言表达习惯进行顺应的相关思考。</td></tr>
<tr><td>PPT15
7. Die Kosten, die der Arbeiter verursacht, beschränken sich daher fast nur auf die Lebensmittel, die er zu seinem Unterhalt und zur Fortpflanzung siener Race bedarf.
吴:劳动者所产生的费用几乎只限于必要的生活资料,以维持劳动者的生计及其传宗接代。——状译:目的
编:花在工人身上的费用,几乎只限于维持工人生活和延续后代所需要的生活资料。——前置:“……的”</td><td rowspan="2">评
第 15～17 页 PPT 中报告者继续通过实例分析比较了吴译和编译局译本对于定语从句的不同处理方式。</td></tr>
<tr><td>PPT16
8. Diese Arbeiter, die sich stückweise verkaufen müssen, sind eine Ware wie jeder andere Handelsartikel und daher gleichmäßig aller Wechselhaften der Konkurrenz, allen Schwankungen des Marktes ausgesetzt.
吴:(现代劳动者只有找到工作,才能生活下去;只有他们的劳动能增加资本时,才能找到工作)。因此,劳动者不得不碎片化地出卖自己,他们就是一种商品,跟任何其他贸易物品一样,他们也同样被均匀地投放到竞争的一切变数、市场的一切波动中去。——状译:结果
编:这些不得不把自己零星出卖的工人,像其他任何货物一样,也是一种商品,所以他们同样地受到竞争的一切变化、市场的一切波动的影响。——前置:“……的”</td></tr>
</table>

（续表）

PPT 内容	点评
PPT17 9. Die interessierte Vorstellung, worin ihr eure Produktions- und Eigentumsverhältnisse aus geschichtlichen, in dem Lauf der Produktion vorübergehenden Verhältnissen in ewige Natur- und Vernunftgesetze verwandelt, teilt ihr mit allen untergegangenen herrschenden Klassen. 吴：这是个自利的设想，你们与所有已经沉亡的统治阶级共同分有这种设想，你们是要把你们的生产关系和已有物关系，从生产过程中暂时的历史性关系，转化为永恒的自然法则和理性法则。——后置＋并列＋省略先行词 编：你们的利己观念使你们把自己的生产关系和所有制关系从历史的、在生产过程中是暂时的关系变成永恒的自然规律和理性规律，这种利己观念是你们和一切灭亡了的统治阶级所共有的。——状译：结果	
PPT18 Zusammenfassung **吴建广版本：**给出的例子中，定语从句前置、后置和状译策略安排恰当，句式灵活。全篇来看，大部分采用并列句后置的方法；切分更多，多考虑到中文读者的阅读习惯，没有出现过长的定语 **编译局新版：**从句多采用前置法，即译为"……的"；没有顺应汉语句法结构，更多保留原著的原汁原味。 **定语从句汉译建议：** ＊限定性定语 1. 前置（从句较短、从句与主句限定关系紧密） 2. 后置（并列两句；省略/重复先行词） ＊非限定性定语/状语 1. 状译 2. 用"："进行说明。适用于抽象名词，如 Behauptung, Tatsache 等	**评** 在前面实例展示基础上，报告者在本页 PPT 中分别总结了吴译和编译局译本的主要翻译方法和异同，并从顺应论视角对两个译本在定语从句的汉译方面是否符合目的语表达习惯进行了审视。结果显示，吴译切分更多，较多考虑到中文读者的阅读习惯，译文中没有出现过长的定语。在此基础上，报告者对定语从句汉译提出了建议。

报告者从语用顺应视角入手，比较两个译本对《宣言》原文中出现频率较高的定语从句的不同翻译方法，根据比较发现，编译局译本对汉语语言结构的顺应程度低于吴建广老师的译本。可以看出，报告者基本掌握了运用语用学理论知识进行译本分析，从而得出相应结论的方法与步骤。在分析过程中，报告者基于文献，逐步建立自己的理论框架，也对定语从句的范围进行了描述，并结合译本中找到的具体实例对其翻译方法进行归类和解释，这些都是我们可以在自己的译本分析实践中参考借鉴的。

当然，该报告也有一些有待改进和优化的方面。首先，关于本课题涉及的定语从句和关系从句这两个语法概念，文献中对两者的区别和界定还是有一定的讨论的，而报告者在 PPT 中仅在第 5 页进行了相对笼统的说明，并没有对两者进行更为清晰的区分，这在一定程度上使本研究存在一定的模糊性，报告者可以在后续对此进行更深入的探讨和研究。另外，在 PPT 制作过程中，尤其是译本实例分析这一部分，报告者还可以对两个译本的异同作进一步比较、归纳和反思，比如两个译本在顺应汉语结构翻译定语从句的前提下各自表现了哪些侧重点，两个译本对定语从句采用状译的具体类别是否有所不同，一般什么样的定语从句译成汉语时采用什么样的状译，两个译本在这方面是否有共同的规律性或差异性，为什么。对于这些问题的深入探究无疑可以使译本分析的结论进一步深化，也可以使本报告研究的结果对定语从句汉译的翻译实践具有更好的指导意义和实用价值。

4.4 《习近平谈治国理政》译本分析

4.4.1 《习近平谈治国理政》及其译本概况

由外文出版社于 2017 年 10 月出版的《习近平谈治国理政》第二卷（下称《治国理政》）收录了习近平主席 2014 年 8 月 18 日至 2017 年 9 月 29 日期间的重要著作，包含讲话、谈话、演讲、批示、贺电等 99 篇，共分为 17 个专题，内涵丰富，哲理深刻，中国特色鲜明，从第一章的总论“坚持和发展中国特色社会主义，实现中华民族伟大复兴的中国梦”，第二至五章关于“四个全面”战略布局，第七至十一章“五位一体”总体布局，再到第十二和十三章论及军队国防和祖国统一相关内政主题，最后第十四至十七章“推动构建人类命运共同体”的大国外交理念。《治国理政》系列生动记录了以习近平同志为核心的党中央团结带领全党全国各族人民在新时代坚持和发展中国特色社会主义的伟大实践，集中反映了习近平新时代中国特色社会主义思想的发展脉络和主要内容，充分体现了中国共产党为推动构建人类命运共同体、促进人类和平与发展事业贡献的中国智慧和中国方案。

《治国理政》的德译本在 2018 年 3 月由外文出版社出版，译者为中央党史和文献研究院第六研究部德文翻译处。该书德译本的出版对许多德语读者了解新时代下中国的发展复兴、知悉习近平主席关于治国理政方面的思考具有不可忽视的意义。

4.4.2 译本分析思路

《治国理政》包含了一系列报告、讲话、演讲等，由于它们表现了我国的治国方针，代表了国家对外形象，其翻译也必然要遵循更严谨的标准。以《治国理政》德译本为教学素材的《理解当代中国——汉德翻译教程》就这类时政文献的翻译标准提到：忠实原文是基础、译文通顺是途径、接受效果是关键。以上标准给我们具体的译本分析提供了较为明确的方向和路径。首先，我们可以从译文与原文的语言对应关系入手，探讨两者之间的"信"度，这是译本分析最常见的研究内容，进而我们可以探讨政治文本的翻译原则和翻译策略，探讨在选择译文时如何更好地权衡和把握政治正确性和传播效果这看似矛盾的两个方面。其次，《治国理政》中使用了很多具有中国特色的政治话语（包括政治概念和相应表述），也使用了很多蕴含深层文化内涵的语言表达，如修辞、典故、成语、俗语等，该如何识别和翻译这些内容始终是翻译界的研究课题之一。另外，我们也可以从目的语读者对译文的接受视角入手，分析原文译入德语之后其表达形式和表达效果与原文语境的差异，从而探讨这些文本可能达到的接受效果。基于《习近平谈治国理政》德译文本的分析，我们可以将研究成果再运用到翻译实践中去，学习时政文本的汉德翻译方法，并掌握常用的时政词汇官方译法，提升自己的对外翻译能力。

4.4.3 《习近平谈治国理政》译本分析实例

此处选择的译本分析题目为《艾克西拉文化专有项翻译视角下〈习近平谈治国理政（第二卷）〉四字成语的德译研究》。它以《治国理政》中的四字成语为研究语料，使用文化专有项译学理论解读德语版《治国理政》对四字成语的翻译策略和方法。如前所述，文化专有项是《治国理政》汉语原文中常见的语言现象，是习主席各种讲话、演讲、谈话的语言特点之一，对其译文进行研究具有现实意义和实践价值，除了能进一步探究文化专有项的翻译方法之外，还可以通过在德语文化语境中评价译文来探讨德语版《治国理政》的传播效果，因此该报告为我们展示了一个可行、同时结论较丰富的研究实例。

PPT 内容	点评
PPT1 一级文献： 习近平. 习近平谈治国理政第二卷[M]. 北京：外文出版社，2017. 习近平. *Xi Jinping: China Regieren. II*[M]. 德文翻译组译. 北京：外文出版社，2018. 二级文献： Aixelá, J. F. Culture-Specific Items in Translation. [C]. In: A. Roman & V. M. Carmen. *Translation. Power, Subversion* [C]. Clevedon: Multilingual Matters, 1966: 52-78. 毕思露. 以目的论分析《习近平谈治国理政》的中国特色词汇翻译[D]. 北京外国语大学，2015.	**评** 第 1～2 页 PPT 中报告者展示了译本分析所参考的文献。值得注意的是，报告者将研究语料列为一级文献，将其他辅助研究文献列为二级文献，体现了报告者的文献意识和专业素养。 二级文献显示，报告者参考了文化专有项翻译理论和

(续表)

PPT 内容	点评
董雁,马杰.《习近平谈治国理政》第三卷英文版海外传播研究[J]. 传媒,2021/3:74. 来程颖. 从翻译伦理角度分析《习近平谈治国理政》第二卷中国特色表达英译[D]. 北京外国语大学,2019. 李苗苗. 文化视角下《习近平谈治国理政》一书中四字成语的德译策略研究[D]. 广东外语外贸大学,2016. 刘培靓.《习近平谈治国理政》(第二卷)特色词汇的维译研究[D]. 伊犁师范大学,2021. 李新建,罗新芳,樊凤珍. 成语和谚语[M]. 郑州:大象出版社,1997. 李新星. 目的论视角下的中国特色表达法译策略研究[D]. 黑龙江大学,2019. 吕亚楠.《习近平谈治国理政》研究[D]. 陕西师范大学,2019.	大量《治国理政》中中国特色表达翻译方面的已有研究,用于梳理本分析报告的研究方法和研究思路。 不过需要指出的是,报告者参考的文献有很大一部分是学位论文,相比之下所参考的外语类核心期刊论文并不多,这一点有待报告者后续进一步完善。另外,建议报告者对文献目录作进一步精简,以便帮助自己和同学们聚焦相关较为重要的文献,而在实例分析时没有用到的文献,应直接删去。
PPT2 蒙家宜. 目的论视角下的中国政论外宣翻译策略探究[D]. 北京外国语大学,2019. 邱大平. 国家形象视阈下政治话语外宣翻译策略研究[D]. 华中师范大学,2018. 齐骥. 从归化异化看《习近平谈治国理政》的中国特色词汇英译[D]. 北京外国语大学,2015. 任佳丽. 目的论视角下《习近平谈治国理政(第一卷)》中"四字格"的英译研究[D]. 中北大学,2020. 司显柱,曾剑平. 对外政治话语翻译:原则、策略、成效——以《习近平谈治国理政》的英译为例[J].《上海翻译》,2021/2:18-24. 王章怡. 从归化异化角度看《习近平谈治国理政 · 第二卷》之中国特色用语德译[D]. 西安外国语大学,2019. 徐亚男. 忠实源语 融通中外[N].《中国社会科学报》,2022-10-27(6). 袁潇. 跨文化视域下文化负载词的翻译策略研究[D]. 川外,2022. 张智,刘建军. 习近平的群众风格语言及其对宣传思想工作话语的启示[J].《中国特色社会主义研究》,2017/3:57-62. 赵欣.《习近平谈治国理政》中汉语四字格俄译研究[D]. 黑龙江大学,2020. 赵羽佳. 译者行为批评视阈下《习近平谈治国理政》中中国特色表达英译方法研究[D]. 河南师范大学,2021.	
PPT3 语料及研究方法: 四字成语极具中国特色,有一定结构形式和深层含义(来程颖2019)。 目前《治国理政》的外译研究多聚焦于语典、俗语等中国特色词汇的英译,关注目的论视角及归化异化等翻译路径。成语德译研究很少。	**评** 报告者在本页 PPT 中简要介绍了成语的定义及《治国理政》的外译研究现状,也说明了研究方法,即借助艾克西拉的翻译策略分类框

（续表）

<table>
<tr><th>PPT 内容</th><th>点评</th></tr>
<tr><td>四字格属于文化专有项分类中的语言文化专有项，所以本报告选择以艾克西拉文化专有项翻译策略分类法为研究工具，数据统计与实例分析相结合，深入分析译本中对四字成语所采用的翻译方法，尝试描述并解释时政外宣文本中四字成语的翻译策略。</td><td>架进行量化统计和质性分析，呈现完整的研究结论。</td></tr>
<tr><td>PPT4
艾克西拉关于文化专有项翻译的策略分类
<table>
<tr><th>翻译策略</th><th>具体译法</th><th>含义解释</th></tr>
<tr><td rowspan="5">文化保留类</td><td>1. 重复</td><td>照搬原文表达</td></tr>
<tr><td>2. 转换拼写法</td><td>转换字母体系或音译</td></tr>
<tr><td>3. 语言翻译</td><td>逐字译或按字面意思直译</td></tr>
<tr><td>4. 文外解释</td><td></td></tr>
<tr><td>5. 文内解释</td><td></td></tr>
<tr><td rowspan="6">文化替换类</td><td>6. 使用同义词</td><td>用不同方式翻译同一文化专有项、避免重复</td></tr>
<tr><td>7. 有限普适化</td><td>用译文读者较熟悉的另一源语文化专有项</td></tr>
<tr><td>8. 绝对普适化</td><td>用普通词汇翻译文化专有项</td></tr>
<tr><td>9. 自然化</td><td>用目的语文化概念替代源语文化专有项</td></tr>
<tr><td>10. 删除</td><td>对源语文化作删除处理</td></tr>
<tr><td>11. 自创</td><td>自创一个源语文化专有项或目的语文化专有项</td></tr>
</table></td><td>评
报告者通过表格直观展示了艾克西拉关于文化专有项的翻译策略分类。此处宜添加文献出处。</td></tr>
<tr><td>PPT5
研究对象：四字成语
——以下述两个专题为例
<table>
<tr><th>四、建设社会主义法治国家</th><th>十七、推动构建人类命运共同体</th></tr>
<tr><td>国家内政规划
中国特色
讲述中国故事
治理改革、国家建设
侧重篇章信息功能</td><td>国际相处理念
全球倡导
发出中国声音
责任意识、大国担当
侧重篇章呼吁功能</td></tr>
</table></td><td>评
本页 PPT 中报告者介绍了语料择定的范围，即《治国理政（第二卷）》的第四和第十七专题，并说明了这两部分语篇的内容和篇章功能，为之后具体的文化专有项译文分析提供基础。</td></tr>
</table>

（续表）

PPT 内容	点评
PPT6（数据统计表见下）	评 报告者在 PPT 末尾用五页的篇幅展示了语料范围内所收集到的四字成语及德译。本页 PPT 则直接开始展现量化统计结果，用数字说明不同翻译策略和方法在不同专题和整个语料中的使用频次。可以看到，语料中使用的翻译方法有 6 种。 文化保留类(32%) 语言翻译 27.59% 文内解释 4.31% 文化替换类(68%) 使用同义词 2.59% 绝对普适化 42.24% 自然化 6.03% 删除 17.24%
PPT7（饼图见下）	评 本页 PPT 中报告者进一步用饼图更直观地呈现六种翻译方法的使用情况，这可以在一定程度上体现译者的总体翻译倾向。从图中可以看出，译者在翻译四字成语时，有 42%使用了绝对普适化方法，28%运用了语言翻译，17%作了删除处理。

PPT6

数据统计

	专题四		专题十七		总计	
单位 艾克西拉文化专有项翻译方法	次	%	次	%	次	%
1. 重复	0	0	0	0	0	0
2. 转换拼写	0	0	0	0	0	0
3. 语言翻译	15	40.54	17	21.52	32	27.59
4. 文外解释	0	0	0	0	0	0
5. 文内解释	4	10.81	1	1.27	5	4.31
6. 使用同义词	1	2.70	2	2.53	3	2.59
7. 有限普适化	0	0	0	0	0	0
8. 绝对普适化	12	32.43	37	46.84	49	42.24
9. 自然化	1	2.7	6	7.59	7	6.03
10. 删除	4	10.81	16	20.25	20	17.24
11. 自创	0	0	0	0	0	0
总计	37	100	79	100	116	100

PPT7

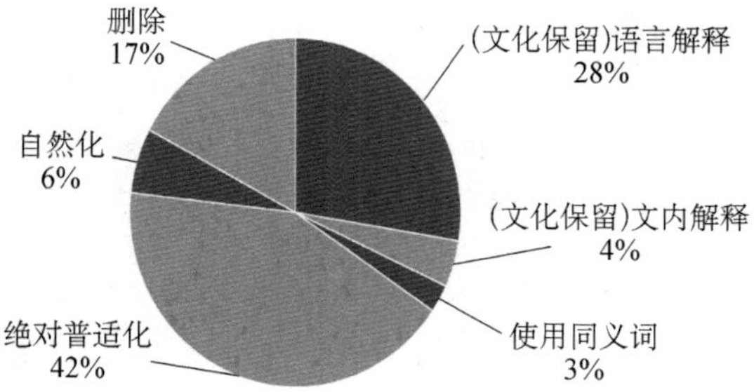

（续表）

PPT 内容	点评
PPT8 实例分析 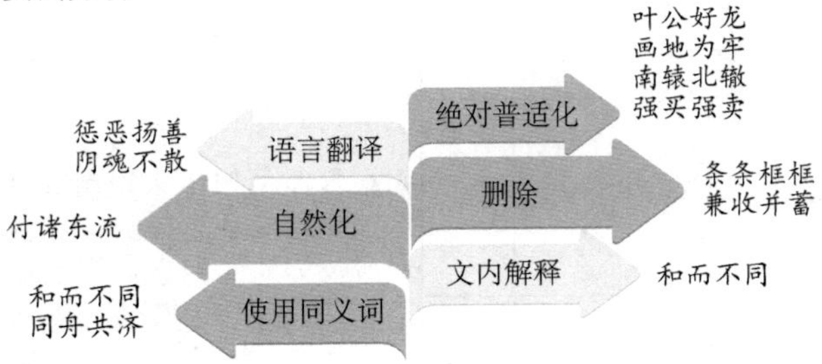 	评 本页 PPT 展示六种翻译方法实例原文，为后面进入具体的实例分析做准备。
PPT9 绝对普适化："叶公好龙" 原文：如果……只是叶公好龙，并不真抓实干…… 译文：…，plustert man sich also bloß auf, statt Tatkraft aufzubringen, … 分析："叶公好龙"这一成语出自故事典故，汉·刘向《新序·杂事五》："叶公子高好龙，钩以写龙，凿以写龙，屋室雕文以写龙。于是夫龙闻而下之，窥头于牖，施尾于堂。叶公见之，弃而还走，失其魂魄，五色无主。是叶公非好龙也，好夫似龙而非龙者也。"比喻口头上说爱好某事物，实际并不爱好，生动讽刺了名不符实、表里不一的叶公式人物，揭露他们只唱高调、不务实际的坏思想、坏作风。 由于目的语读者不了解该成语背后的典故，如果直译并保留其文化，会让读者不知所云，所以采用绝对普适化，直接解释其内涵。	评 第 9～10 页 PPT 中，报告者针对绝对普适化方法举了两个译例（"叶公好龙""南辕北辙"），并追溯了成语的来源出处，也一并分析了译者采用这一翻译方法的原因。
PPT10 绝对普适化："南辕北辙" 原文：全面推进依法治国，必须走对路。如果路走错了，南辕北辙了，那再提什么要求和举措也都没有意义了。 译文：… Ein falscher Weg wird uns zum Gegenteil dessen führen, was wir zu erreichen versuchen, und wenn das geschieht, wird keine Anforderung oder Maßnahme … funktionieren. 分析："南辕北辙"这一成语出自故事典故，西汉·刘向《战国策·魏策四》："今者臣来，见人于大行，方北面而持其驾，告臣曰：'我欲之楚。'臣曰：'君之楚，将奚为北面？'曰：'吾马良。'臣曰：'马虽良，此非楚之路也。'曰：'吾用多。'臣曰：'用虽多，此非楚之路也。'曰：'吾御者善。'此数者愈善，而离楚愈远耳。"比喻行动和目的正好相反。 译文对成语意思进行了解释，用于呼应前文"全面推进依法治国"要确立正确方向并采取相应行动的重要性。	

（续表）

<table>
<tr><th>PPT 内容</th><th>点评</th></tr>
<tr><td>

PPT11

绝对普适化

绝对普适化一般适用于：
• 用典类成语
• 与前文结构并列，采取直译会脱离语境，无法展现原文实质内涵
效果：
• 使译文连贯通顺、通俗易懂

叶公好龙
sich aufplustern

强买强卖
anderen die Willen aufzwingen

南辕北辙
Ein falscher Weg wird uns zum Gegenteil dessen führen, was wir zu erreichen versuchen.

画地为牢
Isolation

</td><td>

评

本页 PPT 对绝对普适化方法进行总结。在之前译例分析的基础上，报告者指出该方法的使用对象、使用原因和译文的表达效果，此法一般适用于用典类成语，采取直译会使译文读者不知所云。本页 PPT 内容对前面的分析起到提纲挈领、画龙点睛的效果。

</td></tr>
<tr><td>

PPT12

语言翻译：“惩恶扬善”
原文：要……发挥司法断案<u>惩恶扬善</u>功能
译文：…，um deren Funktion，<u>das Übel</u> zu <u>bestrafen und die Tugenden</u> zu <u>fördern</u>，gut zu entfalten
分析：“惩恶扬善”出自《周易·大有》：“君子以遏恶扬善，顺天休命。是以君子以类求同，惩恶扬善，以致其大。”指惩罚恶势力、宣扬善良的意志。
　　原文是动宾并列结构，译文保持原文特点，直译不影响目的语读者理解。

</td><td rowspan="2">

评

本页 PPT 和下页 PPT 中报告者展示了第二种翻译方法“语言翻译”的两个译例（“惩恶扬善”“阴魂不散”），并同样说明了使用该方法的原因和表达效果。

</td></tr>
<tr><td>

PPT13

语言翻译：“阴魂不散”
原文：冷战思维和强权政治<u>阴魂不散</u>。
译文：<u>Das Gespenst</u> der Mentalität des Kalten Krieges und der Machtpolitik <u>ist noch</u> <u>immer am Werk</u>.
分析：成语“阴魂不散”比喻坏人、坏事虽已清除，但不良影响还在起作用。
　　译文保留比喻的修辞手法，生动形象地再现对“冷战思维”和“强权政治”的反对立场和贬义的感情色彩，信息传达忠实于原文。

</td></tr>
<tr><td>

PPT14

语言翻译

• 直译为目的语，不会歪曲原文语义。
• 一定程度上可以体现文化特色使目的语读者有意识地在源语国文化进行理解，加深文化了解。

惩恶扬善
das Übel bestrafen und die Tugenden fördern

阴魂不散
Das Gespenst ist noch immer am Werk.

</td><td>

评

本页 PPT 中报告者对“语言翻译”这一方法进行小结，总结了该方法的优点和译文表达效果。此法一般适用于直译产生的译文易被读者理解的四字格，可在一定程度上保留原文特色。

</td></tr>
</table>

（续表）

PPT 内容	点评
PPT15 删除法：“条条框框” 意思：被视为固定的、不能变通的条例规定 邓小平《解放思想，实事求是，团结一致向前看》：“思想一僵化，条条框框就多起来了。” 原文：现在，一些党员、干部仍然存在人治思想和长官意识，认为依法办事条条框框多、束缚手脚。 译文：Derzeit lassen sich einige Parteimitglieder und Kader immer noch von der Idee der Herrschaft kraft persönlicher Autorität und dem Willen ihrer Vorgesetzten leiten. Bei einer Arbeit auf rechtlicher Grundlage sehen sie sich in ihrem Handeln eingeengt.	评 本页和下页 PPT 中报告者分析了“删除法”在语料中的使用。由于译文并没有翻译这两个例子中的成语，报告者展示了两个成语的汉语解释或出处。 “删除法”运用的原因则在第 17 页 PPT 中进行了小结。
PPT16 删除法：“兼收并蓄” 意思：把不同内容、不同性质的东西吸收进来，保存起来 唐·韩愈《进学解》：“玉札丹砂，赤箭青芝，牛溲马勃，败鼓之皮，俱收并蓄，待用无遗者，医师之良也。” 原文：我们要尊重各种文明，平等对待，互学互鉴，兼收并蓄，推动人类文明实现创造性发展。 译文：Wir sollten die Zivilisationen respektieren, uns gegenseitig als Ebenbürtige behandeln und voneinander lernen, um die kreative Entwicklung der menschlichen Zivilisation voranzutreiben.	
PPT17 删除 • 中文习惯用同义词加以强调，而德语用词简练，汉泽德应避免重复啰嗦，甚至造成误解。 • 减译或省译，仅意译内涵，更贴近受众思维模式、阅读习惯和接受心理 条条框框　　兼收并蓄	评 本页报告者分析了语料中出现“删除”现象的原因。中文常用同义词加以强调，译成德语则要注意简练，已经表达的意思不必再重复。
PPT18 自然化 • 采用目的语文化概念，双向观照中华文化传递和目的语读者接受 原文：我们不能让这一成果付诸东流。 译文：Wir müssen dafür sorgen, dass die Bemühungen darum nicht im Sande verlaufen. 分析：成语“付诸东流”的意思是扔在东流的水里冲走；比喻希望落空，成果丧失，前功尽弃，好像随着流水冲走了一样。 „im Sande verlaufen“: ergebnislos, erfolglos bleiben und in Vergessenheit geraten; bezieht sich darauf, dass Wasser im Sand rasch versickert und nicht mehr zu sehen ist 如在目的语中存在相似的文化表达，可直接运用，既亲近目的语读者，又不会造成语义歪曲。	评 由于“自然化”这一方法使用较少，报告者直接在本页 PPT 中展示了相关译例，并对此法的作用效果进行小结。如果目的语中存在与原文对应的表达，可以直接运用，既使译文自然流畅，也有利于读者理解。

（续表）

PPT 内容	点评
PPT19 “和而不同”的德译 意思：和睦相处，但不随便附和。《论语》：君子和而不同，小人同而不和。 1. 使用同义词 原文：我们要促进和而不同、兼收并蓄的文明交流。 译文：Wir sollten den interkulturellen Austausch intensivieren, um die Harmonie, die Inklusivität und den Respekt vor Unterschieden zu fördern. 2. 绝对普适化 原文：文明相处需要和而不同的精神。 译文：Bei ihrem Zusammenwirken müssen die Zivilisationen ihre Unterschiede akzeptieren. 原文：中华文明历来崇尚“以和邦国”“和而不同”“以和为贵”。 译文：Stärkung des Landes durch Frieden, Harmonie trotz Unterschieden, Frieden als der größte Schatz... 3. 绝对普适化＋文内解释 原文：同时，要倡导和而不同，允许各国寻找最适合本国国情的应对之策。 译文：Zugleich sollten wir das Prinzip „Harmonie trotz Unterschieden” beherzigen und es jedem Land erlauben, die am besten zu seinen Gegebenheiten passenden Lösungen zu finden. * 在中国传统哲学中，“和而不同”既是一种世界观，也是一种治国理政、为人处世的价值观。但同一个理念，在不同的语境向不同的对象引用或阐述时，有不同的侧重点，翻译时需要根据语境适当处理，尽可能准确体现讲话者的本意。（徐亚男，2022）	**评** 本页报告者罗列了“和而不同”在语料中的不同译文，对四种不同的译文进行了分类、比较，展示了原文相同、译文不同所产生的不同表达效果。报告者还引用了相关文献，认为在不同的语境和上下文中，同一个词的翻译处理可以有所不同，说明他在译本分析中能有效借鉴前人成果，并融入了个人思考。
PPT20 我们要促进和而不同、兼收并蓄的文明交流。 Wir sollten den interkulturellen Austausch intensivieren, um die Harmonie, die Inklusivität und den Respekt vor Unterschieden zu fördern. 2015年9月联合国大会演讲 和谐共存、平等包容、尊重不同 核心意思不变，但具体表述略有不同 因为在联大的演讲，阐述中国理念，表明中国对文明交流的看法，用和谐共存、平等包容、尊重分歧来表达，比较到位。 而在巴黎气候变化大会上讲的这句话，更多是说给那些总想让别的国家跟着它们指挥棒走的国家听的，是奉劝这些国家要本着“和而不同”的精神，让其他国家制定适合自己国情的对策。所以译为“以求和谐而不强求一致”的精神，允许其他国家寻找合适的对策。（徐亚男 2022） 同时，要倡导**和而不同**，允许各国寻找最适合本国国情的应对之策。 Zuhleich sollten wir das Prinzip **„Harmonie trotz Unterschieden“** beherzigen und es jedem Land erlauben, die am besten zu seinen Gegebenheiten passenden Lösungen zu finden. 2015年11月巴黎气候变化大会 本首求和谐而不强求一致的精神	**评** 本页 PPT 中报告者借助参考文献说明“和而不同”在不同的文本中的细微语义差异和说话者在不同场合想要传递的信息和意图，以及对译文选择和翻译方法造成的影响。这进一步深化了报告的分析结果，也可以促进同学们对相关问题的讨论。

（续表）

<table>
<tr><th>PPT 内容</th><th>点评</th></tr>
<tr><td>

PPT21

外宣四字成语翻译

——所选专题小结及反思

①

按照艾克西拉文化专有项翻译策略分类法，总体上多采取文化替换类(68%)翻译策略。
具体有以下高频翻译方法：绝对普适化、语言翻译法、删除、文内解释、自然化、使用同义词

②

《习》第二卷德译本
四字成语翻译特点：
- 精确翻译实质语义
- 尽量保留传统文化
- 兼具语言简洁精炼

③

外宣翻译原则：
- 忠实原意
- 中国特色
- 国际理解

</td><td>

评

本页 PPT 中报告者对语料内的四字成语翻译方法加以小结，明确了语料内成语作为文化专有项的翻译特点，并拓展到外宣文本的翻译原则，说明报告者在译本分析过程中能以小见大，从细节到宏观，体现了专业的研究思维。

</td></tr>
<tr><td>

PPT22

研究语料(按原文顺序)

南辕北辙
Ein falscher Weg wird uns zum Gegenteil dessen führen, was wir zu erreichen versuchen.
旗帜鲜明
1. Fahne ist klar erkennbar.
2. ohne Wenn und Aber
沸沸扬扬
brodeln
莫衷一是
Es herrscht ein Wirrwarr unter den Menschen.
煽风点火
Öl ins Feuer gießen und die Menschen aufhetzen

徇私枉法
1. (Gesetze) für Eigeninteressen gesetzwidrig ausüben
2. die Rechtsbeugung zum eigenen Vorteil beobachten
3. zum eigenen Vorteil Gesetzesverstöße begehen
条条框框
(没有翻译)
叶公好龙
sich auf/plustern
积重难返
die sich häufenden Probleme
相辅相成
einander ergänzen

相得益彰
1. einander verstärken
2. voneinander profitieren
因循守旧
starr an alten und festgeschriebenen Regeln festhalten
墨守成规
starr an alten und festgeschriebenen Regeln festhalten
独树一帜
sich durch sein eigenes Profil unter ... auszeichnen
只争朝夕
mit unermüdlichem Einsatz

</td><td>

评

第 22～26 页 PPT 中报告者展示了搜集到的四字成语及其德语译文，其中有些成语出现了两种译文，有些在翻译过程中被略去。报告者通过原文和译文的集中展示呈现了语料范围中四字成语的翻译概貌，体现了报告者对语料研读的细致。这些资料也可供参与课程的其他同学课后自学参考。

</td></tr>
</table>

(续表)

PPT 内容	点评
PPT23 循序渐进 (没有翻译) 德才兼备 mit moralischer Integrität und fachlicher Qualifikation 铁面无私 (没有翻译) 不痛不痒 ganz oberflächlich sein 避重就轻 (没有翻译) 挺身而出 vor ... nicht zurückweichen 不折不扣 ausschließlich 攻坚克难 Überwinden aller Schwierigkeiten 冤假错案 Justizirrtümer 自上而下 von oben nach unten 不可偏废 weder ... noch ... dürfen vernachlässigt werden 惩恶扬善 das Übel bestrafen und die Tugenden fördern 见利忘义 illegales Profitstreben 浴血奋战 einen historischen Kampf ausfechten 来之不易 etw. ist hart erkämpft 远见卓识 mit Visionen und Weltsicht 前所未有 1. nie zuvor unternommen sein 2. bisher nicht gekannt 救亡图存 j-n vor Unterjochung bewahren 以史为鉴 aus der Geschichte Lehren ziehen	
PPT24 重蹈覆辙 die Wiederholung von Katastrophen der Vergangenheit 引以为戒 j-s Lehren nicht vergessen 代代相传 1. etw. von Generation zu Generation weitergeben 2. die Weitergabe von Generation zu Generation 风风雨雨 sowohl Erfolge als auch Rückschläge erleben 休戚与共 eine gemeinsame Zukunft teilen 以强凌弱 Die Starken unterdrücken die Schwachen. 弱肉强食 den Schwachen der Gnade des Starken ausliefern 穷兵黩武 den Weg der Gewalt gehen achen der Gnade des Starken ausliefern 齐头并进 (没有翻译) 和而不同 1. die Harmonie und den Respekt vor Unterschieden fördern 2. die Unterschiede akzeptieren 3. das Prinzip „Harmonie trotz Unterschieden“ 4. Harmonie trotz Unterschieden 兼收并蓄 1. die Inklusivität und den Respekt vor Unterschieden fördern 2.(没有翻译) 姹紫嫣红 farbenfroh 丰富多彩 1. die Vielfalt bewahren 2. farbenfroh	

（续表）

PPT 内容	点评
PPT25 欣欣向荣 gedeihen 归根结底 schließlich 责无旁贷 sich an j-s Pflicht gebunden fühlen 息息相通 eng (mit D.) verbunden sein 铸剑为犁 （没有翻译） 齐心协力 sich mit vereinten Kräften ans Werk machen 同舟共济 1. sich gegenseitig helfen und an einem Strang ziehen 2. in einem Boot sitzen 3. wie Passgiere im selben Boot zusammenhalten 各尽所能 Jeder trägt sein Bestes (zu D.) bei. 取长补短 1. von den bewährten ... lernen und so die eigenen Defizite beheben 2. voneinander lernen 置身事外 sich davon ausschließen 独善其身 nur auf sich selbst bedacht sein 一元复始 Ein neues Jahr beginnt. 万象更新 Alles erstrahlt in neuem Gewand. 休戚相关 in Glück und Unglück untrennbar verbunden sein 层出不穷 zahlreich 兵戎相见 bewaffnete Konflikte 阴魂不散 Das Gespenst ist noch immer am Werk.	
PPT26 源源不断 unerschöpflich 熠熠生辉 gedeihend 孜孜以求 etw. immer anstreben 唯我独尊 in eine hegemonische Rolle schlüpfen 强买强卖 anderen ihren Willen aufzwingen 世外桃源 „Garten der Pfirsichblütenquelle" 颠沛流离 elend umherziehen müssen 以邻为壑 Schwierigkeiten auf andere abwälzen 画地为牢 Isolation 因噎废食 etw. aus Furcht vor dem Risiko nur untätig zusehen 踟蹰不前 zögerlich verharren 绿水青山 klare Gewässer und grüne Berge 付诸东流 im Sande verlaufen 有目共睹 allgemein anerkannt 万事如意 alles Gute	

总体而言，该报告研究《治国理政》中成语的德译，借用了艾克西拉文化专有项

译法分类框架,研究过程详细完整,在量化分析基础上进一步对各种使用的翻译方法逐条详解,比较了各种译法的表达效果,探讨了使用不同方法的原因,并能在结论中呈现成语这一文化项德译的基本方略,无论对之后的翻译实践,还是对从事其他译本分析都具有一定的借鉴意义。

由于篇幅有限,我们在第四章选择了四个译本分析实例加以展示和评析,但相关的译本分析方法可以运用于其他文本和其他语篇类型的分析。

通过以上四个译本分析实例(《美食家》《围城》《共产党宣言》《习近平谈治国理政》),我们可以观察到,学生基本学会了运用理论知识选择合适的视角进行具体的译本分析,也慢慢具备了基于理论和语料发现并确定有意义的翻译研究课题的能力;学生也能在语料分析中基于理论视角较为理性地看待和分析译文,比较和评析译文的优劣及其原因,甚至对不太恰当的译文提出有依据的修改建议,这个过程中也就慢慢提升了他们具体落实翻译研究的能力,进而提升其反思能力和翻译实践能力。通过这些报告,参与课程的其他同学也对相应的翻译方法、翻译策略及语料有了大致的了解,知其然,也知其所以然,这些报告也为今后的翻译实践提供了宝贵的借鉴和参考。可以想见,同学们今后如果有时间、有兴趣,定然可以在翻译研究领域进行类似的或更进一步的研究,继续有所作为,并产出有意义的研究成果;同样可以想见,在今后的翻译实践中,若遇到报告中涉及的问题或其他翻译问题,同学们定然不会盲目行事、随意翻译,而是会首先分析原文,然后再考虑如何进行较为合理的传译,并清楚地知道自己为什么做出某一个译文选择,由此翻译过程将变得有策略性、有目的性。这也正是我们在译介学课上设置译本分析板块的目的所在。

五、 实践部分 3:学期论文

作为翻译学课程实践部分的内容,除了第三章翻译练习和第四章译本分析以外,还有一项重要的学习任务就是撰写翻译学研究论文。在第三章,我们学习了如何开展德汉互译实践,基本掌握了翻译实践过程从分析和把握原文意涵和文本语言特点入手,再选择合适的目的语将原文意思表达出来的步骤。在第四章,我们从译者身份转换到文本外的分析视角,学习了从各种不同的理论视角入手,根据文本和语言特征,逐步解析译本的翻译方法、翻译策略和翻译风格,呈现一个或多个译本的译文特色、翻译优劣和接受效果等。本章,我们将进一步提升大家的学术研究能力,在第四章译本分析学习的基础上,尝试撰写翻译学领域的学期论文。要撰写一篇合格的学期论文,首先要基于之前所学的理论和实践知识,选择恰当的切入点,确定合适的选题,然后收集和阅读相关文献,运用合理的方法进行具体的语料分析,并将选题目的和背景、研究过程和方法及分析所得的研究结果用文字形式加以整理和阐述,进而完成一篇内容完整、结构合理、分析得当、结论可靠、表达清晰、格式规范的学术论文。在此过程中培养和习得的选题、文献阅读、语料分析、论文撰写等基本学术素养和科研能力同样可以应用于语言学、文学等其他领域研究,以及其他级别论文(比如其他课程学期论文或学位论文)的撰写。基于这一想法,我们挑选数篇本课程颇具代表性的学期论文,为大家进行分析评价。

为了使读者对翻译学领域科学研究和语料分析的流程有更清晰、直观的认识,本章选择评析的四篇学期论文与第四章所选择点评的学生译本分析 PPT 相对应,是第四章译本分析报告者在其课堂报告的基础上所撰写的同主题学期论文(5.1 语用等值视角下的菜名翻译 —— 以《美食家》菜名德译为例;5.2 从纽马克隐喻翻译策略看文学作品中的隐喻翻译——以《围城》1～5 章的德译为例;5.3 顺应论视角下德语定语从句的汉译研究——以《共产党宣言》两个汉译本为例;5.4 等值理论视角下《习近平谈治国理政》四字成语的德译研究——以第二卷第四和第十七专题为例)。本章的编写框架包含两部分内容：(1)首先展示所选论文的框架和主要内容。需要说明的是，为了节省篇幅，我们对其中一些大家熟悉的理论阐述、文本介绍等内容作删除或删减处理，省略之处用“略”或“[……]”标记；对论文的文字表达也进行了一定的精简和优化；论文展示部分的脚注并非论文作者的文献引用信息，而是我们（本教材编者）针对论文中的一些特点或细节问题，用脚注方式进行的评述；我们虽然对论文格式进行了一定的修正和优化，但并没有对四篇论文进行完全统一，希望借此保留和体现一定的个性化特点。(2)从论文整体视角对论文选题、研究内容、研究方法和格式规范等加以总结，并在此基础上对论文的优点和可改进之处进行总结性评价。

5.1 语用等值视角下的菜名翻译 —— 以《美食家》菜名德译为例①

5.1.1 论文框架与主要内容

1. 文本及译本介绍（略）

2. 语用等值（略）

3. 菜名译本分析

中式菜名命名方法丰富多彩，有的菜名还包含着深厚的文化意涵。本文整理总结了《美食家》中的53道菜名②，并将其按照命名方法分为了写实命名法和写意命名法两大类。其中，写实命名法中包括食材命名法，口味加食材命名法，烹饪方

① 原题目是《语用等值视角下的菜名翻译 —— 以〈美食家〉中菜名为例》，我们将其修正为现在的题目，是为了突出本专业学术研究中的德语语料和德汉互译视角，也更好地做到文题相符，通过题目传递出论文的主要信息。我们发现，最后提交的学期论文中，有很多题目在表述方面有待进一步改进和完善，比如出现文题不符、过于冗长、不够准确、信息不够完整等诸多问题，在此统一指出，以使大家重视学期论文的题目表述。题目往往起到画龙点睛的作用，能激发读者的阅读兴趣，所以题目表述要能浓缩性地体现全文研究特色和精华所在，使读者能从题目表述中了解到作者的研究对象、研究内容和论文的主要信息，因此既要言简意赅，切忌啰嗦，又要使信息表达准确而完整。学术研究是一个完整的过程，从选题、语料选择、语料分析，到最后把研究成果通过撰写论文的方式总结整理出来，每一个步骤都缺一不可，不能偏废。如果题目拟得好，具体研究做不出来，那是白搭；如果论文相关的语料分析和研究做得不错，但题目表述不能传达论文的主要内容，题不对文，同样是学术研究中的一大败笔，是非常可惜的。

② 论文第三部分开头，作者就提到论文对小说《美食家》中出现的菜名进行了整理总结，区分为写实和写意命名法两大类型，并在论文末尾附录部分用表格形式将这些菜名的原文和译文全部呈现出来，体现了作者认真的学习态度及对语料的细心研读和整理。就展示情境和篇幅长短而言，学期论文有充足的展示空间，语料分析过程中收集到的菜名原文和译文完全可以也应该在附录中（比如以表格形式）加以呈现，而课堂报告PPT页面上则可挑选主要案例酌情展示。

式加食材命名法，辅料加食材命名法以及其他命名法；而写意命名法则包括了带隐喻的命名和带典故的命名①。本文将按照以上分类，基于科勒等值理论中的语用等值对每一类命名的德语译文进行分析，以此探讨中文菜名德译时可行的翻译策略。

3.1 写实命名法

采用写实命名法的中式菜名一般包括了该菜式包含的食材、烹饪方式、口味以及辅料等。当读到此类菜名时，人们往往能够一目了然这是一道怎样的菜。但中式菜的常用食材、烹饪方法常与德式菜大相径庭，菜名的形式也往往符合中文表达的特色，简洁明快，朗朗上口，这些都是在德译过程中译者可能碰到的困难。接下来，本文将根据写实命名法中包含的不同分类，选取一些具有代表性的例子，从语用等值视角来分析德译本中针对此类菜名采取的翻译策略。

3.1.1 食材命名法

《美食家》中采用食材命名法的一共有13个菜名。菜名往往只是一种食材、几种食材的组合或是食材加汤或羹的形式。针对这一系列菜式，译者大多采取了直译的方式，即使用德语中意义相同或类似的词汇将食材一对一进行翻译。但正如上文提到，食材中往往包括一些德语中不常见或没有的词语，可能出现科勒提到的一对零现象，为了达到更好的效果翻译，需要多加考虑。

例1

原文：毛豆青椒（见陆文夫《美食家》：99）

译文：junge Sojabohnen mit Paprika（见 Kautz 译 *Der Gourmet*：157）

分析：这是一个对以食材命名的菜名的典型翻译处理，将包含的食材一对一地以对应或类似词汇译出。毛豆指籽粒鼓满期至初熟期之间收获的青荚大豆，因此译者将其译作 junge Sojabohnen，即还未成熟的大豆。青椒也直接译作德语中的对应词汇 Paprika。通过这个译名，读者能明确地知道这道菜的食材构成，从而对这道菜有比较清晰的认识，较好地实现了语用等值的效果。

例2

原文：虾子鲞鱼（见陆文夫《美食家》：105）

译文：Krabbenrogen und gedörrtes Fischfilet/ Dörrfischfilets auf Krabbenrogen（见 Kautz 译 *Der Gourmet*：157）

① 作者把菜名区分成写实与写意两大类，又在这两大类下分别划分了分类别，这为后续的菜名归类和德译分析提供了很好的思路和途径。但对于这个分类和这些区别性概念，建议给出明确的参考出处或说明，以便使语料分类有理有据，避免因归类的随意性而降低论文的专业性。

分析：该菜名中的“虾子”也作“虾籽”，是一种将虾的卵加工后用于调味的食材。而译者在此处将其译作了 Krabbenrogen，即“蟹籽”。虽然在本义上也未能实现完全等值，但由于二者形态相似，口感也相似，读者阅读时，对该食材产生的感觉是类似的。从这一点来看，这个译法可以达到语用等值的目的。而“鲞鱼”一词，在这个菜式中是指晒干腌制过的鱼。这里译者采用了 gedörrt 一词，表示“风干的、晒干的”。而 gedörrter Fisch 或是 Dörrfisch 在德语中也表达了和“鲞鱼”类似的处理鱼的方法，其呈现的产品形态和“鲞鱼”可以说是别无二致的，因此在“鲞鱼”一词的处理上，译文基本传达了源语词汇的含义，并且使用了译文读者熟悉的德语词汇，更加便于读者理解接受，从语用角度来看，起到了较好的效果。在第二种译文中，译者还使用了 auf 这个介词来呈现这道菜两种食材的位置关系，使读者能更清晰地认识这道菜，也很好地实现了语用等值的目的。

[……]

3.1.2　口味加食材命名法

这种命名方式相比仅由食材构成的菜名，增加了对菜品口味的描述，如“辣”“甜”“酸辣”等。在翻译这种菜名时，采用的策略也一般为直译，将口味和食材一对一地译入德语，但对于一些中国特色的口味或调味方法则需要采取相应的策略。

例 4

原文： 辣白菜/嫩藕片（见陆文夫《美食家》:99）

译文： scharfes Weißkraut/Scheiben zarter Lotoswurzel（见 Kautz 译 *Der Gourmet*:155）

分析：这里的两个例子就是口味加食材的菜名的典型译法。“辣”译作德语中对应的形容词 scharf，“白菜”则译为德语中对应的 Weißkraut。同样地，“嫩”译作对应的德语形容词 zart，“藕”译作对应的 Lotoswurzel，而对食材形态的描写“片”也译作了德语中相应的 Scheiben。此处两个例子中的口味、食材、对食材形态的描述都能在德语中找到基本对应的词汇，直接用在译文中可以使译文读者较好地理解和接受菜名要传达的信息和内容，较好地达到了语用等值的效果。

例 5

原文： 五香牛肉（见陆文夫《美食家》:103）

译文： würzige Rinderbratenscheiben（见 Kautz 译 *Der Gourmet*:158）

分析：五香是一种具有中国特色的调味料，以“五香”命名的菜式在中国很常见，这里的“五香牛肉”便是其中一种。传统的五香包含茴香、花椒、八角、桂皮和草果这五种香料。但在该例中译者并未在译文中解释这“五香”具体包含哪五香，而是取了其上位概念 würzig，即“调味的”。译者在此舍弃翻译“五香”具体内涵的原因可能在于，该菜名原文作为一种被提及的普通菜式，如果加上详细的说明，会使菜名变得过于冗长，打乱文章的结构，影响阅读体验。译者仅用一个上义词概括，保留菜名简短精练的特征，是明智的做法。而通过这个菜名，译文读者也能大致明白这道菜是调过味的牛肉，这样处理虽在具体所指意义上有偏差，但在语用层面达到了较好的效果。

3.1.3 烹饪方法加食材（加刀工）

这类命名也是中文中常见的命名方式，《美食家》中有 12 道菜以这种方式命名。中国的饮食文化博大精深，对于烹饪方法有着非常细致的分类，其大类就有数十种，而其中每个大类，如“炒”这一烹饪方法还可以细分为“煸炒”“滑炒”“软炒”“清炒”“爆炒”等不同的方式，令人眼花缭乱。如何翻译这些烹饪方法，都需要译者仔细揣摩。针对这部分菜名的翻译，译者的处理也比较多样。

例 6

原文：清炒虾仁（见陆文夫《美食家》：103）

译文：Garnelen nature（见 Kautz 译 *Der Gourmet*：158）

分析：清炒是一种将菜放在锅里加少许油快速翻炒，炒至七成熟时加盐和味精再翻炒后几次出锅的烹饪方法，一般不会加葱姜蒜等其他的调味料。在处理这个菜名的时候，译者略掉了具体的烹饪方法“清炒”，而用 nature 一词概括了该菜式的特征。nature 一词在杜登词典中的解释为 ohne besondere Zutaten, Zusätzen①，即“不添加其他食材、配料”，而 Garnelen nature 这个译法在德语的语境中更类似于水煮虾仁，也是一种比较常见的菜名。这两种菜式有一定的相似之处，口味都比较清淡，菜的成色也类似，没有特殊的色彩和造型，因此这里译者也是通过使用德语中相似表达的方式实现了语用等值。

例 7

原文：红烧肉/红烧鱼块/红烧鳗（见陆文夫《美食家》：32；52）

译文：rotgeschmortes Schweinefleisch/ Fischgulasch/ in Sojasoße geschmorten Aal（见 Kautz 译 *Der Gourmet*：51；52；70）

① 作者为了佐证自己的分析，在例 6 和例 7 中分别提供了杜登词典中针对 nature，schmoren 和 Gulasch 这三个词的解释，这是很好的学术思路，能提升论文的可靠性和说服力。为使论文更具学术性，此处应该标注杜登词典的出版时间、页码等文献信息。

分析：这三道菜中都用到了相同的烹饪方法“红烧”，故在此一起进行分析。“红烧”也是中国饮食中非常有特色且常见的烹饪方法，之所以叫“红烧”是因为其成品多为红色。而核心的上色方法便是将白糖、酱油等调料在锅中炒出糖色，之后立马将食材放入锅中翻炒或慢炖上色。因此在处理“红烧肉”和“红烧鳗”这两道菜时，针对“红烧”这个在德语中没有完全对应的词汇，译者采用了解释的方法。首先译者选用了 schmoren 这个动词的第二分词作为形容词，来描述这个烹饪方法的烹饪过程。根据杜登词典的解释，schmoren 是指 etwas kurz anbraten und dann in Brühe, Fond o. Ä. in einem zugedeckten Topf langsam gar werden lassen，即先快速地炒食材，之后将其放在盖起来的锅里在汤汁中慢慢煮熟，这和“红烧”最主要的烹饪过程几乎是完全一致的。此外，译者分别补充了颜色，即红色和上色的主要调料（即酱油），分别译作了 rotgeschmort 和 in Sojasoße geschmort，非常简洁地传达出了这种特别的烹饪方法的最主要特点。但就这两个译名来说，rotgeschmort 虽然更符合“红烧”这个词的意思，更凸显了成品是红色的特点，但却可能会使不了解中国文化的译文读者有一些疑惑，不能理解这里的红色具体是指什么，是指食材本身是红色的还是使用的调料是红色的？在语用等值层面略显欠缺。而相比之下 in Sojasoße geschmort 虽然没有体现出红色的特点，但解释出了“红烧”核心具体的过程，更便于读者理解，能更好地达到语用等值的要求。

而在这三道菜中，“红烧鱼”相比于另外两道“红烧”菜品则采用了截然不同的翻译策略，即选用了德语中类似的表达 Gulasch 来描述这道菜。根据杜登的解释，Gulasch 一词意为 Gericht aus klein geschnittenem Rind-, auch Schweine- oder Kalbfleisch, das angebraten und dann gedünstet wird，即“炒过或炖过的切成小块的牛肉，猪肉或者鳕鱼肉”。从该解释中可以看出，在处理食材的方法上该菜式与“红烧”相似，即炒或炖，食材的形状也类似，最后呈现的成品也与“红烧”相似。因此通过用目的语词汇中类似的且为读者熟悉的表达方式，这种译名实现了语用等值的目的，帮助读者更好地理解，不失为一种好的选择。

[……]

3.1.4 辅料加食材

在这类菜名中，辅料对一道菜的制作和口感起着至关重要的作用，常常是一道菜的特色所在。如何能将带有中国特色的辅料及其相关的制作方式更好地在目的语中进行表达，是翻译这类菜名需要注意的。

例 10

原文：糟鹅（见陆文夫《美食家》：13）

译文：in Reisweintrester marinierte Gans/ in Wein marinierte Gans（见 Kautz 译 Der Gourmet①：39）

分析：糟鹅是将煮好的鹅浸入有酒糟、黄酒等为辅料的汤之后腌制而成。在处理这道菜的译名时，译者不但译出了使用的辅料，还补充了制作的方法 marinieren，即"腌制"，能让读者更加清楚酒糟在这道菜中起到的作用，也就是作为腌制时的汤料，来增加食材的风味，而不是单纯地淋在食材上或者是作为蘸料等，实现了语用等值。而对于酒糟，译者先后采取了两种不同的译法。一种是 Reisweintrester，即"米酒的残渣"，这与中文中酒糟的意思是完全等同的。而另一种则译为 Wein，即"红酒、葡萄酒"，译文读者看到这个词时很容易联想到红葡萄酒，虽然可能更利于读者理解，但考虑到文章的背景是中国，如果要使译文读者在阅读过程中体会到一些了解中国文化的乐趣，采用 Reisweintrester 是更好的选择。

例 11

原文：茶叶蛋（见陆文夫《美食家》：48）

译文：in würzigen Teesud gekochte Eier（见 Kautz 译 Der Gourmet：77）

分析：茶叶蛋是中国一种耳熟能详的小吃，在煮制鸡蛋时加入茶叶和卤料，为鸡蛋增加一些风味。相比于中文名称，译者补充了对这种小吃的辅料的描述 in würzigen Teesud，即"在调过味的茶汤中"，以及烹饪方法 gekochte，即"煮的"，更好地帮助了读者认识这道菜，实现了语用等值的目的。否则对于不了解中国文化的读者来说，对于"茶叶"与"鸡蛋"这两种食材要联系起来或是以怎样的方式搭配在一起，可能会比较困惑。

从以上例子可以看出，在处理辅料加食材这类菜名时，译者一般都采用了解释的方法，除了使用的辅料基本上都补充了烹饪方法，有时根据需要还补充了辅料的口味和食材的原料等。这样的做法能使不了解中国文化的读者快速接受这些菜式，在语用等值方面达到了很好的效果。

3.1.5　**混合命名及其他**

在这类命名中，菜名一般包含着一些隐含义或是文化背景，在翻译时，需要格外注意策略的选择，力求达到更好的交际效果。

---

① 前面的实例中，《美食家》德译名都用斜体标示，此处及后文则没用斜体，需要修正统一。这虽然是格式细节，但对于学术论文来说，格式方面应该全文统一。

例12

原文: 头汤面(见陆文夫《美食家》:7)

译文: die ersten frischen Nudeln(见 Kautz 译 Der Gourmet:13)

分析:这道菜出现在这篇小说的开头,是为了体现出小说主人公朱自冶追求极致美食的形象。面店里煮面一直使用一锅汤,煮到后面,面汤就糊了,面条便不爽滑了,因此朱自冶一定要吃到这面汤煮的第一碗面,也就是"头汤面"。由于文中也有对这道菜的详细说明,因此在处理这个菜名时,译者就取其在此处最主要想要传达的意义,也就是"最早、最新鲜的"的一碗面,而将其译作了 die ersten frischen Nudeln。同时这种译法也达到了体现朱自冶追求最好、最精致美食形象的作用,在阅读中能够被读者接受,也达到了语用等值的效果。

例13

原文: 窝窝头(见陆文夫《美食家》:101)

译文: Maisbrötchen(见 Kautz 译 Der Gourmet:161)

分析:窝窝头是中国一种常见的面点,由玉米面蒸制,由于面点的底下有个洞,因此叫作窝窝头。窝窝头在文中仅作为一带而过的普通面点出现,如果要向读者解释其名字的来历、描述其形状等,可能会使文章过于冗长,也不符合行文风格。因此译者直接舍弃掉其外形特征等,只将其最本质的部分译出,译作 Maisbrötchen,即"玉米面包",这种点心也为欧洲读者熟知,可以和原文读者有类似的感受,因此这样的处理能达到语用等值的效果。

从上面两例中可以看出,对于含有一些特殊意义的菜名,一般可以根据其在文中起到的作用将其隐含意义或原本的所指直接译出来,这样就能很好地达到语用等值的效果。

3.2 写意命名法

与写实命名法相对,写意命名法一般不包含具体的配料、味道、烹饪方法等,而带有一些针对菜品外形或食材的隐喻,或是包含中国传统文化背景的历史典故。如果仅按照字面意思直译,这部分菜名对不了解中国文化的读者来说将非常难以理解。因此在翻译时,除了语义层面的考虑,还要考虑跨文化交际中存在的文化差异。本文将写意命名法菜名分为带有隐喻的菜名和带有典故的菜名两类,并选取一些典型实例从语用等值视角对其译文进行分析。

3.2.1 带有隐喻的菜名

这类菜名中包含的隐喻大多数是对菜品最后所呈现形状或状态的描述,生动有趣。对于这类菜名,理想情况下除了语用等值效果,还应在一定程度上保留中文菜名的形式,力求将菜名的美学形式也传达出去。

例 14

原文: 松鼠鳜鱼/青菜狮子头/芙蓉鸡片/菊花鱼(见陆文夫《美食家》:102;105)

译文: fritierter „Eichhörchen"-Mandarinfisch/ „Löwenkopf"-Fleischklöße mit Gemüse/ „Hibiskus"-Hühnerfleischscheinchen/ „Chrysanthemen"-Fisch(见 Kautz 译 Der Gourmet:163;167)

分析:这四个菜名命名的逻辑类似,实际上都是菜品最后呈现的形状加上食材,而译者翻译的方法也类似,因此一起进行分析。"松鼠鳜鱼"是淮扬菜系的代表菜式,将鱼肉刻上花纹之后放入热油锅炸熟,出锅后淋上糖醋汁,最后呈现的样子就像一只松鼠,因此得名。"狮子头"也是淮扬菜系的传统菜肴,这道菜其实是用肉泥做成的肉丸,清蒸或红烧制成,因为外形像狮子头,故得此名。剩下的两道菜"芙蓉鸡片"和"菊花鱼"的命名也类似,其最后摆盘的形状形似芙蓉或是鱼肉的造型像菊花,其精美的造型也是菜品的特色,因此用暗含其外形的隐喻命名。

译者在翻译这几个菜名时采取的策略相似,用"隐喻的喻体-实际的食材"的形式,如 „Eichhörchen"-Mandarinfisch,即"'松鼠'-鳜鱼";„Löwenkopf"-Fleischklöße,即"'狮子头'-肉丸子";„Hibiskus"-Hühnerfleischscheinchen,即"'芙蓉'-鸡肉片";„Chrysanthemen"-Fisch,即"'菊花'-鱼""。从中可以看出,译者希望尽可能保留菜式原本的形式,尽可能体现出中式菜命名的趣味,所以保留了隐喻部分,并用引号标记,以对读者起到提示作用。但由于在隐喻和食材之间没有任何其他的解释,而德语读者也不能像中文读者那样顺理成章地明白这两项食物之间的关联,因此会给译文读者的理解造成较大的困难,从语用等值的角度来看,没有达到交际的效果。若想要保留原菜名的美学形式,又想在语用层面达到较为理想的效果,需要在德语的译名中作一些补充,将这两者之间的关系用读者能够理解的方式呈现出来。比如可以在喻体后面加上后缀-förmig 或-artig 来表示这道菜所呈现的形状,这样即保留了中文隐喻的乐趣,又能使读者马上明白这道菜的内涵,实现语用等值的效果。

[……]

3.2.2 带典故的食物名称

中式菜名中还有一部分菜名包含着典故,有着丰富的文化信息。对于从来没有学过中文或是接触过中国文化的读者来说,若仅按字面意思翻译,可能会不知所云,所以翻译时需要一些特殊的技巧。

例 18

原文: 叫花子鸡(见陆文夫《美食家》:9)

译文: Huhn nach Bettlerart(见 Kautz 译 Der Gourmet:14)

分析:叫花鸡这一菜名包含着一个典故。从前有一个乞丐偶然得到了一只鸡,但由于没有烹饪的工具,便将鸡包裹在泥土里用火烧熟。这就是叫花鸡的名字由来和烹饪方法。但此处译者将这道菜名直接译作了 Huhn nach Bettlerart,即"乞丐式的鸡",没有任何解释,对于不了解中国文化背景知识的译文读者来说根本无法理解是怎样一道菜。如果要考虑到译文的流畅性,不适合文内直接补充历史文化信息,或可以考虑采取注释等方式适当地对相关背景信息进行补充,以便更好地使读者接受,从而达到语用等值的目的。

4. 语用等值视角下的菜名翻译策略

要实现语用等值,最重要的就是要让译文读者能够理解,并能在读到译文时和原文读者产生相同的感受,实现交际目的。在翻译菜名时,若要以交际功能为重点,实现语用等值,最理想的方法是使用目的语读者较为熟悉的目的语表达进行替代,如前文提到的将红烧菜品直接译为 Gulasch,将"豆腐脑"直接译为"Doufu-Pudding"。因为是目的语读者熟悉的食品,能被他们顺利理解和接受,所以这种方式就实现语用等值而言是最为理想的。

但很多情况下,由于中德文化中食材和烹饪方法的巨大差异,难以找到合适的词或表达来对菜式的名称进行替代,这时就不得不采用一些其他的翻译策略。针对写实命名法的菜名,如果是烹饪方法加食材或口味加食材的命名方法,可以根据字面也译为烹饪方法加食材或是口味加食材,这样的译法基本能让译文读者理解这个菜名呈现出的菜式是怎样的,也比较容易接受。但对于只有食材或辅料加食材的命名方法,建议补充烹饪方法,这样既不会显得菜名冗长,符合菜名的表达形式,又能使译文读者了解这是一道怎样的菜,是如何烹饪的,对其形态口感都能有一定的了解,相比于只有食材能更好地达到交际目的,实现语用等值。针对以写意命名法菜名也有不同的翻译策略。如果是含有对菜式形态的隐喻类菜名,可以采用形态加-förmig 或-artig 再加食材等类似的方式,这样既保留了隐喻的美学形式,又能将菜品的特点传达给译文读者,便于读者理解,达到语用等值的目的。如果菜名中含有典故,为了使没有相关文化背景的译文读者能够理解这道菜的做法、食材等，可在文内或文外添加注释等方式补充相关背景，以便读者能更好地理解，从而达到语用等值的目的。

参考文献

1. Lu Wenfu: Der Gourmet. Übersetzt von Ulrich Kautz. München. Der Diogenes Verlag 1993.

2. Koller, Werner: Einführung in die Übersetzungswissenschaft. Wirbelscheim. Quelle & Meyer Verlag 2004.

3. 高立希：我的三十年——怎样从事中国当代小说的德译。《外语教学理论与实践》，2015/1。

4. 来炯：语言和文化：翻译的等值要求和五种类型词汇的翻译策略——以德语和汉语为例。《德国研究》，2009/1。

5. 陆文夫：美食家。江苏：凤凰文艺出版社，2018 年。

6. 孟建钢：文化·翻译·语用等值——兼谈符号学理论在翻译中的应用。《中国科技翻译》，2000/1。

7. 冉永平：语用意义的动态研究。《外国语》，1998/6。

8. 熊欣：跨文化交际理论下的中国菜名英译研究。上海外国语大学，2013 年。

附录 《美食家》中菜名中德文对照

头汤面	die ersten frischen Nudeln
清炒虾仁	Garnelen nature
大面	Nudelschmaus
叫花子鸡	Huhn nach Bettlerart
豆腐干	Knabber-Doufu
兰花豆	gepuffte Saubohnen
辣白菜	scharfes Weißkraut
酱肉	in Sojasoße eingelegten Schweinebraten
虾子鲞鱼	Krabbenrogen und gedörrtes Fischfilet/ Dörrfischfilets auf Krabbenrogen
糟鹅	in Reisweintrester marinierte Gans/ in Wein marinierte Gans
油氽豆腐干	in Öl gewellten pikanten Trocken Doufu
乳腐酱方	in fermentierter Sojamilch geschmortes Schweinfleisch
臭豆腐干	Knabber-Würzdoufu
松鼠鳜鱼	fritierter „Eichhörnchen“-Mandarinfisch
雪花鸡球	„Schneeflocken“-Hühnerfleischbällchen

（续表）

蟹粉菜心	Krabbenfleisch mit Gemüserapsherzen
红烧肉	Rotgeschmortes Schweinefleisch
白菜炒肉丝	Weißkohl mit Geschnetzeltem von Schwein
大蒜炒猪肝	Schweineleber mit Knoblauch
红烧鱼块	Fischgulasch
青菜狮子头	„Löwenkopf"-Fleischklöße mit Gemüse
生炒鸡丁	geschnetzeltes Huhn
豆腐汤	Doufusuppe
豆腐脑	Doufu-Pudding
红烧鳗	in Sojasoße geschmorten Aal
茶叶蛋	in würzigen Teesud gekochte Eier
洋河大曲连瓶	„Yanghe-Daqu"-Snaps
西瓜盅	Melonenschale oder Melonenhuhn
八宝饭	Reis der Acht Köstlichkeiten—Sie wissen ja, Klebereisbrei mit Nüssen und Früchten
冰糖蹄膀	mit Kandiszucker geschmortes Eisbein
熏鱼	Räucherfisch
排骨	Rippchen
油爆虾	fritierte Krabben
白斩鸡	Hühnerragout nature/ Hühnerbrust nature
锅巴汤	Reiskrusten-Suppe
凤尾虾	„Phönixschwanz"-Krabben
南腿片	Schinkenscheiben
毛豆青椒	junge Sojabohnen mit Paprika
熏青鱼	Räucherkarpfen
五香牛肉	würzige Rinderbratenscheiben
嫩藕片	Scheiben zarter Lotoswurzeln
窝窝头	Maisbrötchen
剔芯莲子羹	feine Lotoskernsuppe

（续表）

桂花小圆子	nach Osmanthus duftende Klebereisbällchen
藕粉鸡头米	Flammeri aus Seerosensamen und Lotoswurzelstärke
芙蓉鸡片	„Hibiskus"-Hühnerfleischscheibchen
菊花鱼	„Chrysanthemen"-Fisch
蜜汁火腿	Schinken in Honigsoße
"天下第一菜"	das „Erste Gericht unter dem Himmel"
翡翠包子	gefüllte „Jade"-Hefeklöße
水晶烧卖	„Kristall"-Teigtäschen
三套鸭	„Überraschungs-Ente"

5.1.2 论文评析

本学期论文在课堂译本分析报告的基础上撰写而成。论文保留了课堂报告的内容，并进一步加以扩充，主要补充了译文分析实例。由于本教材篇幅所限，只截取了论文主干和主要的译例分析进行展示，也省略了为大家所熟知的原文、译本介绍，以及等值理论相关阐述。

本学期论文的主要优点在于：

(1) 作为学期论文，本论文选题合理，且具有可行性和实践价值。中华饮食文化博大精深、丰富多彩，是我们中国一张响亮的名片，作为外语专业硕士研究生，毕业以后很有可能从事对外交流、交往方面的工作，利用撰写翻译课学期论文的机会对中国饮食文化的外译方法进行研究，有利于加深自己对祖国饮食文化的了解，提升饮食文化的翻译能力，将来在工作、生活中更好地讲好中国的饮食文化故事，让更多人了解中国饮食文化，促进世界友好相处、和平发展。我们在第二章 2.7"文化翻译"部分曾通过实例分析了《红楼梦》德译本中服装名称的德译方法，并提到针对不同的文化因素其翻译方法也会有所不同，从各类文化因素的不同特点出发探讨其翻译困难和翻译处理方法，可以对相关翻译实践和译文分析提供具有可操作性的借鉴。比如《红楼梦》中服装名称的翻译不能简单地从直译/意译、归化/异化角度进行评价，而要注意服装的颜色、款式、材质、图案等文化信息的传递。这种研究思路同样可以运用到饮食文化的翻译分析中，先探究作为饮食文化的菜名有什么特点，翻译困难是什么，然后再从语用等值角度具体分析《美食家》德译本中的菜名德译，总结中国菜名的德译方法。所以本论文研究是对文化因素翻译研究的拓展尝试,研究结果可以进一步丰富文化传译研究,服装文化、饮食文化的翻译研究亦可为其他文化因素的翻译实践和译文分析提供参考。另外,作者将语用等值作为本论文的理论框架也是非常合理的,因为要使译文读者理解和接受菜名的译文,该译文就应该传递出汉语菜名所传达的主要信息和实质内涵。

(2) 本论文结构较为完整,体现了作者通过一个学期的课堂训练,掌握了一定的学术写作方法。论文包括文本简介、基本理论框架、菜名译法的系统分析、结语、参考文献、附录(语料)六个部分。读者可以清楚地读到作者的分析思路、论述步骤和研究结果。从全文结构布局来看,各部分详略得当,作者压缩了论文的第一和第二部分的篇幅,而将主要的笔墨留给了第三部分,充分展示《美食家》译本对菜名的各种处理模式,使读者能对《美食家》菜名的译法有一个较为完整的概览。可以看出,该生制作的课堂报告 PPT 和撰写的学期论文,其内容和思路是一脉相承的,可以说,译本分析阶段完成的语料分析和 PPT 内容为后续完成学期论文的撰写奠定了扎实的基础,甚至决定了学期论文撰写的成功与否,说明论文撰写前期准备阶段进行合理的选题和细致的语料分析的重要性。虽然本课程和本教材将课堂报告的译本分析环节和学期论文的撰写分成了两个部分进行展示和阐述,但事实上,我们在进行科学研究时,译本分析和论文撰写同属一个课题的研究过程,论文撰写需要建立在前期选题和语料分析的基础上,而前期的译本分析则为后续的论文撰写提供了充分的准备。

(3) 相比于译本分析的课堂报告,本学期论文没有简单地将课堂报告的内容进行罗列堆砌,而是能够进一步选择典型的翻译实例进行分析。例如,在 PPT 中针对写实菜名大类下的食材命名法作者列举了约 10 个同类菜名及其德译,并简单概述了这一类菜名的普遍德译方法,即对应翻译食材,无需补充信息;而在论文书写中,作者在这 10 个译例中选取了“青椒毛豆”和“虾子鲞鱼”两例进行分析;作者在分析时也没有仅仅简单地解释两个译例和译文的对应关系,而是尽可能挖掘菜名原文中反映出的翻译注意点,如“毛豆指籽粒鼓满期至初熟期之间收获的青荚大豆,因此译者将其译作 junge Sojabohnen,即还未成熟的大豆”。通过作者的解释,读者可以深入体会到,对写实命名法菜名进行等值翻译不仅仅是找出一个对应的德语名词那么简单,还需要译者精准理解汉语词汇,并在德语中找到相对应的表达。对于“虾子鲞鱼”这个译例,作者所作的说明(“该菜名中的‘虾子’也作‘虾籽’,是一种将虾的卵加工后用于调味的食材。而译者在此处将其译作了 Krabbenrogen,即‘蟹籽’。虽然在本义上也未能实现完全等值,但由于二者形态相似,口感也相似,读者阅读时,对该食材产生的感觉是类似的。从这一点来看，这个译法可以达到语用等值的目的。”）可以使读者进一步理解译者的翻译并不是简单的词汇选择过程，而是加入了对译文读者是否理解和接受译文的考虑，将理论部分的语用等值理念融入了译文分析。另外，作者在实例分析时，能通过查阅资料并提供评价的依据（比如杜登词典中的释义）使自己的分析有理有据，使结论具有客观性和说服力。这些方法和考量都使论文中的译文分析质量比课堂报告更上一层，体现了作者将理论与实践相结合、用理论指导翻译研究实例分析的良好尝试。

（4）作者在语料分析过程中，注意了语料归类和分析的合理性和可操作性。这体现在作者受文献启发而将菜名分为写实和写意两大类，又在两大类下再次区分二级类别，这为语料的收集、汉语菜名的归类及其德译分析提供了合理的思路和可行的途径。我们在第二章 2.7“文化翻译”部分提到，不同的文化因素有不同的特点和翻译困难，其翻译方法也会有所不同，《红楼梦》中服装名称的翻译需要注意颜色、款式、材质、图案等文化信息的传递，那么饮食文化中菜名的翻译是否也是如此呢？本论文研究中的菜名归类方法无疑是基于作者对汉语菜名命名特点的探究和总结，为后续的语料分析提供了具有可操作性的途径，避免了语料归类的随意性，同时提升了本研究的科学性和专业性。

总体而言，本学期论文作者在课堂报告的基础上，将前期的语料分析结果进一步整理成有典型实例、有合理的译文分析、结构安排得当、写作较为规范的书面论文，并注意到了分类的合理性、评析的客观性、内容的完整性、理论在译例分析中的应用性，是进入学术写作领域的较好尝试。

本学期论文主要可改进之处在于：

（1）虽然本论文的结构尚属完整，但依然存在可改进之处。从学术论文角度而言，本论文的开篇和结尾都略显单薄。首先，作为论文开篇，作者应当介绍论文的写作背景、写作目的，也就是交待清楚为什么写这篇论文，并提出自己的研究问题，例如本文作者的研究问题就是“译者采用什么样的策略和方法达到德语译文与汉语原文的语用等值效果?”。学术论文的重要特征之一就是以问题为导向的写作，如果不将自己的研究问题交代清楚，很容易将文章变成一篇总结报告，失去了学术论文的特质。第二，交代清楚自己的研究问题后，围绕研究内容和研究理论视角，作者需要给出该领域的研究现状，例如本篇论文就可以围绕科勒的等值理论与《美食家》的德译研究进行综述。综述研究现状的目的在于总结这一领域的薄弱之处，从而引出自己的研究问题，使论文的撰写顺理成章，因此综述也是学术论文必不可少的内容构成之一，在一定程度上决定了学术论文的最终价值。第三，本论文结语部分的书写方式还可改进。结语是再一次明确论文研究结果的重要部分,因此作者可以采用更明晰的行文方式表现自己的研究结论。例如,本文作者可以使用项目符号等形式将各种主要的翻译方法和策略列举出来,再辅助以典型的译例,使读者在论文结论部分对《美食家》这部译作的菜名译法和语用效果有一目了然的印象。

(2) 除了以上提出的关于论文结构和行文方面的可改进之处外,本论文的参考文献部分也需进一步完善。首先是文献的完整性。作者对于菜名的分类得到了陈小慰《新编实用翻译教程》中关于菜名命名法分类的启发,这个重要文献(陈小慰:新编实用翻译教程。北京:经济科学出版社,2006 年)却没有出现在论文参考文献中,需进行补充;另外,作者在译例分析中引用了杜登词典中的相关释义,该文献也需添加到参考文献中。其次是对于文献类型的标注格式需进一步统一。一般而言,在专著书名后加入"[M]",论文题目后可加"[J]"这样的标记,以进行合理的区分;对于引用的学位论文也应标注学位等级,如"熊欣:跨文化交际理论下的中国菜名英译研究。上海外国语大学,2013 年"是博士论文,应添加相关信息。

(3) 本教材编者对所展示论文的语言和表述已经进行了一定的精简和优化。但这个问题仍需特别提及,那就是在论文撰写时要避免行文措辞的口语化,加强其书面语性,一方面用词应言简意赅,简洁明了;另一方面在论文提交前应通过多次通读修正文中可能出现的错误,比如多一个字、少一个字、写错了字这类可以避免的问题。

5.2 从纽马克隐喻翻译策略看文学作品中的隐喻翻译——以《围城》1～5 章的德译为例[①]

5.2.1 论文框架与主要内容

一、关于隐喻

英国修辞学家理查兹(I. A. Richards)在其《修辞哲学》(*Philosophy of rhetoric*)一书中这样形容隐喻,"在我们日常生活会话中,几乎每三句话中就会有

① 原题目为《纽马克隐喻翻译策略在文学作品中的应用——以《围城》1～5 章为例》,该题目有两个问题:(1)作者想表达的是将某种策略运用于文学作品的翻译(简称文学翻译),而不是运用于文学作品,所以如果《围城》的译者真的是在纽马克隐喻翻译策略的指导下进行隐喻翻译的,那么题目应该表述为《纽马克隐喻翻译策略在文学翻译中的应用——以《围城》1～5 章德译为例》。(2)然而,论文作者真正研究的并不是译者如何将纽马克隐喻翻译策略运用于《围城》的隐喻翻译,而是想通过译本分析探究译者在翻译《围城》时对其中的隐喻是怎么处理的,运用了哪些翻译方法,是否可以用纽马克提出的隐喻翻译策略进行总结和归纳。所以我们将论文题目修改为《从纽马克隐喻翻译策略看文学作品中的隐喻翻译——以《围城》1～5 章的德译为例》,这样的表述更为准确。

隐喻的存在”(Richards,1936:98)。一般认为,人类语言本质上具有隐喻性的特征。认知语言学创始人莱考夫和约翰逊(Lakoff & Johnson)在《我们赖以生存的隐喻》(*Metaphors We Live By*)一书中指出,隐喻的实质是借由一类事物去理解体验另一类事物。它绝不仅仅只是一种修辞手段或者一种语言现象,更是一种存在于人类思想认知概念体系中的思维方式与认知模式(Lakoff & Johnson,1980:21)。

文学作品中往往蕴含着大量隐喻表达。不同于日常对话中使用的隐喻,文学作品中的隐喻往往来源于作者个人独特的经验、感受,“其使用能够使表达更加丰富、准确,人物形象塑造更生动,中心思想传达更深邃,但往往也对读者的理解力、感知力有着更高的要求。”(赵艳芳,2004:111-112)素有新《儒林外史》之称的《围城》一书凭借着大量绝妙的隐喻、灵活多样的讽刺手法,以及强烈的艺术感染力在中外文坛享有很高的地位。小说叙述了[……]

本研究选取《围城》中具有代表性的隐喻及其德译,运用纽马克七条隐喻翻译策略进行具体分析,对译文中存在的不同看法斗胆提出自己的翻译见解。

二、纽马克的隐喻翻译策略

纽马克在《翻译问题探讨》(*Approaches to Translation*)一书第七章中用了一整章的篇幅讨论了“隐喻翻译”这个问题。他在书中提到的隐喻分类方法及翻译策略在实际翻译中具有十分重要的意义。他将隐喻分成:死隐喻、常见隐喻、惯用或标准隐喻、转换隐喻、新鲜隐喻和原创隐喻六大类,并提出了七种具体的隐喻翻译策略:(1)在目的语中重现相同喻体;(2)用目的语中合适的新喻体代替源语中喻体;(3)将隐喻译为明喻,保留原喻体;(4)将隐喻译为明喻并解释说明喻义;(5)仅保留隐喻语义;(6)删译;(7)保留源语中喻体,并解释说明喻义(Peter Newmark,1981:88-89)①。

纽马克认为自己最大的贡献在于语义翻译法和交际翻译法的提出,并对此作了详尽的描述。语义翻译要求译文接近原文的形式,尤其在结构和词序安排上,但受限于不同语言间存在的差异;交际翻译则更侧重于译文读者的理解和反应(Peter Newmark,1991:前言)。而在实际翻译中,借助纽马克的7条隐喻翻译策略,译者可以灵活运用语义翻译和交际翻译,使译文既忠实于原著又能更接近于译文读者,最大程度消除不同语言之间的差异性所造成的隔阂。具体如下图所示:

---

① 关于纽马克提出的七个策略的中文表述,如果能表达得更言简意赅,可以在一定程度上更好地体现其术语性。这一点在后面的本论文总体评述中还会提到。

策略(1)(3)可归为语义翻译；(4)(5)可归为交际翻译；(2)(7)则为语义和交际翻译的结合；(6)删译，单独列出。本文以上述七种策略为准则，以莫宜佳(Monika Motsch)的《围城》德译本中隐喻翻译为语料，探讨纽马克隐喻翻译策略在文学翻译中的具体运用[1]。

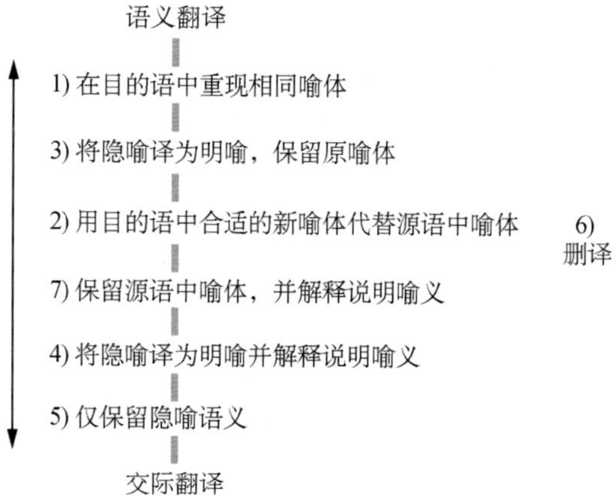

三、《围城》德译本中的隐喻翻译实例分析[2]

策略一、在目的语中重现相同喻体

例 1[3]：我们背后叫他(方鸿渐)"寒暑表"，因为他脸色忽升忽降，表示出他跟女学生距离的远近，真好玩儿！想不到外国去了一趟，学得这样厚皮老脸。(S. 31)

Wir nannten ihn heimlich das ›Thermometer‹, weil seine Gesichtsfarbe je nach Entfernung stieg und fiel, wirklich lustig. Ich hätte nicht gedacht, dass er im Ausland so dickfellig wird. (S. 369)

寒暑表原本是一种家用的温度计，用于气温的测量，内置的水银柱会随着温度的升降而变化，而方鸿渐的脸色也随着与女学生距离的远近而升降。这一形容

① 本段最后这句话说明论文作者对自己的研究目的和研究问题的认识存在偏误，这也是译本分析中一个常见的错误，即想当然地断言译者在翻译中运用了某种理论，或是用某种理论作指导进行翻译实践的(参见王颖频，2018：71)。我们进行译本分析和相关的翻译研究，只能通过原文和译文的对比，探究译者所运用的翻译策略和方法，从某理论视角出发评析其译文的优劣，并基于实例分析提出相应的意见和建议。至于译者在具体的翻译中是否运用了纽马克隐喻翻译策略，只有当译者在比如访谈或某论文中亲自明确表达了，作者才可以写这句话，当然还需要用脚注方式说明访谈或论文的具体信息。但事实上，本论文作者并不是要说明译者在翻译中如何具体运用了纽马克隐喻翻译策略，而是想借助该隐喻翻译策略，探究译者在翻译《围城》时是如何处理其中的隐喻翻译的。

② 第三章作者直接进入译例分析，显得比较突兀，可以适当添加对《围城》这个文本语言特点的介绍，说明隐喻是《围城》的语言特色，使论文内容具有内在逻辑性和连贯性。

③ 在本文举例部分的体例方面，可以借鉴 5.1 论文的举例格式进行优化，即标记出原文和译文，并全文统一，使论文结构更加清晰，论文内容更加一目了然。

生动形象且幽默诙谐，让读者忍俊不禁。寒暑表是一个中西文化都熟知的物体，且作者还指明了源域（方鸿渐）、目标域（寒暑表）的共同点，即都会随着外界变化而变化，因此译者选择了语义翻译法。在目标语中重现相同的喻体是指源语与目标语中存在相同的隐喻，使用语义翻译便能使读者理解。

[……]

策略二、用目的语中合适的新喻体代替源语中喻体

例4： 太太不忠实，偷人，丈夫做了乌龟，买彩票准中头奖，赌钱准赢。（S. 3）

Wenn eine Frau untreu ist und ihrem Mann Hörner aufsetzt, zieht er in der Lotterie bestimmt den Hauptgewinn und hat Glück im Spiel. (S. 240)

乌龟用来形容男人时多为骂人的话，指其妻子有外遇。相传古时缠小脚的妓女应召去陪客的时候，是由男工像驮石碑的乌龟一样背去的。那些背人的男工就被称作“龟奴”，妓女的年老色衰无人问津后常常会下嫁给“龟奴”。后来这个表达就被推而广之，那些妻子红杏出墙的丈夫，都被称为“乌龟”。之后，人们又因为乌龟的头部有绿色花纹，创造了如今使用频率更高的“戴绿帽子”这一表达。无论是乌龟还是绿帽子，都是中文中特有的表达，因此不能直接翻译成德语。而译者译成一个新喻体 Hörner（牛角），因为德语中 jemandem Hörner aufsetzen（为某人戴上牛角）和“乌龟”具有相同涵义。

[……]

策略三、将隐喻译为明喻，保留原喻体

例7：（方老先生）觉得他爱国而国不爱他，大有青年守节的孀妇不见宠于翁姑的怨抑。（S. 23）

Er fand, seine Vaterlandsliebe werde vom Vaterland nicht genügend erwidert, und grollte wie die junge Witwe, die trotz keuscher Sittsamkeit von ihren Schwiegereltern nicht geschätzt wird. (S. 275)

作者将方老先生的心情比作“青年守节的孀妇不见宠于翁姑的怨抑”，译者考虑到原文中喻体较长，同时为了使译文更加符合德语读者的阅读习惯，译者将原文中的隐喻化为明喻加关系从句的组合，同样能够完整地传达原文的意思，同时确保了德语读者的阅读流畅性。

策略四、将隐喻译为明喻并解释说明喻义

例8：（唐小姐：）“这不是吃菜，这像神农尝百草了。不太浪费么？也许一切男人都喜欢在陌生的女人前面浪费。”（S. 41）

„Das ist nicht mehr essen, sondern probieren-so wie der legendäre Kräuterdoktor Shennong Hunderte von Heilkräutern durchprobierte. Das ist ja Verschwendung! Doch vielleicht sind alle Männer vor unbekannten Frauen gern verschwenderisch.“ (S. 302)

保留喻体是指隐喻翻译中保留原有的喻体,但由于文化历史语言等层面存在着诸多不同,很多采取直译方法的喻体并不能为目标语读者所理解,于是译者采用文内解释的方式。例8中的“神农尝百草”这一隐喻出自一则著名的中国古代神话传说,对于绝大部分德语读者而言十分陌生。唐小姐意在借助神农隐喻来表达饭菜数量过多,每道菜恐怕只能浅尝辄止,实属浪费。如果译者直接保留喻体而不加任何解释的话,会令人不知所云。

策略五、仅保留隐喻语义

例9: 鲍小姐眼迸火星道:“伺候吃饭的赏钱,昨天早给了。你还要什么赏?我房舱又不是你管的。”(S. 13)

Sie sprühte vor Zorn: „Gestern im Speisesaal hast du schon dein Trinkgeld bekommen, mehr gibt es nicht. Du kümmerst dich nicht um meine Kabine!“ (S. 257)

在汉语中,“火”常常被用来喻指强烈的情感,尤其是愤怒。人们在愤怒生气的时候往往会出现面红耳赤,甚至全身发热的生理现象。而火在燃烧的过程中会散发光和热,可以在短时间内爆发,具有一定的破坏性。这种情感的属性与“火”具有的物理化学属性是一致的,故而会有“愤怒是火”这一隐喻的存在。(宋璐,2012:S. 103)尽管德语读者与我们有相似的身体经验,但是相同的隐喻映射并不存在,直译会使他们茫然不解。因此译者选择了将喻体“火”的喻底“愤怒之情”翻译了出来。

[……]

策略六、删译

例11: 刘小姐冷落在一边,满肚子的气愤,恨汪太太,恨哥嫂。(S. 154)

Fräulein Liu, die sich als Mauerblümchen fühlte, hasste Frau Wang, hasste ihren Bruder samt Schwägerin. (S. 479)

例11中,腹部被看作一个充满气的容器。我们可以想象到,愤怒的气体已经充满了容器,肚子也就鼓了起来。这种生动的描述,表现了人物的愤怒心情。在这种情况下,气体的体积在一定程度上能体现生气的强度。通过这种实体容器隐喻，愤怒这一情绪得到了量化。译者选择了删除不译，可能是有意为之。笔者认为将隐喻删译的方法并非首选，因为这种方法容易导致喻体的缺失、文化的亏损，同时也失去了原文的语言美感。为了保留民族文化的特色，促进文化间的交流，译者或可以灵活选择其他翻译策略。

策略七、保留源语中喻体，并解释说明喻义

笔者并没有在《围城》1～5章内发现译者运用策略七进行隐喻翻译的情况。纽马克也指出，译者对于第七条策略的使用应格外谨慎，容易给读者留下译者不自信的坏印象。(Peter Newmark，1981：91)

补偿翻译法

除了纽马克总结的七条隐喻翻译策略，补偿翻译策略也常常为译者所用，即把非隐喻性的表达翻译成隐喻(见例12、例13)。

例12：刘小姐冷落在一边，满肚子的气愤，恨汪太太，恨哥嫂。(S. 154)

Fräulein Liu, die sich als Mauerblümchen fühlte, hasste Frau Wang, hasste ihren Bruder samt Schwägerin. (S. 479)

[……]

四、对于《围城》个别隐喻德译的不同翻译见解

译者对于《围城》中绝大部分隐喻翻译的处理都十分得当，但也存在小部分值得商榷的翻译。第四部分笔者主要整理归纳了两类典型的例子进行分析，并斗胆提出自己的不同见解。

1. 有关醋、酸的表达

例13：鸿渐脸上遮不住的失望看得苏小姐心里酸溜溜的。(S. 34)

Hongjians unverhohlene Enttäuschung gab Fräulein Su einen Stich ins Herz. (S. 291)

在《围城》一书中，多次出现了与醋、酸有关的表达。“酸醋”这个概念有“嫉妒”的意思，相传这个隐喻映射的构建来自于古时发生在唐玄宗、房玄龄及其妻子间的一段典故。在日常生活中我们常用“吃醋”，或“打翻醋坛子”来形容一个人的妒忌心理。翻译成德语时，应当注明“妒忌”的隐含深层意义，避免德语读者产生不解或误解。译者在处理该隐喻时译作了一个德语习语 jemandem einen Stich ins Herz geben，意为使某人内心受伤，显然与原文苏小姐的嫉妒之情有差别。笔者认为，此处或许可以适当牺牲一些文学性、审美性，而译成“Hongjians unverhohlene Enttäuschung errgte den Neid von Fräulein Su.”。

例14: 鸿渐忽然明白,这姓赵的对自己无礼,是在吃醋,当自己是他的情敌。(S. 32)

Hongjian begriff plötzlich, dass Zhao ihn für seinen Rivalen hielt und aus Eifersucht so ruppig war.(S. 289)

例15: 赵辛楣对方鸿渐虽有醋意,并无什么你死我活的恨意。(S. 33)

Zwar war Zhao auf Fang Hongjian eifersüchtig, aber es war kein tödlicher Hass.(S. 290)

例14、例15中,译者选择将醋、醋意的嫉妒内涵意译出来,在审美上的确有了缺失,但保证了作者原文意义内涵的正确传达。然而,诸如"阿克琉斯之踵""达摩克里斯之剑"的隐喻都来源于西方神话传说,流入中国后被广泛使用,渐渐为中文读者所接受并理解其内涵。类似醋酸的隐喻或许也能通过汉语文学作品的对外译介得到推广和传播,一方面能减小不同语言间存在的历史文化差异给翻译造成的阻碍,另一方面也能让优秀的中华文化为更多人所识、所赏。

2. 动物隐喻

例16: 鸿渐背后对辛楣道:"那雌老虎跳出来的时候,我们这方面该孙小姐出场,就抵得住了。(S. 106)

Später bemerkte Hongjian heimlich zu Xinmei: „Als diese Tigerin raussprang, hätten wir Fräulein Sun in die Arena schicken müssen, die wäre mit ihr fertig geworden."(S. 406)

原文中的"雌老虎"属于简单隐喻,指代凶悍泼辣的女子,书中寡妇对李梅亭和赵辛楣二人破口大骂,方鸿渐便用"雌老虎"来指称那寡妇。在德语语境中,有泼妇含义的表达为(Haus)Drache或Xanthippe。前者源于一句德语惯用语"Ich habe eine Drachen zu Hause."。中国文化语境中龙能为百姓兴云作雨、滋润农田,是中华民族的祖先,是至高无上权力地位的象征;而在西方视角下,龙形似巨型蜥蜴双翅长尾,常常口吐火焰,破坏农田,因此是邪恶的象征,"家中有龙"隐指泼妇(陈忱,朱建华,2004:69)。后者为苏格拉底妻子的名字,在苏格拉底弟子丝诺芬的笔下,师母赞西佩是一个脾气暴躁而又唠叨不休的泼妇,这一隐喻被后世,尤其是欧洲世界广为流传,沿用至今。除此之外,达达主义者瓦尔特·泽尔纳也于1925年发表过名为*Tigerin*的小说,故事发生于"咆哮二十年代"(20世纪20年代)的柏林,讲述了主人公"母老虎"——一位靓丽、狂野又独立的街妓与一个英俊的骗子男人间的声色诱惑与古老的"猫捉老鼠"游戏。同中文语境中的"母老虎"意义相去甚远。

译者在处理这一喻体是时选择了保留原喻体,将雌老虎直译成了 Tigerin。中国传统文化中,女人应该温柔贤惠,像老虎一样凶猛是不可取的。而在西方认知中,形容一个人(女人)像老虎则更多的是一种夸奖。(Shelley Ching-Yu Hsieh, 2006:117)综上所述,我认为此处选择用新喻体代替源喻体的策略更合适,将"雌老虎"译作 Hausdrache 或 Xanthippe 可有效避免德语读者产生误解。

以上列举了两例翻译见解不同之处,译文中应还有其他的例子。当然,莫宜佳女士《围城》德译本仍是十分成功的。翻译作品总是可以不断完善,我们应在尊重前人研究的基础上精益求精,细读推敲原文,尽可能真实而准确地表达出原文作者的真正意图,更好地传达原作者思想内涵,更好地传播中国文化。

五、结语

1. 隐喻的使用对于文学作品具有重要意义,能展示语言思维艺术创造的文学性,使文学作品的形象更加鲜明生动,具有美感魅力。纽马克的七条翻译策略为隐喻翻译提供了实用性较强的指导,对于我们日后翻译实践的指导意义巨大。在《围城》第 1～5 章中选取的例子中可初步得出结论,策略一(在目的语中重现相同喻体),策略二(用目的语中合适的新喻体代替源语中喻体)及策略五(仅保留隐喻语义)使用频率较高,策略三(将隐喻译为明喻,保留原喻体),策略四(将隐喻译为明喻并解释说明喻义)以及策略七(保留源语中喻体,并解释说明喻义)相对较少被使用。当中德两国语言文化认知等层面差异性较小时,首选策略一;差异性较大,策略二、策略五,而策略二要求译者精通两国文化。总的来说需要结合具体的语言、文化、认知等层面的情境,灵活使用纽马克翻译策略。

2. 隐喻是人们思维、行动和表达思想的一种系统方式。在研究过程中,笔者还发现了中德在一些层面上的隐喻投射存在共同点与不同点。如对于甜苦的认知相似,对酸的认知有一定的区别等。

3. 除了纽马克提出的七条隐喻翻译策略,译者也会将平淡的非隐喻性表达翻译成目标语中的隐喻表达,即补偿翻译法。大大提升了译文的趣味性与文采,更能引发读者的阅读兴趣。

4. 不足与改进建议:本论文选取分析了《围城》1～5 章中部分具有代表性的隐喻及其德译,覆盖范围不够全面,且例子的选择具有主观性。通过相关的量化分析可以使研究结果更具科学性。

六、参考文献

1. 陈忱;朱建华. 中德熟语中动物象征意义的比较[J]. 德国研究,2004,(1).

2. 钱钟书. 围城 汉德对照[M]. (德)莫宜佳 等, 译. 北京:外语教学与研究出版社,2016.

3. 宋璐英. 汉语言中"火"的隐喻分析[J]. 西江月,2012,(21).

4. 赵艳芳. 认知语言学概论[M]. 上海:上海外语教育出版社,2004

5. Lakoff, George; Johnson, Mark: *Metaphor We Live By*. Chicago: The University of Chicago Press. 1980.

6. Newmark, Peter: *Approaches to translation*. New York: Pergamon Press, 1981.

7. Newmark, Peter: *About translation*. Clevedon: Multilingual Matters Ltd, 1991.

8. Richards, I. A: *The Philosophy of Rhetoric*. Oxford University Press, London, 1936.

9. Shelley Ching-Yu Hsieh: Kultur, Denken und Sprache: Ein Vergleich der Drachen-und Phönixmetaphern im Chinesischen und Deutschen. In: *Tamkang Journal of Humanities and Social Sciences*. 2006.

七、附录①

编号	原文	译文	出处	翻译策略
1	我们背后叫他(方鸿渐)"寒暑表",因为他脸色忽升忽降,表示出他跟女学生距离的远近,真好玩儿!想不到外国去了一趟,学得这样厚皮老脸	Wir nannten ihn heimlich das › Thermometer ‹, weil seine Gesichtsfarbe je nach Entfernung stieg und fiel, wirklich lustig. Ich hätte nicht gedacht, dass er im Ausland so dickfellig wird.	S. 31 S. 369	1
[……]	……			

5.2.2 论文评析

本论文在课堂报告"围城隐喻翻译"的基础上撰写而成,作者以纽马克隐喻翻译

① 为节省篇幅,论文附录内容在此不作全部展示。

策略为理论线索，逐一选择了《围城》德译本中的实例进行分析，探讨译者在隐喻翻译中使用了哪些策略和方法，并根据纽马克的隐喻翻译策略选择典型实例，分析译文达到了怎样的翻译效果，是否需要修正或完善。

本学期论文主要的优点在于：

(1) 从选题来看，本论文抓住了小说《围城》中具有丰富的隐喻运用这一语言特色，通过译本分析，对汉语隐喻的德译进行了基于实例的评析，研究结果可以为小说隐喻翻译实践提供很好的依据和参考。又由于隐喻一般包含深层次的文化内涵，如何翻译隐喻对译者来说常是一大困扰，而本论文研究对汉语文化的对外传译、助力讲好中国故事具有借鉴意义。

(2) 本论文的结构完整，能够从隐喻理论、隐喻翻译理论入手，选取《围城》中的代表性翻译实例进行基于理论的分析，并在最后加以总结。结语部分以项目符号清晰呈现了论文的四个主要结论。整篇论文形成较为完整的论述结构，体现了作者的学术思考过程，也反映了作者的学术分析和总结能力。

(3) 从内容来看，我们对比作者的课堂报告 PPT(第四章 4.2 节)可以发现，作者在撰写学期论文时对课堂报告内容进行了优化整合。首先，作者缩减了理论部分的篇幅，原报告中关于隐喻的大量理论和例子介绍都未进一步收录于论文中，取而代之的是较为精简的隐喻分类和纽马克隐喻翻译策略的介绍。第二，作者对原报告中的第三部分，即《围城》中隐喻翻译实例分析的内容，进行了重新编排，将译本中的翻译实例重新按照论文中引用的纽马克七项隐喻翻译策略进行归类，并进行译例的深入分析。这些撰写过程中的选择与调整体现了作者的学术思考及其将理论与具体实例分析相结合的尝试，并力图通过内容调整使论文相较于课堂报告更具逻辑性和系统性。因此，本论文能够呈现较为连贯、完整的论述框架。

(4) 论文作者注意了一些学术论文的写作规范，比如在文后附录部分以表格形式展示了论文中分析的 17 处《围城》隐喻德译实例，并标注了相应的翻译策略。虽未将隐喻实例尽数摘录，但通过附录已经能让读者更为清楚地了解《围城》中隐喻翻译的概貌，体现了作者规范性写作的努力。

本学期论文的主要可改进之处在于：

(1) 尽管作者尝试优化课堂报告的内容编排，在论文中删去了对隐喻概念的介绍和隐喻类型的分析，但由于本论文的研究对象就是《围城》中的隐喻表达及其翻译，跳过对隐喻概念的介绍，直接进入隐喻的翻译策略和译文分析，对语料(即隐喻)的选择依据缺乏必要的交代，使论文步骤稍有脱节。另外，与 5.1 论文类似，作者注重将更多的笔墨留给实例分析，而对本文主题(即隐喻翻译)的研究现状、研究问题未着笔墨,使读者过早直接进入论文的分析部分,缺少了必要的理论铺垫。译本分析的对象由原文和译文两部分组成,尽管作者在论文第三部分每个译例分析中都对原文有所描写,但如果在第一和第二部分能对隐喻概念进行简要介绍,并对隐喻分类通过小说《围城》中出现的隐喻实例加以说明,可以使读者在头脑中对其形成更清晰的整体了解。在此基础上,作者再作进一步的译文对照分析,探讨不同的隐喻在实际处理中会遇到怎样的问题,译者采用了怎样的策略,这样可以形成更好的论述逻辑,得出的结论也更具说服力。也更能凸显作者将语言学理论运用于翻译学研究的意义,进而凸显本论文在理论层面的价值。

(2) 论文题目的表述其实体现了作者对自己论文的研究对象与研究问题是否有清晰的认识,反映了我们在论文撰写过程中应如何去处理理论与实践案例之间的关系,是否真正理解了各种翻译理论对我们撰写论文的意义。如果本论文作者能进一步阐明自己的研究问题,即《围城》译者对隐喻采用了什么翻译策略和翻译方法,并且理解纽马克的理论是一种总结性的归纳,那一定会觉得题目改为《从纽马克隐喻翻译理论看〈围城〉隐喻德译》更为准确。因此在撰写论文时,应首先明晰自己的研究问题,并合理选择题目表述。

(3) 论文中关于翻译策略的表述或可进一步优化。作者在语料分析时运用了纽马克提出的七种隐喻翻译策略(Peter Newmark,1981:88-89)进行实例分析。提到翻译策略,其表述应具有一定的术语性,比如下表中关于七种策略的英语原文都是较为简洁的名词词组,德语译文也保留了名词化表达的特点,但作者的汉译表达却显得比较冗长。虽然相比于PPT中的表述,作者在论文第二部分已经对相关表述进行了修改和优化(如①在目的语中重现相同喻体;②用目的语中合适的新喻体代替源语中喻体;③将隐喻译为明喻,保留原喻体;④将隐喻译为明喻并解释说明喻义;⑤仅保留隐喻语义;⑥删译;⑦保留源语中喻体,并解释说明喻义),但作为术语来说,仍然不够简洁。在汉语中我们会倾向于使用直译、意译、解释性翻译、近义替代、归化翻译、异化翻译等相对简洁的词汇来进行翻译策略和方法的表述,所以我们建议将汉译作进一步精简处理,如下表第二列粗体所示的策略名称修改版:直译、隐喻替代、明喻、明喻+释义、释译、删除、直译+释义。而在论文中(特别是实例分析部分)可对这七种策略的具体意义加以补充说明,如下表括号内容所示。术语是学术论文的一部分,合理的术语表述可以提升论文的科学性、学术性。

表 5-1　纽马克隐喻翻译策略表述英德汉对照

	PPT 中汉译	汉译修改建议版	德语译文	英语原文表述
1	译为具有相同意象的隐喻	**直译** （针对源语和目的语中具有相同意象的隐喻）	Reproduktion desselben Sinnbildes	Reproducing the same image in the TL
2	译为目标语中等效隐喻	**隐喻替代** （用目的语中的等效隐喻进行替代）	Ersetzung des Bildes in der AS durch ein vergleichbares „Bild“ in der ZS	Replace the image in the SL with a standard TL image
3	译为明喻	**明喻** （将隐喻译为明喻）	Verwandlung der Metapher in einen Vergleich mit Bewahrung des Sinnbildes	Translation of metaphor by simile
4	译为明喻，附上释义	**明喻＋释义** （译为明喻，附上解释）	Verwandlung der Metapher in einen Vergleich mit einer Erklärung	Translation of metaphor (or simile) by simile plus sense
5	以释义译出隐喻	**释译** （解释性翻译）	Direkte Übersetzung der Metapher durch eine nichtmetaphorische Erklärung	Conversion of metaphor to sense
6	删除不译	**删除**	Tilgung	Deletion
7	以释义加注隐喻	**直译＋释义** （直译加解释）	Bewahrung derselben Metapher mit einer Erklärung zum Sinne	Same metaphor combined with sense

尽管本论文还存在一定可改进之处，但作者不仅以详尽的笔墨论述了《围城》中典型隐喻的德译方法和策略（见论文第三部分），还就某些案例提出了自己的观点和建议（见论文第四部分），没有停留在著名译者的光环下。作者在论文中不仅进行了合理的分析和总结，还有进一步的批判性思考与建设性阐发，这种探究尝试和批判精神值得大家学习。本论文也是我们学习撰写学期论文和其他类型论文可借鉴的一篇例文。

5.3 顺应论视角下德语定语从句的汉译研究——以《共产党宣言》两个汉译本为例①

5.3.1 论文框架与主要内容

一、引言

《共产党宣言》(以下简称《宣言》)自1848年问世以来已经被翻译成200多种语言,为共产主义思想的广泛传播打下了基础。从《民鸣社》1908年翻译《宣言》第一章起,《宣言》进入中国已经110多年,1920年8月陈望道第一次将《共产党宣言》全文翻译成汉语(靳书君,2020),此后《宣言》在中国被多次校正重译。马克思主义对中国而言就像黑暗里的明灯,指引开始觉醒的中华仁人志士和初生的中国在饱经摧残后摸索前进的道路,带领新时代中国人坚定不移地朝着社会主义方向前进、实现中华民族伟大复兴的中国梦。《宣言》作为承载马克思主义思想的物质载体,其汉译本的历史意义和现实意义自不必明说。但把《宣言》从原著译为汉语从来都不是一件容易的事,现存的汉译本也或多或少都还存在需要改进的地方。究竟是什么难住了译者呢?笔者认为德语的长难句,或者说从句就是最大的难点②。根据笔者统计,《宣言》里200多个从句中约85%是定语从句③,由此看来想要准确、合适地翻译《宣言》就必须处理好德语定语从句。本文将从顺应论的角度对比分析吴建广的汉译本和编译局汉译本(新版)中德语定语从句的汉译法,归纳总结德语定语从句的汉译策略,为今后能有更好的《宣言》汉译本作一份贡献。

二、顺应论概述(略)

三、定语从句的汉译策略

英语中定语从句分为限定性从句和非限定性从句,限定性定语从句和先行词

① 原题目为《顺应论视角下定语从句的德汉对比——以〈共产党宣言〉为例》,没有体现出论文研究涉及的翻译领域,虽然有对比两字,想表达对两个译本进行对比的意思,但原题目传递的信息似乎仅仅是进行定语从句的德汉比较研究,导致文题不符。因此我们对此进行了修正,在主标题中说明论文涉及的主要内容是针对德语定语从句的汉译研究,又通过副标题说明研究语料是《共产党宣言》两个汉译本,对比研究的特点也得到了一定程度的体现。

② 没有任何调查和分析就断言从句是《宣言》翻译的最大难点,不免显得武断,宜改为"一大难点"或"难点之一",以体现作者阐述的客观性。

③ 从长难句到从句再到定语从句,作者在逐步缩小自己的研究范围,描述自己真正的研究对象——定语从句。但针对定语从句的概念、德语中定语从句的类型等,包括定语从句与关系从句的区别,作者并无交代和说明,这就使读者并不清楚作者选取语料的标准,因此也很自然会对此处出现的"《宣言》中200多个从句中约85%是定语从句"这个缺乏依据的句子产生很大的疑问。

的所指意义联系紧密,起着修饰限定的作用;而“非限定性定语从句往往不起修饰和限制的功能,只具有补充说明或分层叙述的作用,而且经常具有状语的功能”(翁义明,王金平,2021)。因此,定语从句在译为汉语时并不是一定要译为定语。德语定语从句虽然没有限定性和非限定性之分,但德语定语从句也存在“功能异化”一说,即说明性定语从句,它们在表达功能上不再起“定语”作用(桂乾元,1990)。考虑到限定性和非限定性定语从句在表达功能上的不同,定语从句的汉译可以根据以下策略进行,即前置法、后置法、融合法以及“状译法”(谭益兰,2020),以下英语例子均来自谭益兰的论文。有的英语学者,如许承军(2007),也把它们称为合译法和分译法,虽然表述不同,但实际内涵没有差别。①

前置法是指把内容简洁的限定性定语从句译为“……的”的词组,将修饰成分直接放在被限定的内容前,汉语中的定语往往以“……的”的形式出现,所以前置法符合汉语的表达习惯。但如果译文的定语过长就违背了汉语句子短小精悍的特点,这种情况下可以考虑后置法,这是指将内容复杂的定语从句拆译为两个并列的句子。后置法有两种形式,一种是翻译中重复先行词,如“I told the story to my bosom friend, who later shared it with her parents.”被译为“我把这件事告诉了闺蜜,闺蜜又告诉了她父母”,译文重复了 bosom friend 这个先行词;还有一种是在并列句中省略先行词。融合法实际上是完全突破了原文的句法形式,对信息进行重组,将定语从句和被修饰词融合后译为一个单独的汉语句子,如“The classroom is a place where students work hard from dawn to dark.”被译为“在教室,学生们从早到晚都在刻苦学习”,在这个汉语译文中已经看不到原文中的定语从句了。状译法顾名思义就是当定语从句不再发挥定语功能时,译者需要根据从句具体的表达功能把它们译为汉语中相应的状语,如“Der Alte dankte uns, den wir einmal geholfen hatten.”是德语中的关系从句,其从句发生了功能异化,和主句构成了因果关系,所以译成定语并不合适,而应译为“这位老人感谢我们,因为我们曾经帮助过他”(桂乾元,1990)。

四、《共产党宣言》德语定语从句汉译的对比分析

本章将在结构顺应的视角下,运用上述定语从句的汉译策略类型对《宣言》的两个译本,即吴建广译本(译文 1)和编译局译本(译文 2),中德语定语从句的汉译处理进行对比分析。

① 本段阐述了英语定语从句的分类。鉴于英语和德语之间的相似性,作者借鉴英语界对定语从句和定语从句汉译的研究成果进行本论文的德语定语从句汉译研究,确实是值得肯定的思路。但是论文中应该对此进行一定的解释,以便使自己的研究更具说服力。

例1: Wo ist die Oppositionspartei, die nicht von ihren regierenden Gegenern als kommunistisch verschrien worden wäre …?

译文1: 哪里还有反对党派,不被执政党的对立者诋毁为共产主义的呢……?

译文2: 有哪一个反对党不被它的政党的敌人骂为共产党呢……?

译文2采用的是融合法,将主语和定语融合在一起,体现译者在翻译过程中做了有益的思考,没有按照德语原文格式直译为"……的"的词组,而是融合成一个句子。但此句仍然比较复杂,其中物主代词"它的"和定语"政党的"连用,"的"字重复使用使整个句子显得累赘且读起来比较拗口,不太符合汉语句子精简的特点。译文1采用的是后置法,巧妙地解决了定语复杂的问题,并且省略先行词,使译文用词避免重复、更加经济,对汉语读者而言可读性更高。

例2: Es ist hohe Zeit, dass die Kommunisten ihre Anschauungsweise, ihre Zwecke, ihre Tendenzen vor der ganzen welt offendarlegen und dem Märchen vom Gespenst des Kommunismus ein Manifest der Partei selbst entgegenstellen.

译文1: 现在正是时候,共产主义者要将他们的观察方式、他们的目的、他们的倾向公布于世界,并以共产党自己的一份宣言来对峙关于共产主义是鬼怪这样的谣传。

译文2: 现在是共产党人向全世界公开说明自己的观点、自己的目的、自己的意图并且拿党自己的宣言来反驳关于共产党幽灵的神话的时候了。

原文是一个整句,译文2不加改动也译为一句话,采用前置法把冗长的一个定语从句直接改译为"……的"词组,主语和谓语中插入了大量的内容,使句中主要内容之间联系不够紧密,如果把译文2诵读出来,会发现朗诵者和倾听者都比较费力,显然这个定语从句的翻译处理没有顺应汉语句子的结构。相比较而言,译文1采用的是省略先行词的后置法,避免了定语过长的问题,使用的句式"是时候,……"。这种表达在汉语书面语和口语中也常会出现,比如有一首歌名就是《是时候说再见了》,该译法更贴近汉语的表达习惯。

当然,除了句法结构顺应方面的差异,笔者认为例2的两个译文在词汇层面上都多多少少有需要改进的地方,比如译文1中把Anschauungsweise直接译为"观察方式",该德语词在此处显然是指"观点","观察方式"和"观点"相比,后者除了表达了"方式"这层含义外,还有一定的主观性。另外,译文2中把entgegenstellen译为"反驳"并不妥当,相比于译文1中的"对峙"多了一份"被动"的意涵,仿佛共产党人的作为都是被逼无奈后的一种妥协。笔者认为两个译本相比较,译文1在句法上更顺应汉语句法结构，而在词汇选择上则可以互相借鉴。①

[……]

五、结语

本文从顺应论结构顺应的视角分析了定语从句的汉译策略，对比了《宣言》两个汉译本中6个定语从句的译法。文中列出的6个例句中，译文1的翻译更顺应汉语句法结构，前置、后置和“状译”策略安排得当，考虑到了定语从句可能发生功能异化现象，即定语从句可能具有状语功能，如时间、目的、结果、原因等。译文2则更倾向于保持原文的原汁原味，大多采用前置法。值得注意的是，汉语虽然是一种“竹竿”型语言，习惯把各种成分一个一个堆在一起，但汉语句子本身具有短小精悍的特点，不会随便出现名词前出现多个定语的情况，所以译文2一些定语从句的前置译法违背了汉语句法的特点，容易给读者造成一定的阅读障碍。从全篇来看，译文1倾向于将定语从句拆译成两个或多个短句，译文2则基本贯彻了前置法，所以，就句法结构的顺应而言，译文1更符合汉语习惯。《宣言》的汉译仍在继续，好的译本必须顺应目的语的表达习惯。原文长难句中定语从句占一半以上，可以说从句译不好，《宣言》效果降一半，如何才能做好定语从句的汉译呢？希望笔者能借助本文给出一点建议。

文献：

[1] 桂乾元.德语定语从句功能异化探析[J].外国语(上海外国语学院学报)，1990(05):45-48+38.

[2] 靳书君.《共产党宣言》百年汉译的历史轨迹[J].贵州社会科学，2020(12):4-10.

[3] 马克思/恩格斯.共产党宣言[A].吴建广译本，载张建伟主编《德意志研究》[C]，武汉：崇文书局，2020:214-256.

[4] 马克思/恩格斯.共产党宣言[A].编译局新版，载《马克思恩格斯选集》[C]，北京人民出版社，1995

[5] 谭益兰.浅谈英汉定语差异与英语定语从句的翻译[J].西藏科技，2020(09):47-50.

① 本段的阐述对于本论文来说其实是多余的，建议直接删去，因为：(1)本论文的主要内容是定语从句的翻译，主要比较的是句法结构层面的顺应，此处提及的词汇选择，其内容与主题有偏差；(2)本段关于词汇选择的评价和论断也值得商榷，比如Anschauungsweise到底该理解为“观察方式”还是“观点”？论文中诸如“该德语词在此处显然是指‘观点’”这样缺乏依据、没有说服力的主观性判断应该避免。

[6] 王颖频. 语用顺应论视角下的德汉翻译研究和 MTI 翻译教学[M]. 上海译文出版社,2018:25-30,38-69.

[7] 翁义明/王金平. 英语非限定性定语从句不同语体汉译策略对比研究[J]. 南京理工大学学报(社会科学版),2021,34(02):66-72.

[8] 许承军. 英汉翻译教程[M]. 上海交通大学出版社,2007:168-179.

5.3.2 论文评析

本论文从语用顺应论视角入手,比较分析了《共产党宣言》两个汉译本中德语定语从句的汉译方法。作者在课堂报告 PPT 的基础上进一步加以扩充,且对论文结构作了进一步完善。依托顺应论中的结构顺应,论文尝试借助一些实例,分析两个译本对定语从句汉译的不同处理方法,以及译者对汉语常用句法结构的顺应性。

本学期论文的主要优点在于:

(1)《宣言》是共产主义的纲领性文件,对于外语专业的硕士研究生来说,通过翻译研究重新学习和领会《宣言》的内涵和精神本身就具有十分重要的意义。从选题来看,本文作者选择对《宣言》中德语定语从句的汉译进行分析,不失为一个比较合适的切入点,因为在德汉翻译实践中,德语文本中较为复杂的从句汉译从来都是翻译的难点,如何用汉语更好地传译德语定语从句,的确是一个可行又有意义的课题,研究结果可以为相关实践提供依据和参考,也可以从一个微观角度促使大家思考如何更好地理解和翻译《宣言》。

(2) 从研究方法来说,论文采用了译本比较的研究模式,这种思路值得大家借鉴。对不同的译本进行对比分析,可以有很多值得探究的切入点和研究视角(比如时代性特征、译者主体性发挥、翻译策略运用、原文意涵理解、语言特色翻译、文化因素传译等),也可以相应得出多方位结论,是翻译研究中能有较丰富成果产出的研究方法。《宣言》在中国有很多译本,不同的时代有不同的译本,除了陈望道翻译《宣言》时"真理的味道真好"这个故事家喻户晓,还有成仿吾译本、比较权威的中央编译局译本等。在这种情况下,吴建广于 2020 年又正式发表了他的《宣言》全译文。是什么原因促使他挑战权威、对《宣言》进行重译呢？他的译本和中央编译局译本有什么区别呢？这些都是很有意思,也值得探究的问题。本论文作者能够抓住这一关键点,对两个译本进行比较分析,使选题一下子有了其他研究所不具备的深度和意义。与单纯分析一个译本相比,对比研究确实有望取得更有价值的研究成果。

(3) 作者在进入实例分析前,能确定较为合适的分析视角和理论工具,引入语用顺应论来解释翻译现象，是一个有益的尝试。相比于单纯使用前人总结的定语从句汉译方法或策略来分析语料，本论文作者将整个研究置于语用学背景下，体现了作者在研究过程中拓展理论应用的尝试，也是优化、提升研究价值的尝试，使译本分析从单纯的语言对比层面提升至语言运用层面。这也是翻译研究的一个必然趋势，即不仅要着眼于语言间的微观比较，更要将翻译研究置于语言运用和文化交流的层面，从而发现翻译对文化间交流传播产生作用的机制。

（4）论文能够较好地把握顺应论和定语从句汉译方法这两个宏观理论和微观策略之间的联系，作者尝试在译文分析中将这两方面的思考融入具体的论述过程。如作者写道："译文 2 采用的是融合法，将主语和定语融合在一起，体现译者在翻译过程中做了有益思考，没有按照德语原文的格式直译为'……的'的词组，而是融合成一个句子。但此句仍然比较复杂，其中物主代词'它的'和定语'政党的'连用，'的'字重复使用使整个句子显得累赘且读起来比较拗口，不太符合汉语句子精简的特点。"从这段阐述中可以发现，作者首先阐述了译文中定语从句采用的汉译方法，并进一步从结构顺应角度分析了该译文的汉译表达效果，可以说对译文从翻译方法到译文效果进行了多方位的分析。

（5）相较于前两篇论文，本论文作者加入了"引言"一章，简略交代了自己的研究背景和研究内容，使论文的结构完整度更高。

本学期论文的主要可改进之处在于：

（1）如前面脚注已经提到，论文原标题《顺应论视角下定语从句的德汉对比——以〈共产党宣言〉为例》未能将研究主题交代清楚，读者可能会误解为论文是对德语和汉语中的定语从句进行比较。此外，作者尝试对两个译本进行相关比较，该对比视角无疑是本研究的一个亮点、一大特色，应在标题中加以突出。因此，作者应首先明确自己的研究问题，并将其清晰表述在论文题目中，题目可改为《顺应论视角下德语定语从句的汉译研究——以〈共产党宣言〉两个汉译本为例》。从主标题可以看出，论文涉及的主要内容是针对德语定语从句的汉译研究，从副标题可以看出，研究语料是《宣言》两个汉译本，这样读者就能自然地预期正文内容可能是对比研究。

（2）作者在引言中提到，"《宣言》里 200 多个从句中约 85%是定语从句"。在这样较为庞大的研究范围内，作者在第四部分中却只选择了 6 个例子进行具体分析，而未说明为何挑选这 6 个译例。与前两篇论文相比，本论文在语料选择方面没有做到穷尽，也未明确说明语料选择的标准。作者可能是由于篇幅所限而挑选了自己在分析过程中比较熟悉的语料写入论文，但读者可能会产生这样的疑问："《宣言》中剩余的那么多定语从句是否都如作者选择的译例一样呢？"另外，作者对于定语从句的概念和类型,以及定语从句与其主要组成部分关系从句之间的区别,没有进行清晰的阐述和界定,使论文的语料选择缺乏依据和规范。关键概念定义不明确、语料选择较随意、分析的实例量较少等问题都会极大地削弱论文结论的说服力和可信度,从而使论文失去原来应有的研究价值和意义。所以,论文第四部分的研究分析应进一步系统化、理论化。建议首先对研究对象定语从句的概念和分类作出明确的说明,为语料来源和选择提供理论依据;有了一定的可靠语料数量,再进行相关翻译方法的对比研究,得出的结论会更具参考价值,比如针对某种具体的翻译方法或定语从句类型选择典型实例进行分析,或对两个译本的翻译方法运用进行分类统计,等等,就可以向读者提供不同译本中定语从句汉译的概貌和具体翻译处理方法。

(3) 不同译本的表达效果不同是本论文的重要结论之一,建议作者在结语中结合理论,进一步就不同译本采用不同译法,从而取得不同表达效果的原因做出思考,而不仅仅停留于对译本表现的描写层面。

总体而言,本论文是从多角度分析译文、比较译本的较好尝试,可为大家进行类似的研究和写作提供一定借鉴。

5.4 等值理论视角下《习近平谈治国理政》四字成语的德译研究——以第二卷第四和第十七专题为例①

5.4.1 论文框架和主要内容②

1. 引言(略)

1.1 原文简介

1.2 译本介绍

1.3 论文结构

2. 理论基础(略)

2.1 等值定义与等值要求

2.2 五种等值层面与类型

① 原题目是《科勒等值理论视角下〈习近平谈治国理政〉第二卷四字成语的德译研究——以“建设社会主义法治国家”“推动构建人类命运共同体”两大专题为例》,显得过于冗长,因此我们进行了适当的精简,删去翻译理论家的姓名(因为作者在文中会进一步交代),并将副标题中两个专题的名称改为序号,需要查阅的读者同样可以查到相关内容。

② 本论文有目录页,就格式而言是本教材第五章选取的四篇论文中最为完整的。值得提及的是,本文作者在理论部分进行了较为全面的阐述,第三部分还对语料选择和范围进行了说明,交代得比较清楚。

3. 语料选择

3.1 四字成语

成语不仅是中华民族巨大而宝贵的文化遗产，也是经过精心琢磨、反复淬炼、凝结而成的语言精华。习近平总书记源于对中国传统优秀历史文化的长期积淀，善于旁征博引、巧譬善喻，其讲话多引用格言警句、诗词成语和言语典故等人民群众实践智慧的沉淀和结晶，威而不傲，可亲可学，具有很强的吸引力和感染力（见张智，刘建军 2017:57）。在《习近平谈治国理政（第二卷）》中，出现了大量富有中国传统文化特色、蕴涵丰富精神内涵的成语，例如“南辕北辙”“叶公好龙”“绿水青山”“和而不同”等。

同时，由于四字格结构工整、含义丰富，极具中国文化特色，也成为翻译时的一个重点与难点。作为文化专有项分类中的语言文化专有项之一，通过规范、准确地翻译四字成语等中国特色表达，可增强外宣效果，让外国受众感受中国文化、加深理解（见来程颖 2019:48）。

3.2 以“建设社会主义法治国家”“推动构建人类命运共同体”两大专题为例

目前，关于《习近平谈治国理政》的外译研究多聚焦于诗词典故、俗语、谚语等中国特色政治词汇的英译，其中大多关注目的论视角及归化异化、直译意译翻译策略等指导性翻译路径，有关德译的研究不多，以成语为研究对象的则更少。因此，本文试图借助科勒的等值理论评析该书德语译本中四字成语所采用的翻译方法和达到的等值效果。由于篇幅限制，只选取“建设社会主义法治国家”“推动构建人类命运共同体”两大专题中的所有成语进行分析。

《习近平谈治国理政》第二卷共有十七个专题，其中，第一专题为总论，第二至五专题为“四个全面”战略布局，第六至十一专题为“五位一体”总体布局，第十二和十三专题为军队国防和祖国统一，第十四至十七专题则涉及对外政策。本文选取第四专题“建设社会主义法治国家”和第十七专题“推动构建人类命运共同体”中的共八篇文章。“建设社会主义法治国家”包括：《“加快建设社会主义法治国家”中共十八届四中全会第二次全体会议讲话节选》(2014.10.23)、《“领导干部要做尊法学法守法用法的模范”省部级干部学习贯彻党的十八届四中全会精神全面推进依法治国专题研讨班讲话要点》(2015.2.2)、《“深化司法体制改革”中共十八届中央政治局第二十一次集体学习讲话》(2015.3.24)、《“坚持依法治国和以德治国相结合”中共十八届中央政治局第三十七次集体学习讲话》(2016.12.9)四篇文章。“推动构建人类命运共同体”包括：《“携手构建合作共赢新伙伴，同心打造人类命运共同体”美国纽约联合国总部第七十届联合国大会一般性辩论讲话》(2015.9.28)、《“携手构建合作共赢、公平合理的气候变化治理体制”气候变化巴黎大会开幕式讲话》(2015.11.3)、《“建立多边、民主、透明的全球互联网治理体系”第二届世界互联网大会开幕式讲话节选》(2015.12.16)、《“共同构建人类命运共同体”联合国日内瓦总部演讲》(2017.1.18)四篇文章。①

第四章“建设社会主义法治国家”描绘国家内政规划、讲述中国故事,体现中国特色的治理改革与国家建设,更侧重篇章信息功能;第十七章“推动构建人类命运共同体”倡导国际相处理念、发出中国声音,体现全球视野的责任意识与大国担当,更侧重篇章呼吁功能。因此,在篇幅有限的情况下,对这两章中成语翻译进行分析具有一定的代表意义,也可以在一定程度上窥见《习近平谈治国理政》第二卷全书中四字成语的翻译情况。

4. 译文分析

4.1　本义等值

原文②:勇于攻坚克难(第130页)

译文:Überwinden aller Schwierigkeiten(第153页)

分析:“攻坚克难”是一个采用互文修辞的成语,从语义视角可以将这个成语的语序调整为“攻克坚难”,意思是克服各种艰难险阻。“攻克”“坚难”可以理解为动宾结构,汉语中的“攻克”与德语中的überwinden、汉语中的“坚难”与德语中的Schwierigkeit存在本义层面的等值,即两种语言中的具体所指对象基本一致。因此,“攻坚克难”—克服各种艰难险阻—Überwinden aller Schwierigkeiten之间达到了本义等值。

原文:让和平的薪火代代相传(第522页)

译文:etw. von Generation zu Generation weitergeben(第605页)

分析:“代代相传”,即一代接一代地相继传下去。虽然严格来说“传承”与etw. weitergeben之间并不是科勒所指的语言本义之间的“一对一”对应关系,因为weitergeben还有“转达”等含义和用法;但此处加上von Generation zu Generation这个补语之后,读者可以通过上下文推断出weitergeben在这里的具体含义;另外,von Generation zu Generation也与这个成语中“代代”的本义相对应。

① 本段内容跟本论文研究的关系不大,建议整段删去。

② 本论文译文分析部分,作者在每个小标题下直接举例并分析,显得较为突兀。建议在小标题下,先对标题涉及的等值概念(如“4.1本义等值”)进行简要的介绍,然后再开始举例分析,并且在分析时关注译者在翻译成语时倾向于采用何种方法来实现本义等值、隐含义等值、文本规范等值、语用等值或形式-审美等值。另外,举例格式应当采用编号方式,比如用“例1”“例2”“例3”等进行全文编号,以免各个例子之间产生混淆。

4.2 隐含义等值

原文：要共同引以为戒(第 522 页)

译文：j-s Lehren nicht vergessen(第 605 页)

分析："引以为戒"指以自己或他人过去所犯的教训和错误作为警戒。"引"意为用，"戒"意为鉴戒，语法上来说，这里省略了一个宾语，即"引'之'以为戒"。Lehre 的德语解释是 Erfahrung, aus der jmd. lernen kann(可以从中学习的经历或经验)，这与"引以为戒"隐含宾语的意义基本等值。另一方面，将"戒"译为 nicht vergessen(不忘、牢记)，似乎涵义有所流失，或许可以考虑译为 von/aus ... lernen 等。

原文：联合国走过了 70 年风风雨雨(第 522 页)

译文：sowohl Erfolge als auch Rückschläge erleben(第 605 页)

分析："风风雨雨"以自然界的风雨比喻重重障碍、艰难险阻。译者将其译为 sowohl Erfolge als auch Rückschläge(成功与挫败)，表示过程并不一帆风顺，而是经历各种曲折，虽然与原文语义相差不大，然而"风风雨雨"所隐含的磨难与沧桑感并没有得到充分的体现。但科勒也认为，隐含义等值只能大体上实现，且并非所有隐含义都需要在译文中明确体现，因此，这里的翻译还是较为成功的。

4.3 文本规范等值

原文：如果路走错了，南辕北辙了(第 113 页)

译文：Ein falscher Weg wird uns zum Gegenteil dessen führen, was wir zu erreichen versuchen.(第 131 页)

分析："南辕北辙"这一成语出自历史故事：战国时期，有个人要去位于南方的楚国，却驾着马车向北急驰。在流传过程中，逐渐形成成语"北辕适楚"和"南辕北辙"，比喻行动和目的正好相反。译者在此将其意译为"错误的道路会把我们引向想要实现的目标的反面"，没有解释其背后的文化意蕴，其主要原因应该是考虑到目的语的文本规范，如果对该故事进行详细解释，势必长篇大论，既不符合德语政治文本一般不会出现大段叙述性文字的规范，也不符合原文作者运用成语的意图①。

---

① 本论文作者在 4.3 的两个实例分析有需要商榷之处，所举实例是否能用来说明文本规范等值尚待探讨。首先，论文作者对于"……不符合德语政治文本一般不会出现大段叙述性文字的规范"这样的论断没有给出任何依据，使分析没有说服力；另外，就本例来说，译者将成语"南辕北辙"意译为"Ein falscher Weg wird uns zum Gegenteil dessen führen, was wir zu erreichen versuchen."，体现了译者领会到了原文作者运用该成语的意图，原文作者并不是要讲这个成语故事，而是要说明"错误的道路会把我们引向想要实现的目标的反面"这个道理。如果译者在此要对该故事进行详细解释，一方面不符合原文作者的意图，另一方面译文中强行插入这么一个故事，与上下文极其不配，反而会使读者感到莫名其妙。

原文: 如果……只是叶公好龙,并不真抓实干(第116页)

译文: sich auf/plustern(第135页)

分析:"叶公好龙"是一个由典故演化而来的成语。据说,有位人称"叶公"的楚国县尹,逢人就爱宣扬自己最喜欢龙,生活起居也离不开与龙有关的器具装饰,有一日,风雨大作、电闪雷鸣,有条真龙从叶公的窗户外探进头来,叶公顿时吓得面如土色,昏倒在地。该成语比喻口头上说爱好某事物,实际上并不真喜欢,甚至畏惧它,生动地讽刺了名不符实、表里不一的叶公式人物。译者在这里直接将其译为 sich auf/plustern,表示"自我吹嘘",同样是出于文本规范等值的考虑。

4.4 语用等值

原文: 别有用心的人趁机煽风点火(第113页)

译文: Öl ins Feuer gießen und die Menschen aufhetzen(第131页)

分析:"煽风点火"原义是指扇起风使点燃的火烧得更旺,后用于比喻鼓动、唆使别人去做不该做的事情。译者将其译为两部分,Öl ins Feuer gießen 指"火上浇油",保留隐喻色彩;die Menschen aufhetzen 指"挑唆人们",直接点出煽动别人闹事的含义。这样的翻译处理产生的交际功能基本与原文相同,译者通过指出原文没有在语词上直接体现的 die Menschen 这个宾语,实现了语用层面的等值。

原文: 现在,一些党员、干部仍然存在人治思想和长官意识,认为依法办事条条框框多、束缚手脚(第115—116页)

译文: Derzeit lassen sich einige Parteimitglieder und Kader immer noch von der Idee der Herrschaft kraft persönlicher Autorität und dem Willen ihrer Vorgesetzten leiten. Bei einer Arbeit auf rechtlicher Grundlage sehen sie sich in ihrem Handeln eingeengt.(第134页)

分析:"条条框框"指被视为固定的、难以变通的条例规定,也泛指各种束缚人的思想或行动的规章制度。此处译者将"(一些党员、干部)认为依法办事条条框框多、束缚手脚"译为"Bei einer Arbeit auf rechtlicher Grundlage sehen sie sich in ihrem Handeln eingeengt."(他们认为依法办事束缚自我),虽然从表面来看,省略了"条条框框"这个成语的翻译,但其实是因为汉语中习惯通过堆叠同义词或近义词表示强调,而德语则注重简练、避免重复,因此上面的译文更能够被目的语读者所接受。①

---

① 在本例的分析中,论文作者并没有提到语用等值问题,这是学生在实例分析时经常忘记而需要注意的地方。在论文撰写过程中,永远都不能忘记并需要不断审视这些实例被自己选择并运用到论文中的原因。

4.5 形式-审美等值

原文：各级党组织和领导干部都要旗帜鲜明支持司法机关依法独立行使职权(第 121 页)

译文：ohne Wenn und Aber(第 142 页)

分析："旗帜鲜明"本义是指军旗色彩鲜艳明亮，表现军容整齐；现用于比喻立场坚定、态度清晰、观点明确。这里译者没有直接用普通的词汇(例如"Die Fahne ist klar erkennbar.")来翻译这个成语，而是采用了德语中的一个固定搭配 ohne Wenn und Aber，指"没有异议、毫无保留"，既与原文含义一致，也一定程度上体现了形式-审美等值，体现译者在译文中努力实现与原文相似的艺术特色。

原文：建设一支德才兼备的高素质法治队伍至关重要(第 122 页)

译文：mit moralischer Integrität und fachlicher Qualifikation(第 144 页)

分析："德才兼备"指的是既有良好的思想与品德、又有工作的才干和能力。"德"意为品德，"才"意为才能，"兼"意为都，"备"意为具备。译者将"德"与"才"分别翻译为 moralische(r) Integrität 和 fachliche(r) Qualifikation，都是形容词加名词的语法结构，较大程度地做到了德语中的语词对仗和形式整齐，达到了科勒(2011:67)所说的"在译文中实现与原文相似的艺术创作"。

5. 总结

从以上分析可以看出，翻译《习近平谈治国理政》第二卷中不同类型的成语时，译者侧重不同层面的等值。在本义等值方面，一方面需要对成语的语法结构进行一定的分析，例如"攻坚克难"的互文结构、"代代相传"的动补结构、"欣欣向荣""源源不断""熠熠生辉"的偏正结构等；另一方面在翻译时应注重修饰于与被修饰语的语义关系，例如"孜孜以求"中的"孜孜"修饰"求"，即不知疲倦、勤勉不懈地探求。隐含义等值很难完全实现，有些含义可以考虑直接将其译出，例如"休戚与共"隐含的利害相同、"和而不同"隐含的尊重不同、"独善其身"隐含的自保心态等意思；而有些含义则不必刻意强调，例如"风风雨雨"隐含的磨难沧桑、"世外桃源"隐含的虚妄乐土等。在翻译"南辕北辙""叶公好龙""穷兵黩武""因噎废食"等典故类成语时尤其需要考虑文本规范等值，即德语政治文本中不适合出现过多叙事性话语。省译、减译以及补充或点明必要信息是为了使目的语读者更好地理解和接受，将"绿水青山"中的"绿水"译为 klare Gewässer 也是如此。形式-审美等值对译者提出的要求较高，不仅要在内容上完整准确地传达原文的涵义，还要在形式上保留成语这一文化专有项的语言美感。

总体而言,《习近平谈治国理政》第二卷"建设社会主义法治国家""推动构建人类命运共同体"两大专题中四字成语的德译具有以下特点:精确翻译实质语义、兼具语言简洁精炼、尽量保留文化之美,这也体现了外宣翻译既要求忠实于原意、又应当尽量展现中国特色的原则。

参考文献

一级文献:

[1] 习近平:习近平谈治国理政第二卷[M]. 北京:外文出版社,2017.

[2] 习近平:Xi Jinping: China Regieren. II [M]. 德文翻译组译. 北京:外文出版社,2018.

二级文献:

[1] Holger, Siever (2015): *Übersetzungswissenschaft-Eine Einführung*. Tübingen: Narr Francke Attempto Verlag.

[2] Koller, Werner (2011): *Einführung in die Übersetzungswissenschaft*. Tübingen und Basel: A. Francke Verlag.

[3] 毕思露:以目的论分析《习近平谈治国理政》的中国特色词汇翻译[D]. 北京外国语大学,2015.

[4] 董雁/马杰:《习近平谈治国理政》第三卷英文版海外传播研究[J]. 传媒,2021/3:74-76.

[5] 来程颖:从翻译伦理角度分析《习近平谈治国理政》第二卷中国特色表达英译[D]. 北京外国语大学,2019.

[6] 李苗苗:文化视角下《习近平谈治国理政》一书中四字成语的德译策略研究[D]. 广东外语外贸大学,2016.

[7] 刘培靓:《习近平谈治国理政》(第二卷)特色词汇的维译研究[D]. 伊犁师范大学,2021.

[8] 李新建,罗新芳,樊凤珍:成语和谚语[M]. 郑州:大象出版社,1997.

[9] 李新星:目的论视角下的中国特色表达法译策略研究[D]. 黑龙江大学,2019.

[10] 吕亚楠:《习近平谈治国理政》研究[D]. 陕西师范大学,2019.

[11] 蒙家宜:目的论视角下的中国政论外宣翻译策略探究[D]. 北京外国语大学,2019.

[12] 邱大平:国家形象视阈下政治话语外宣翻译策略研究[D]. 华中师范大学,2018.

[13] 齐骥：从归化异化看《习近平谈治国理政》的中国特色词汇英译[D]. 北京外国语大学，2015.

[14] 任佳丽：目的论视角下《习近平谈治国理政（第一卷）》中“四字格”的英译研究[D]. 中北大学，2020.

[15] 司显柱/曾剑平：对外政治话语翻译：原则、策略、成效——以《习近平谈治国理政》的英译为例[J]. 上海翻译，2021/2:18-24.

[16] 王章怡：从归化异化角度看《习近平谈治国理政·第二卷》之中国特色用语德译[D]. 西安外国语大学，2019.

[17] 徐亚男：忠实源语 融通中外[N]. 载《中国社会科学报》，2022-10-27(6).

[18] 袁潇：跨文化视域下文化负载词的翻译策略研究[D]. 四川外国语大学，2022.

[19] 张智/刘建军：习近平的群众风格语言及其对宣传思想工作话语的启示[J]. 中国特色社会主义研究，2017/3:57-62.

[20] 赵欣：《习近平谈治国理政》中汉语四字格俄译研究[D]. 黑龙江大学，2020.

[21] 赵羽佳：译者行为批评视阈下《习近平谈治国理政》中中国特色表达英译方法研究[D]. 河南师范大学，2021.

附录①

《习近平谈治国理政》第二卷“建设社会主义法治国家”专题中四字成语中德对照（按原文中出现顺序）

南辕北辙	Ein falscher Weg wird uns zum Gegenteil dessen führen, was wir zu erreichen versuchen.
旗帜鲜明	1. Fahne ist klar erkennbar.
	2. ohne Wenn und Aber
沸沸扬扬	brodeln
[……]	…

① 为节省篇幅，论文附录内容我们不作全部展示。

5.4.2 论文评析

本论文以《习近平谈治国理政》第二卷为研究语料,分析了其中四字成语的等值翻译方法。在课堂报告的基础上,本论文转换了研究理论视角,从艾克西拉文化专有项翻译理论转换为科勒等值理论,但保留了研究语料,将报告完善成了一篇较成熟的学期论文。

本学期论文的主要优点在于:

(1) 本论文最突出的优点在于形式较为严谨规范。相较于之前的三篇学期论文,本论文从引言到结语,各部分的内容安排与正式规范的论文最为接近。开篇设置了目录,结尾的附录中列出了语料范围内所有的四字成语及其德译。在参考文献部分,作者还区分了用于研究的一级文献和用于参考的二级文献,显示了作者较好的研究和学术写作素养。当然,作者所列出的文献中有很大一部分是学位论文,其中不乏硕士论文,及一些级别较低的期刊论文,而外语类核心期刊的优质论文引用量则较少,这是有待进一步提升的地方。

(2) 本论文除了形式上符合学术论文要求之外,从引言到第 2 章的科勒等值理论,直至第 3 章的语料介绍,内容较完整,过渡衔接也较流畅。在这几个部分,作者交代了本论文的研究背景、研究对象、主要的理论支撑,以及主要研究内容和语料来源,为之后的语料分析提供了较好的基础和铺垫。

(3) 从选题来看,本论文聚焦《治国理政》中的四字成语德译,也是抓住了汉语政治文本的一大语言特点,研究结果可以为同类翻译实践提供依据和借鉴。《治国理政》包含习近平主席在不同场合的报告、讲话、演讲等,涉及中国的治国方略、外交理念等习近平新时代中国特色社会主义思想的重要内容,恰当地翻译这些重要的政治文本,对传播中国文化、讲好中国故事、优化中国话语对外传译、使世界更好地理解中国道路中国方案,具有不可忽视的作用和意义。有学者(杨明星,赵玉倩,2020:151)指出,我国领导人常借用诗赋、谚语、成语、典故等修辞手法或隐含性经典叙事来表达观点和立场,如何将这些中国特色的语言现象形神兼具、准确无误地传达给外国受众,关系到国家话语能力建设和国际话语权的提升。可以说,修辞是一种手段,而表达意义、实现其话语性是语言运用的目的,因此学者们提出政治文本的翻译标准是“忠实原文是基础、译文通顺是途径、接受效果是关键”,其中的修辞翻译更应遵循“政治等效+意象再现”的原则,即首先要保持政治正确性,在此基础上可以进行修辞意象的再现。本论文从不同的等值层面入手对语料中的四字成语德译进行分析,是另一种理论视角的译本分析尝试,研究结果可以丰富政治文本修辞翻译研究。

本学期论文的主要可改进之处在于：

(1) 论文的语料分析部分以科勒的五个等值层级为分类依据，分别选择了一些例子加以分析。同前面几篇例文类似，作者可以加深分析的层次，例如对于语料中所有的四字成语，先对其翻译方法加以统计区分，再分别探讨每一种译法所实现的等值类型。这样可以防止论文分析的结果流于泛泛的归类，而缺乏对译文最终形式的内因分析。

(2) 论文尽管对四字成语的概念略有介绍，但在具体分析过程中若能进一步关注汉语四字成语的类型和结构，继而将汉语成语的结构知识与它们的德语译文结合起来进行互动分析，得出的研究结果对于类似的翻译实践具有更好的指导意义，也能进一步提升论文结论的层次和研究价值。

总体而言，本论文是一篇较为完整的学期论文，体现出作者撰写学术论文的专业知识和素养，可以为大家提供撰写同类语篇的借鉴。

在第五章，我们选取了源于第四章课堂报告 PPT 的学生学期论文进行展示和评析，以便可以较清晰地展示学生从前期译本分析课堂报告再到学期论文撰写，针对同一个主题同一个译本的整体研究过程。现在我们对前面评析的四篇论文的一些共性和需要进一步优化和注意的地方做一个梳理。

首先，这四位作者都基于之前所学知识，抓住了所分析文本的显著特点(如 5.1《美食家》中的菜名、5.2 小说《围城》中的隐喻、5.3《宣言》中的定语从句、5.4 汉语政治文本中的四字成语)，由此确定了自己的研究课题(如 5.1 汉语菜名的德译、5.2 汉语隐喻的德译、5.3 德语定语从句的汉译、5.4 四字成语的德译)，在此基础上选择了合适的理论视角(如 5.1 语用等值、5.2 纽马克隐喻翻译策略、5.3 顺应论、5.4 等值理论)。总体而言，这四篇论文的选题都较为合理，具有现实意义和实践价值，并具有可行性。有了合理、有意义并具有可行性的选题，相关的课题研究就已经成功了一半。其次，四位作者都运用了较为合理的研究方法，选择了较为恰当的切入点，对语料和译文进行了较为仔细的研读和分析。比如 5.1 的论文作者先基于收集的语料对菜名特点进行分析，进而受到文献启发把菜名分为写实和写意命名法两大类，在两大类下再区分分类别，从而为后续语料分类和分析奠定了基础；5.2 的论文从隐喻概念和隐喻翻译策略入手，选取典型实例对其德译进行分析，还对某些个案提出建设性修改意见，颇有学术创新的勇气；5.3 的论文因为有《宣言》两个汉译本而从顺应论视角对德语定语从句的汉译进行了对比分析，是翻译研究中值得借鉴和推荐的方法;5.4 的论文则从科勒提出的五个等值层面出发,审视四字成语的德译效果,研究结果可以为政治文本中成语的外译提供参考。从内容上而言,四篇论文都基于前期的课堂报告撰写而成,但相较于课堂报告都有所调整和优化,对自己的研究问题作了进一步思考和明确,体现了作者精益求精、不断改进的认真态度,也体现了学生经过一个学期的学习在翻译研究领域所取得的学术研究和写作方面的收获。另外,四篇论文的结构都较为完整、合理。作者都适当压缩了引言和理论阐述,并将更多的笔墨留给了论文的主要内容语料分析部分;实例分析也能基本做到基于理论和资料,分析基本得当,结果具有一定的说服力;论文末尾还罗列了所参考的文献,并在附录部分列出了所收集的相关语料,给读者较为完整的印象。可以说,四位作者都具备基本的学术语篇写作素养,都有基本的格式规范意识。从他们的课堂报告和学期论文中展示出来的学术研究过程和学术论文写作方法,可以为大家从事其他文学文本、政治语篇,或其他文本类型的翻译实践和翻译研究提供借鉴和参考。

在此我们也将近几年本课程的学期论文题目罗列如下,供读者参考。为了较为清晰地体现论文的研究视角、研究对象和语料来源,我们对论文题目进行了一定的优化。

表 5-2　2018 年"译介学理论与实践"课程学期论文一览表

序号	题　目
1	从功能翻译视角看文学作品外译——以鲁迅《故乡》德译本为例
2	德语电影片名汉译中的重命名现象
3	功能翻译视角下社会文化因素的翻译研究——以《我们仨》(汉德双语)第二部为例
4	从翻译目的论角度浅析英德电影片名翻译
5	功能翻译视角下汉语文化特色词汇的德译——以《孙子兵法》德译本为例
6	功能翻译理论视角下《论语心得》文化因素德译研究——以第一、二章为例
7	读者接受角度下看文化特色词汇翻译——以《孔子学院》为例
8	从功能翻译视角看《论语心得》德译中的译者主体性发挥——以前言及前两章为例
9	从功能翻译理论视角浅析戏剧语言翻译——以《雷雨》第二幕德译本为例
10	从功能翻译角度看中国文化因素的对外传译——以《孔子学院》第 6 期(中德对照)为例
11	顺应论视角下《我们仨》德译本中汉语文化元素德译分析
12	《十九大报告》中国特色用语的德译研究——基于德国功能翻译理论
13	从功能翻译视角看译者主体性发挥——以《孔乙己》两个德译本为例
14	《共产党宣言》中破框现象的翻译

(续表)

序号	题 目
15	功能对等理论视角下《阿Q正传》中的熟语德译研究
16	目的论视角下《美食家》中食物名称德译分析
17	《围城》第三章文化因素的德译研究
18	功能对等视角下文学作品中的人名和地名翻译研究——以《许三观卖血记》德译本为例
19	功能翻译视角下中国文化因素的德译探讨——以《大学》为例
20	诺德功能翻译视角下小说人名的德译方法探析——以《呐喊》中五部小说的人名德译为例
21	功能翻译理论视角下中国文化因素德译的翻译策略研究——以《朝花夕拾》为例
22	从功能对等理论角度探讨隐喻德译——以《围城》德译本第三章为例
23	功能加忠诚视角下古文标题的翻译——以大中华文库《唐宋文选》为例
24	功能翻译理论视角下中国文化因素德译对比分析——以《雷雨》第二幕两个德译本为例
25	功能翻译理论视角下中国旅游景点名称德译研究——以《中国文化读本》德文版为例
26	从功能翻译理论视角下探讨中国文化因素德译——以《西游记》中德目录为例

表 5-3 2019 年“译介学理论与实践”课程学期论文一览表

序号	题 目
1	从重命名翻译角度看德国品牌名汉译
2	功能翻译理论视角下的《智利地震》汉译本分析
3	《红楼梦》两个德译本人名翻译对比分析
4	《美食家》德译本中食物名称的翻译方法
5	从归化异化角度比较分析《红楼梦》两个德译本——以《好了歌》为例
6	功能翻译视角下政治报告中词语辞格的德译——以《2019 年国务院政府工作报告》为例
7	语用预设的翻译策略探讨——以《美食家》德译为例
8	功能对等视域下的德语电影片名汉译重命名现象分析
9	读者反应论视角下《金罐》章节导语译本比较
10	从顺应论角度看《红楼梦》服装德译——比较库恩和史华慈的译本
11	从科勒等值理论角度看中国文化因素的德译——以歌德学院网站乡城专栏为例
12	从等值理论角度看《围城》中文化因素的德译
13	试析目的论视角下《围城》德译本中的幽默翻译

(续表)

序号	题　目
14	莱斯文本类型理论视角下的讲话类文本翻译——以习近平新年贺词德译本为例
15	目的论视角下中德时事新闻标题翻译——以语料库分析的中德标题特点为基础
16	等值理论视阈下的四字成语翻译——以《我们仨》德译本为例
17	从顺应论视角看汉语成语的德译——以党的十九大报告为例
18	从功能翻译视角分析文化负载词的德译——以《十九大报告》德译本为例
19	《围城》中四字成语德英译本翻译比较
20	从功能翻译角度看《红高粱》德译本中的方言翻译
21	浅析隐喻及熟语的德语翻译策略——以《围城》第三章为例
22	从等值理论看中国政治话语的比喻翻译——以《十九大报告》和《中国关键词》为例
23	浅析文化专有项的翻译策略——以《美食家》德译本为例
24	政治类文本翻译过程中的显化、隐化研究——以《2019 年政府工作报告》为例
25	从科勒等值理论角度看《美食家》四字成语的德译

表 5-4　2020 年“译介学理论与实践”课程学期论文一览表

序号	题　目
1	莱斯文本类型理论及其实际应用
2	中国典籍外译发展脉络与思考——聚焦中国典籍在德国的译介
3	功能对等理论下艾辛多夫《渴望》诗歌汉译对比赏析
4	从归化与异化角度试析《留德十年》德译本中熟语的翻译
5	目的论视角下的电影字幕汉译研究——以《隐形同盟》为例
6	功能翻译视角下看《共产党宣言》重要概念的汉译
7	功能翻译理论视角下的诗歌翻译——以歌德《图勒国王》为例
8	功能翻译理论视角下的《红楼梦》人名翻译——以史华慈德译本为例
9	目的顺应视角下《红楼梦》委婉语德译研究——以库恩译本为例
10	从功能对等视角浅析《浪潮》的中文字幕翻译
11	异化归化视角下文化负载词的翻译策略分析——以《我们仨》德译本为例
12	从等值翻译理论视角分析中国成语的翻译策略——以《留德十年》德译本为例
13	从纽马克隐喻翻译策略看文学作品中的隐喻翻译——以《围城》1～5 章的德译为例
14	德语新闻报道中的外交语言翻译——以第七十五届联合国大会一般性辩论上的习近平讲话为例

(续表)

序号	题 目
15	《围城》文化现象翻译分析——以 Monika Motsch 译本为例
16	2020 年中国政府工作报告的德译策略分析——从功能对等理论视角出发
17	浅析《茶馆》德译本中人物形象的再现——以 Klöpsch 和 Kräuter 译本为例
18	民俗文化的翻译策略探究——对《边城》两个德译本的对比分析
19	从归化异化角度看《老友记》的德汉字幕翻译
20	《红高粱》德译本中文化词汇翻译策略研究
21	译介学视角下《流浪地球》德译版的翻译策略
22	政治文本中的语典德译分析
23	目的论视角下的中国政治文本德译研究——以《2020 年政府工作报告》为例
24	《围城》德译本中人名与成语翻译策略研究

表 5-5　2021 年“译介学理论与实践”课程学期论文一览表

序号	题 目
1	《围城》中文字游戏德译分析
2	目的论视角下《青铜葵花》德译本中文化负载词翻译研究
3	《美食家》熟语德译方法浅析——以前六章为例
4	从译者主体性视角分析《围城》中文化专有项的德译
5	文化专有项翻译策略分析——以《美食家》德译本前三章为例
6	从译者主体性看《共产党宣言》中核心概念的翻译
7	卫礼贤与荣格对《易经》德英译介的个人传播行为研究
8	纽马克隐喻翻译理论视角下《共产党宣言》汉译分析——以吴建广译本为例
9	从科勒等值理论视角看汉语比喻德译——以老舍《茶馆》为例
10	基于莱斯文本类型理论的人机交互翻译策略研究——以德汉互译为例
11	《朝花夕拾》文化专有项翻译策略研究
12	语用顺应论视角下的元话语翻译研究——以《论语心得》德译本前三章为例
13	从等值理论视角看章回小说中的诗歌德译——以《三国演义》第四十一至第五十回为例
14	《茶馆》德译本文化专有项翻译方法研究
15	目的论视角下中国特色政治缩略语德译分析——以《2021 年政府工作报告》为例
16	顺应论视角下德语定语从句的汉译研究——以《共产党宣言》两个德译本为例

（续表）

序号	题 目
17	从目的论看习近平新年致辞中“四字格”的翻译
18	《美食家》德译本中菜名翻译策略研究
19	从目的论的视角看《茶馆》德译中的人名翻译
20	从译者主体性角度对比《共产党宣言》陈望道和吴建广译本
21	交际语境顺应视角下的《茶馆》片段德译分析
22	科勒等值理论视角下的成语德译方法分析 ——以《围城》前四章为例
23	目的论视角下政治语篇中的隐喻翻译策略分析——以《2021 年政府工作报告》为例
24	功能对等理论视角下《共产党宣言》修辞疑问句汉译研究——以编译局和吴建广译本为例
25	归化与异化视角下《茶馆》熟语德译比较分析
26	语用等值视角下《茶馆》称呼与应答的德译
27	《我们仨》德译本中隐喻翻译分析
28	从语用顺应论视角看汉语文化专有项的德译——以《千字文》林小发译本为例
29	《共产党宣言》中排比结构汉译策略对比分析——以吴建广和编译局译本为例
30	科勒等值理论下的中国特色政治词汇翻译研究——以《2021 年政府工作报告》为例
31	《流浪地球》文学性翻译分析
32	外宣文本中政治特色表达德译分析——以《中国关键词〈第一辑〉》为例
33	克里斯蒂安·诺德的四种翻译问题——分析与总结
34	目的论视角下《帝国的毁灭》字幕翻译对比

基于前面的论文评析，我们在此也提出一些改进和完善建议。(1)题目表述要文题相符，选题确定以后，要用合适的表述将课题的主要内容和特色体现在题目中，包括研究对象、研究视角、研究语料等；(2)作者应在论文开篇明确自己的写作目的、研究现状和研究问题，并在语料分析和论文撰写过程中以问题为导向逐步回答所提出的问题，使论文具有完整的内容结构和论述逻辑，也进一步凸显研究的理论意义和实践价值；(3)关于语料选择或分类的标准和依据，作者应在论文合适的位置加以交代和说明，以便使研究过程清晰明了，也使研究结论顺理成章；(4)在论文阐述过程中，作者应有读者意识，避免突兀、脱节的表达和阐述，避免没有依据的随意性断言，要尽量使自己的分析和评述有理有据，尽量以资料引用的方式为自己的评析提供依据，使读者更好地理解和接受论文内容；(5)在分析过程中，我们要尽可能深化

自己的分析层次，探讨译文之成因，而非仅仅总结译文的表现，通过量化和质性分析等多种方法的结合运用，可以使研究结果更具说服力和可信度；(6)文献目录需注意其完整性和规范性，文献引用来源方面也应进一步优化，通过优质文献的阅读可以获取优质的学术研究启发，优质文献的引用可以提升论文的质量和水平。

附录一　时文介绍举例

50 Jahre gegenseitiger Respekt und Win-win-Kooperation

中国前驻德大使谈中德建交50周年：相互尊重合作共赢、保持稳定良好势头

Quelle:（人民网德语视界）

http://german.people.com.cn/n3/2022/1011/c209052-10156735.html

https://mp.weixin.qq.com/s/tFcn_SHjfcUkCaUvSLLOxA

Dieses Jahr ist ein ganz besonderes Jahr für die chinesisch-deutschen Beziehungen: Die Regierung der Volksrepublik China und die Regierung der Bundesrepublik Deutschland haben am 11. Oktober 1972 beschlossen, diplomatische Beziehungen auf Botschafterebene aufzunehmen. In den letzten 50 Jahren hat die Welt viele Höhen und Tiefen erlebt. China hat bemerkenswerte Erfolge bei seiner Reform und Öffnung erzielt und ist mittlerweile zur zweitgrößten Volkswirtschaft der Welt geworden. Deutschland seinerseits hat seine Teilung überwunden und eine nationale Einheit erreicht. Bis heute bleibt es das wirtschaftsstärkste Land in Europa. Auch die chinesisch-deutschen Beziehungen haben sich trotz einiger Windungen im Wesentlichen mit einer schnellen, anhaltenden und stabilen Dynamik entwickelt und sind im Vergleich zu den Beziehungen mit anderen europäischen Ländern führend. Das wichtigste Merkmal der umfassenden strategischen Partnerschaft zwischen China und Deutschland ist, dass sie pragmatisch, umfassend, tiefgreifend und fest verankert ist.

10月11日是中德建交50周年纪念日。50年来，世界风云变幻、跌宕起伏。而中国改革开放取得举世瞩目的成就，成为世界第二大经济体；德国结束分裂，实现民族统一，成为欧洲经济实力最强的国家。中德关系虽有曲折，但总体保持了迅速、持

续、稳定的良好势头，始终走在中国与欧洲国家发展关系的前列。中德全方位战略伙伴关系的最大特点是务实、广泛、深入，基础牢固。

Win-win-Kooperation	合作共赢
Die Welt hat viele Höhen und Tiefen erlebt.	世界跌宕起伏。
die zweitgrößte Volkswirtschaft der Welt	世界第二大经济体
im Wesentlichen mit einer schnellen, anhaltenden und stabilen Dynamik entwickeln	总体保持了迅速、持续、稳定的良好势头
im Vergleich zu den Beziehungen mit anderen europäischen Ländern führend sein	走在中国与欧洲国家发展关系的前列
die umfassende strategische Partnerschaft zwischen China und Deutschland	中德全方位战略伙伴关系
pragmatisch, umfassend, tiefgreifend	务实、广泛、深入
fest verankert sein	基础牢固

In den vergangenen 50 Jahren haben die beiden Länder ihr gegenseitiges politisches Vertrauen vertieft und ihre Staats- und Regierungschefs haben sich regelmäßig und häufig gegenseitig besucht. Insbesondere seit Beginn des neuen Jahrhunderts befinden sich die chinesisch-deutschen Beziehungen auf der „Überholspur" und in einer Phase der „Beschleunigung" der umfassenden Entwicklung. So konnten sie in den folgenden Jahren erfolgreich einen „Dreisprung" in Folge vollziehen: Im Jahr 2004 kündigten beide Seiten im Rahmen der strategischen Partnerschaft China-EU zunächst den Aufbau einer „Partnerschaft in globaler Verantwortung" sowie die Einrichtung eines Mechanismus zu alljährlichem Treffen der Regierungschefs beider Länder an. Im Jahr 2010 beschlossen die beiden Länder die umfassende Förderung der strategischen Partnerschaft und vereinbarten zu diesem Zweck die Einrichtung regelmäßiger Regierungskonsultationen. Im Jahr 2014 haben die beiden Länder dann schließlich eine umfassende strategische Partnerschaft beschlossen.

Bereits im Jahr 2011 hatten die beiden Länder regelmäßige Regierungskonsultationen eingerichtet. Dabei handelt es sich um den Konsultationsmechanismus auf höchster Ebene zwischen China und den westlichen Ländern. Dieser hat kontinuierlich Beiträge dazu geleistet, die praktische Zusammenarbeit zu vertiefen, die bilateralen Verhältnisse strategisch zu gestalten und den Fahrplan für deren Entwicklung aufzustellen. Die Häufigkeit, mit denen sich die chinesischen und deutschen Staats- und Regierungschefs gegenseitig besuchten, war lange Zeit eine Seltenheit in den Beziehungen Chinas zu westlichen Ländern. Seit dem Ausbruch der COVID-19-Pandemie haben die Staats- und Regierungschefs der beiden Länder weiterhin stets einen engen Kontakt und Austausch gepflegt. Die umfassende Zusammenarbeit zwischen China und Deutschland hat währenddessen sowohl in Bezug auf die Breite als auch auf die Tiefe ein noch nie dagewesenes Niveau erreicht.

50年间，中德两国政治互信不断加深，领导人互访频繁。进入新世纪，中德关系跨入全面发展的“快车道”和“提速期”，成功实现“三级跳”。2004年，双方宣布在中欧全面战略伙伴关系框架内建立具有全球责任的伙伴关系，并建立两国总理年度会晤机制；2010年，两国决定全面推进战略伙伴关系，并同意建立政府磋商机制；2014年，双方将两国关系进一步提升为全方位战略伙伴关系。

2011年，两国建立中德政府磋商机制，这是中国与西方国家之间最高级别的磋商机制，为不断深化务实合作、战略性地规划双边关系、确定双边关系发展计划发挥了重要作用。长期以来，两国领导人之间互访频率之高，在中国与西方国家关系中是罕见的。新冠肺炎疫情发生以来，两国领导人仍然保持着密切的联系和交往。中德全方位合作，无论广度还是深度都达到前所未有的水平。

gegenseitiges politisches Vertrauen vertiefen	加深政治互信
Staats- und Regierungschefs besuchen sich regelmäßig und häufig gegenseitig	领导人互访频繁
die „Überholspur“ der umfassenden Entwicklung	全面发展的“快车道”
eine Phase der „Beschleunigung“ der umfassenden Entwicklung	全面发展的“提速期”
einen „Dreisprung“ vollziehen	实现“三级跳”
die strategische Partnerschaft China-EU	中欧全面战略伙伴关系
Partnerschaft in globaler Verantwortung	具有全球责任的伙伴关系
Mechanismus zu alljährlichem Treffen der Regierungschefs beider Länder	两国总理年度会晤机制
die umfassende Förderung	全面推进
die bilateralen Verhältnisse gestalten	规划双边关系
sowohl in Bezug auf die Breite als auch auf die Tiefe ein noch nie dagewesenes Niveau erreichen	无论广度还是深度都达到前所未有的水平

Die wirtschaftliche und handelspolitische Zusammenarbeit zwischen den beiden Ländern zeichnet sich dadurch aus, dass sie komplementär und besonders fruchtbar ist. Das durchschnittliche tägliche Handelsvolumen zwischen den beiden Ländern an einem einzigen Tag entspricht heute dem Volumen von mehr als zwei Jahren zu Beginn der diplomatischen Beziehungen. Auf der anderen Seite ist Deutschland innerhalb der EU das Land, das am meisten in China investiert und am meisten Technologietransfers tätigt. In den letzten Jahren haben sich die chinesisch-deutschen Investitionen von einer „Einbahnstraße" in eine „Zweibahnstraße" verwandelt, wobei auch die chinesischen Investitionen in Deutschland erheblich gestiegen sind. Diese rasche Entwicklung der Wirtschafts- und Handelsbeziehungen und der technologischen Kooperationen zwischen Deutschland und China hat beiden Ländern und ihren Bürgern spürbare Vorteile gebracht.

Wie die chinesische Weisheit besagt, ist die Verbundenheit zwischen den Menschen der Schlüssel zu der Freundschaft zwischen den Ländern. Im Rahmen des Deutsch-Chinesischen Dialogmechanismus für den gesellschaftlich-kulturellen Austausch pflegen mehr als 500 Hochschulen und Forschungsinstitute eine enge Zusammenarbeit. Mit mehr als 50.000 Studierenden bilden Chinesen inzwischen die größte Gruppe ausländischer Studierender in Deutschland. Mehr als 300 Grund- und weiterführende Schulen in Deutschland bieten mittlerweile Chinesisch-Kurse an, und in ganz Deutschland sind 19 Konfuzius-Institute aktiv. Die Zahl der Partnerschaften zwischen den Provinzen und Bundesländern bzw. Städten der beiden Länder steht derzeit bei 103. Vor der Pandemie gab es insgesamt mehr als zwei Millionen Touristen, die entweder von Deutschland nach China kommen oder umgekehrt. Jede Woche gab es mehr als 100 Flüge in beide Richtungen. Dieser Kultur-, Bildungs- und Personenaustausch zwischen den beiden Ländern hat erheblich dazu beigetragen, das gegenseitige Verständnis und die Freundschaft zwischen den Menschen beider Länder zu stärken.

两国经贸合作优势互补，硕果累累。两国现在平均每天的贸易额相当于建交初期两年多的量。德国也是中国在欧盟最大的外资及技术引进来源国。近年来，中德投资已从“单行道”转为“双向道”，中国对德投资也明显增长。中德经贸关系和技术合作的迅速发展，给两国和两国人民带来了实实在在的好处。

国之交，在于民相亲。中德两国建立了高级别人文交流对话机制，500 多对高校和研究机构之间保持着密切合作关系。5万多名中国留学生构成德国最大海外留学生群体。德国300多所中小学开设汉语课程，中国在德建有19家孔子学院。两国省州和城市之间的伙伴关系数量已经多达103对。新冠肺炎疫情前，中德互访游客超过200万人次，每周有100多个航班往来。两国文化、教育和人员交流往来大大地增进了两国人民之间的相互了解和友好感情。

die wirtschaftliche und handelspolitische Zusammenarbeit	经贸合作
komplementär sein	优势互补
sich von einer „Einbahnstraße“ in eine „Zweibahnstraße“ verwandeln	从“单行道”转为“双向道”
spürbare Vorteile bringen	带来了实实在在的好处
die Verbundenheit zwischen den Menschen ist der Schlüssel zu der Freundschaft zwischen den Ländern	国之交，在于民相亲
Dialogmechanismus für den gesellschaftlich-kulturellen Austausch	高级别人文交流对话机制
Konfuzius-Institute	孔子学院
die Zahl der Partnerschaften zwischen den Provinzen und Bundesländern bzw. Städten der beiden Länder	两国省州和城市之间的伙伴关系数量
das gegenseitige Verständnis stärken	增进相互了解

Auf der globalen Bühne arbeiten die Volksrepublik und die Bundesrepublik auch in Bezug auf die Wahrung des internationalen Friedens eng zusammen und stimmen sich miteinander ab. Beide Länder setzen sich für Multilateralismus und gegen Unilateralismus ein, befürworten Freihandel und lehnen Handelsprotektionismus ab und treten für Globalisierung und internationale Zusammenarbeit anstelle von Blockpolitik und spaltenden Abkopplungsversuchen ein. Beide sind unter anderem Fürsprecher für friedliche politische Lösungen für internationale und regionale Streitigkeiten und sprechen sich nachdrücklich für Klimaschutz und Kohlenstoffneutralität aus. Auch in Bereichen wie der globalen Governance haben China und Deutschland vergleichbare Vorstellungen und Ziele und sind engagierte Akteure. Die Tatsache, dass die chinesisch-deutschen Beziehungen das heutige Niveau erreicht haben, ist untrennbar mit dem gegenseitigen politischen Respekt und Vertrauen, der wirtschaftlichen Komplementarität und der Win-win-Kooperation zwischen den beiden Ländern verbunden. Es ist überdies auch das

Ergebnis der langjährigen Bemühungen der führenden Politiker und zahlloser einsichtiger Menschen in beiden Ländern.

两国在国际事务中共同维护和平，合作协调。中德两国都主张多边主义，反对单边主义，倡导自由贸易，反对贸易保护主义，主张推进全球化和国际合作，反对集团政治和分裂脱钩，主张以和平手段解决国际和地区争端，大力倡导并实施气候保护和碳中和。双方在全球治理等领域也理念相近，目标一致。中德关系能取得今天这样的成果，与两国在政治上互尊互信、经济上互补、合作上共赢密不可分，同时也是两国领导人及无数有识之士长期以来为之付出、耕耘的结果。

sich miteinander abstimmen	合作协调
Multilateralismus, Unilateralismus	多边主义，单边主义
Freihandel, Handelsprotektionismus	自由贸易，贸易保护主义
sich für etwas(A) einsetzen, befürworten, für etwas(A) eintreten, für etwas (A) aussprechen, Fürsprecher für etwas(A)	主张……
gegen etwas(A), etwas ablehnen	反对
Kohlenstoffneutralität	碳中和
die globale Governance	全球治理
der gegenseitige politische Respekt und Vertrauen, die wirtschaftliche Komplementarität und die Win-win-Kooperation	政治上互尊互信、经济上互补、合作上共赢
mit etwas(D) untrennbar verbunden sein	密不可分
zahllose einsichtige Menschen	无数有识之士

Heute, 50 Jahre nach der Aufnahme diplomatischer Beziehungen, sehen wir vor dem Hintergrund der immer komplexer werdenden internationalen Lage, dass die Beziehungen zwischen den beiden Ländern zwar einerseits vor neuen Entwicklungschancen, aber gleichzeitig auch vor neuen Herausforderungen stehen. Unter dem dreifachen Einfluss der Spannungen zwischen China und den USA, der COVID-19-Pandemie und der Ukraine-Krise durchläuft Deutschland gerade eine „Zeitenwende“ in seiner Innen- und Außenpolitik. Im Dezember letzten Jahres wurde die erste Bundesregierung aus einer Drei-Parteien-Koalition in der deutschen Geschichte gebildet. Diese neue sog. Ampel-Koalition hat zum Ausdruck gebracht, dass sie den Beziehungen zu China weiterhin große Bedeutung beimisst, die geopolitischen, sicherheitspolitischen und ideologischen Faktoren sowie der Einfluss der USA haben aber in ihren Überlegungen zur deutschen Chinapolitik eindeutig zugenommen. Die neue Regierung wolle die Beziehungen mit China in den Dimensionen Partnerschaft, Wettbewerb und Systemrivalität gestalten. Zudem soll aktuell noch eine neue China-Strategie erarbeitet werden. Seit Beginn der COVID-19-Pandemie und vor allem seit dem Ausbruch der Ukraine-Krise gibt es ein großes Defizit und Missverständnis in der deutschen Wahrnehmung von China. Zu den Fragen, wie es mit den chinesisch-deutschen Beziehungen und mit der deutschen China-Politik weiter geht, findet in Deutschland gerade eine neue Debatte statt.

在中德建交50周年的今天，在国际形势日益复杂的背景下，两国关系既面临新的发展机遇，也面临新的挑战。在中美博弈、疫情蔓延和乌克兰危机三重因素的作用下，德国的内外政策正在经历“时代性转变”。去年12月，德国历史上首届三党联合政府组成，德国新政府在表示重视对华关系的同时，其对华政策考量中的地缘政治、国家安全、意识形态及美国因素明显上升，并将中德关系定位为伙伴、竞争者和制度性对手。德国还在酝酿出台新的对华战略文件。疫情之后，特别是乌克兰危机爆发以来，德国对华认知出现了巨大失误和误解。中德关系何去何从？德国对华政策何去何从？德国国内正在就此进行一场新的辩论。

stehen vor dem Hintergrund ...	在……的背景下
unter dem dreifachen Einfluss der Spannungen zwischen China und den USA, der COVID-19-Pandemie und der Ukraine-Krise	在中美博弈、疫情蔓延和乌克兰危机三重因素的作用下
Zeitenwende durchlaufen	经历时代性转变
Drei-Parteien-Koalition	三党联合政府
etw(D) große Bedeutung beimessen	重视
die geopolitischen, sicherheitspolitischen und ideologischen Faktoren	地缘政治、国家安全、意识形态因素
eine neue China-Strategie erarbeiten	出台新的对华战略文件
die deutsche Wahrnehmung von China	德国对华认知
ein großes Defizit und Missverständnis	巨大失误和误解

Der 50. Jahrestag der Aufnahme diplomatischer Beziehungen bietet auch einen guten Anlass für beide Seiten, um zurückzublicken, nach vorne zu schauen und auf dem in der Vergangenheit Erreichten aufzubauen. Was die künftigen Aussichten für

die chinesisch-deutschen bzw. chinesisch-europäischen Beziehungen und die Zusammenarbeit angeht, so sind wir fest entschlossen und zuversichtlich. Gleichzeitig schenken wir aber auch den neuen Veränderungen, Problemen und Herausforderungen große Aufmerksamkeit.

Im Mai dieses Jahres betonte Präsident Xi Jinping bei einem Videogespräch mit Bundeskanzler Olaf Scholz, dass die chinesisch-deutschen Beziehungen in den letzten 50 Jahren ein hohes Niveau aufrechterhalten hätten und beide Seiten durch die kontinuierliche Vertiefung der praktischen Zusammenarbeit eine gemeinsame Entwicklung und viele Win-win-Erfolge erzielt hätten. Der Schlüsselfaktor dafür sei insbesondere gewesen, dass man am gegenseitigen Respekt und einer gemeinnützigen Zusammenarbeit festgehalten habe. Diese wertvolle Erfahrung und zugleich ein wichtiges Prinzip für internationale Beziehungen müsste auch in der Zukunft konsequent befolgt werden. Chinas ursprüngliche Absicht, die chinesisch-deutschen Beziehungen weiter auszubauen, habe sich nie geändert. Genauso würden auch Chinas aufrichtiger Wunsch, die Zusammenarbeit mit der deutschen Seite zu verstärken, und das Vertrauen in die bilaterale Zusammenarbeit, um noch mehr bedeutsame Ereignisse zu erreichen, unverändert bleiben.

Die chinesisch-deutsche Zusammenarbeit ist keine Einbahnstraße, sondern dient stattdessen immer den Vorteilen beider Seiten. Aktuell ist es am wichtigsten, den allgemeinen Kurs der Entwicklung der bilateralen Beziehungen gut zu steuern, das gegenseitige politische Vertrauen zu stärken und den Konsens zu erweitern. Es gilt dabei, die Kerninteressen des jeweils anderen zu respektieren, während Missverständnisse und Konflikte abgebaut werden. Neben der Aufrechterhaltung der bestehenden Kooperationen sollten beide Seiten auch neue Highlights und Plattformen für die Zusammenarbeit in den zukunftsorientierten Bereichen wie Umweltschutz, künstliche Intelligenz (KI), neue Energien, digitale Wirtschaft und grüne Wirtschaft schaffen. Nur auf diese Weise können die Gewinne, die sich aus der Zusammenarbeit zwischen beiden Seiten ergeben, kontinuierlich gesteigert werden.

Die Aufrechterhaltung bzw. der Ausbau der freundschaftlichen und kooperativen Beziehungen zwischen Deutschland und China wird nicht nur allein unseren beiden Ländern und Menschen zugutekommen, sondern auch dazu dienen, gemeinsam mehr positive Energie für den Frieden, die Stabilität und die Entwicklung in dieser turbulenten Welt zu erzeugen.

中德建交50周年,也是双方回顾过去、展望未来、继往开来的重要时刻。中方对未来中德、中欧关系发展和中德、中欧合作的前景抱有足够的定力和信心,同时密切关注出现的新变化、新问题、新挑战。

今年5月,中国国家主席习近平在与德国总理朔尔茨视频会晤时强调,过去50年来,中德关系保持高水平运行,双方通过持续深化务实合作实现了共同发展、相互成就,关键是坚持相互尊重、合作共赢,这一宝贵经验和重要原则要始终如一坚持下去。中方发展中德关系的初衷不变,同德方加强合作的真诚愿望不变,对中德共同办成更多有意义大事的信心不变。中德合作不是单行道,始终是互利双赢的。当下,最重要的就是把握好两国关系发展的大方向,增进政治互信,扩大共识,尊重彼此核心利益,减少误解和摩擦。双方在保持传统合作的同时,要打造如环保、人工智能、新能源、数字经济、绿色经济等面向未来的领域合作新亮点、新平台,不断做大双方合作的蛋糕。

维护和发展中德友好合作关系,不仅有利于两国和两国人民,也有助于为动荡的世界注入更多和平、稳定和发展的正能量。

der 50. Jahrestag der Aufnahme diplomatischer Beziehungen	建交50周年
zurückblicken, nach vorne schauen und auf dem in der Vergangenheit Erreichten aufbauen	回顾过去、展望未来、继往开来
Videogespräch	视频会晤
ein hohes Niveau aufrechterhalten	保持高水平运行
die kontinuierliche Vertiefung der praktischen Zusammenarbeit	持续深化务实合作
ursprüngliche Absicht	初衷
den Konsens erweitern	扩大共识
neue Highlights und Plattformen für ... schaffen	打造新亮点、新平台
die Gewinne steigern	做大蛋糕
beiden Ländern und Menschen zugutekommen	有利于两国和两国人民
positive Energie für den Frieden, die Stabilität und die Entwicklung in dieser turbulenten Welt erzeugen	为动荡的世界注入更多和平、稳定和发展的正能量

附录二　理论思考题参考答案

一、 导论

1. (1)译介学理论学习是培养各类翻译实践和翻译研究人才的需要。(2)译者有必要对翻译领域近几十年产生的理论发展有所了解,从而深化自己对翻译行为的认识。(3)翻译领域涉及的文化传播现象及其理论可以为我们呈现中外文化交流图景,帮助我们了解各时代文化交流中凸显的重大社会问题。(4)有助于我们用理论指导翻译实践,提升我们的中国话语对外传译能力,讲好中国故事,促进中国文化走向世界。

2. (略)

二、 理论部分

2.1　中国理论

1. 首先,在东汉至北宋的一千多年里,佛经翻译不仅为中国留下了许多宝贵的佛教典籍,也产生了多位专注于从事翻译工作的僧侣翻译家,如支谦、道安、鸠摩罗什和玄奘。到明代末年,中国的翻译重点发生转移,明末清初(即 17 世纪至 18 世纪中叶万历至乾隆时期)兴起了第二次翻译高潮,这与欧洲传教士来华传教有密切关联,本阶段译论的主要代表人物有徐光启、李之藻、魏象乾。

清朝末年,鸦片战争之后,中国内外交困,为了救国图强,一部分先进知识分子(包括洋务派、维新派)开始向西方寻求真理,他们积极翻译、引进和传播西方自然科学、社会科学和哲学等方面的知识,促进了翻译的发展,在我国近代史上掀起了清末民初西学翻译的高潮。五四运动促进了现代新文学运动的开展，一大批文人试图通过翻译西方社会科学和文学书籍来传播民主思想，推动中国翻译的迅速发展。这一时期的翻译家们就翻译的动机、翻译材料的选择标准、翻译的程序、翻译的可能性、文学翻译方法、重译、对直译和歪译的看法等做了深入探讨。译论代表人物主要包括胡适、林语堂、鲁迅。

中华人民共和国成立以来，翻译事业得到空前发展，出现百家争鸣、百花齐放的局面，傅雷、钱钟书、茅盾、郭沫若、朱光潜、许渊冲等都是这个阶段的代表人物。21世纪以来，随着中国的崛起和国际地位的提升，向世界传播中国文化，发出中国声音，使中国智慧和中国方案更好地为全世界和人类命运共同体的和谐发展作出贡献，已成为我们的神圣使命，翻译实践与理论研究因此更多聚焦中华优秀传统文化和新时代中国话语的外译，有很多学者专门从事着翻译研究和翻译理论研究，代表人物有谢天振、刘宓庆、许钧、方梦之、黄有义、穆雷等。

2. 中国译论伴随着翻译对象的改变而同步发展，也有围绕翻译活动核心本质的探讨，不同时期呈现不同的译论视角（可根据不同的译论阐述其现实意义）。体现了汉语言文化专属的翻译思想。

2.2 西方译论

1.（略）

2. 严复："信"指译文要忠实于原文，应如实恰当地把原文翻译出来。"达"指译文要通顺畅达，符合译入语的语法及用语习惯，字句通顺，没有语病。"雅"指用"汉以前字法句法"做到文风上"文雅"的翻译。

泰特勒：第一，翻译应将原文思想内容完整再现出来；第二，译文的风格和笔调应与原文的性质相同；第三，译文应做到和原作同样流畅。类似于严复的"信、雅、达"。

歌德：翻译分为文化传播式翻译、改编式或模仿式翻译及逐行对照式翻译。文化传播式翻译旨在帮助读者了解原作内容和外来文化，并不十分关注形式；改编式翻译更近似于创作；逐行对照式翻译逐句直译，又非一一对应的死译，而是兼顾了形式与内容。

3.（本题可以从译论起源、不同时期不同的翻译对象、当代译论的发展等角度加以思考。）

2.3 译者主体性

1. 传统译论认为翻译等同于对原作信息的传递，译者在翻译中自然而然应该隐身。传统翻译研究多局限于两种语言文字的转换层面，关注如何才能更好更忠实地传递原文信息。而译介学和现代译论则是跳出了传统翻译研究仅仅关注语言文字转换的“框框”，从一个广阔的跨文化交际层面上审视翻译，考察翻译作为一种跨文化交际行为所受到的文本以外的、与译出语境和译入语境相关的各种制约因素，以及译本在译入语环境中的接受、传播和影响等问题，因而重视译者的主体性。

2. 译者主体性在翻译活动的各个阶段、各个方面都有体现，在文本类型分析、翻译策略选择、文化因素等翻译难点处理方面较为明显。

2.4 等值理论

1. “等值”这一术语最初来自数学和形式逻辑，指的是等式中元素的“可逆明确分配”，即另一种形式的恒等式。从信息传递角度来看，翻译过程中改变的只是形式，而非内容，也就是“等值”。因而奈达关于“等值”的界定是“Der Übersetzer muss sich um Gleichwertigkeit und nicht um Gleichheit bemühen.”，即译者应当注重等值(Gleichwertigkeit)而不是完全的相等(Gleichheit)。

2. 奈达区分了形式对等和动态对等。形式对等即关注信息本身的内容和形式，源语和目的语文本里不同成分、不同元素都要尽可能匹配；动态对等强调信息对等，而不是形式对应，译者追求源语读者对原文的反应与目的语读者对译文的反应尽可能一致。

科勒提出五个具体的等值范畴或层面，包括本义等值(denotative Äquivalenz)、隐含义等值(konnotative Äquivalenz)、文本规范等值(textnormative Äquivalenz)、语用等值(pragmatische Äquivalenz)，以及形式-审美等值(formal-ästhetische Äquivalenz)。翻译实践中可以根据文本特点选择不同的等值内涵和相应的翻译策略加以侧重落实。

2.5 文本类型理论

译者可以根据不同的文本类型决定相应的翻译策略和方法。信息型文本翻译时应以简朴明了的语言传递与原文相同的概念与信息；表情型文本的翻译应采用仿效法，以使译文忠实于原作者或原文；操作型文本可用编译或适应性的翻译方法，以达到感染读者的目的。

2.6 功能翻译理论

1. 翻译目的论以行为理论为指导，把翻译置于人类行为理论的范畴进行研究。

目的论提出，翻译是有明确的目的和意图的，是译者以原文文本为基础的跨文化交际活动。目的原则指翻译应能在译入语情境和文化中，按译入语受众期待的方式发生作用，决定翻译过程的根本原则是整个翻译活动的目的(Skopos)。

诺德把忠诚原则引入功能翻译理论，希望解决翻译中的激进功能主义问题。因此，她的功能主义方法论建立在两大基石之上：功能加忠诚。功能指译文在译语环境中按预定的方式运作的因素，忠诚是译者、原文作者、译文接受者及翻译发起者之间的人际关系。忠诚原则限制了某一原文的译文功能范围，增加了译者与客户之间对翻译任务的协商。忠诚使译者双向地忠诚于原文与译文两方面，但不能把它与忠实混为一谈，因为忠实仅指原文与译文的关系，而忠诚是人际范畴的概念，指的是人与人之间的社会关系。

2. 诺德认为，交际功能是文本性的决定性标准，文本的语义特征和句法特征都从属于这一标准。使用源语文本时的交际情景因素对文本分析具有决定性的影响，因为这些因素决定了文本的交际功能。诺德将这些因素称为“文外因素”。文外因素分析可以通过询问文本作者或者发送者(谁?)、发送者意图(为了什么目的?)、文本的读者对象(向谁?)、文本的交际媒介或者渠道(通过什么媒介?)、文本生成和接受的时间(在何时?)和地点(在哪里?)以及交际动机(为什么?)来进行分析。这些文外因素的信息总和可以提供最后一个问题的答案，即文本能够实现的功能(具有什么功能?)

诺德站在文本发送者的角度，确定生成文本时应该要考虑到哪些文内因素，包括询问文本的主题(关于什么题材?)、文本所表达的内容或者信息(说了什么?)、作者提出的知识前提(没说出什么?)、文本的构成或者结构(采用什么顺序?)、文本的非语言或者辅助语言成分(使用哪些非语言手段?)、文本的词汇特点(用哪些词汇?)和句法结构(用什么类型的句子?)、语调和韵律的超语段特征(用什么语气?)。

在上述文本分析的基础上，译者可以对翻译处理做出恰当的选择。

2.7 文化翻译

1. 很多学者对文化翻译的方法进行了研究和总结。比如科勒(Koller, 2004)针对“零对应”现象提出五种翻译方法：(1)直接运用原文表达(Übernahme des AS-Ausdrucks in die ZS)；(2)借译(Lehnübersetzung)；(3)近义替代(Wahl der am nächsten liegenden Entsprechungen)；(4)解释法(Explikation/ definitorische Umschreibung)；(5)改写法(Adaptation)。

艾克西拉(1996)提出了针对文化专有项的11种翻译方法：(1)重复(即照搬原文

表达);(2)转换拼写法(即转换字母体系或音译);(3)语言翻译(即逐字译或按字面意思直译);(4)文外解释;(5)文内解释;(6)使用同义词(用不同方式翻译同一文化专有项,避免重复);(7)有限普适化(用译文读者较熟悉的另一源语文化专有项);(8)绝对普适化(即用普通词汇翻译文化专有项);(9)自然化(即用目的语文化概念替代源语文化专有项);(10)删除(即对源语文化作删除处理);(11)自创(即自创一个源语文化专有项或目的语文化专有项)。

王颖频/滕硕较为详细地归纳了中国文化特色词汇的十种德译方法,包括(1)音译;(2)直译;(3)近义替代;(4)缩减式概括性翻译;(5)扩充式解释性翻译;(6)音译+直译;(7)音译/直译+文外补充式解释;(8)音译/直译+文内嵌入式解释;(9)音译/直译+文内嵌入式解释+文外补充式解释;(10)近义替代+文外补充式解释。

2. (本题可以从比较外宣翻译和文化传译的目的和特点入手进行分析。)

2.8 传播学视角下的典籍外译

1. 在中华典籍外译方面,西方译者始终占据主导地位,且大都采取归化翻译策略,这主要可能有两方面原因:一是他们大多具有宗教背景,西方宗教观已渗透进他们的思想,故而反映在译文中;二是其翻译目的主要是向自己的国人介绍中国文化,本国民众能否接受较为陌生的中国文化是他们需要考虑的首要问题,因此他们在译文中加入西方民众熟知的内容,便于理解。西方译者在采用归化翻译时重点是建立中国典籍与西方宗教、文化之间的联系,并挖掘可能的相通之处,以便获得西方读者的接受。但可以想象,在此过程中难免出现断章取义、牵强附会的情况。这种单方面的比附并不能传达我国典籍真正的内涵。而当代的《大中华文库》等中国主动的文化外译项目在海外传播效果上还有很大的提升空间。

2. (本题可以从译介主体、译介内容、传播渠道、读者受众等方面进行阐述。)

2.9 译本分析

1. 一是希望同学们通过译本分析,能运用所学理论对现有译本进行基于理论的合理分析,从而进一步领会理论;二是使同学们有机会学习所分析译本中的佳译和闪光之处,学习相关译者比较好的翻译处理方法;三是对译本中可能存在的问题进行基于理论的探讨和反思,对译文提出有理有据的建设性修改建议;四是通过这样的过程对译者行为与翻译各要素(包括源语和目的语的语言结构和语境因素,前者指源语和目的语的语言特点,及文本的语言、语篇等特点;后者指源语和目的语的文化语境、翻译目的、委托方意图、原文作者意图、译文读者接受、文本主题和专业语境、传播媒介等）进行较全面的考量，进而提升自己的分析与反思能力；五是在今后的翻译实践中能用所学理论进行指导，并借助理论进行合理反思，进而发挥主观能动性，积极分析问题、解决问题，对原文的理解、翻译策略和方法及译文的表达做出合理的翻译决策，从而有效提升自己的翻译实践能力。

2. 译本分析的视角有很多，比如翻译学视角、语言学视角等。翻译学理论包括等值理论、功能翻译理论、翻译策略、翻译问题、文化因素翻译、译者主体性等；功能翻译理论又分文本类型理论、目的论、功能加忠诚理论；翻译策略有归化/异化翻译、文献型/工具型翻译的区分；翻译问题包括语言对翻译问题、文化对翻译问题、原文本特点导致的翻译问题、语用翻译问题；还可以聚焦文化因素的翻译或译者主体性的具体体现等。我们要特别关注所分析文本的文本类型和文本特点，通过梳理文本特点，我们可以发现很多有趣的切入点。

我们也可以从语言学角度对译本进行分析，比如将顺应理论、关联理论等语言学理论运用到译本分析中，或者选择一个语言现象进行译本分析，此类现象包括语义连贯、语用预设、隐喻、语典、修辞、人名、标题、元话语等。

附录三　第三章拓展作业参考译文

拓展作业 1

亲爱的公民们，

今天是今年最后一天。过去的一年发生了一些变化，其中一个小变化是：今晚，由我作为联邦总理向各位发表新年致辞。新旧政府过渡平稳，气氛友好，世界各地对此赞誉有加。这正是我国社会体系优势之表现。2021 年对我们所有人来说都是充满挑战的一年。新冠及其带来的麻烦与各方面的限制对我们所有人来说都是刻骨铭心的经历。也没有人会那么快忘记北莱茵-威斯特法伦州、巴伐利亚州和莱茵兰-普法尔茨州所发生的破坏性洪灾。尽管新冠疫情和洪灾都很严重，但我们的应对反应也体现出一个令人无比欣慰的信号，那就是我们德国整个社会都坚定地接受了挑战。洪水过后，我们同舟共济，一同参与救助、清理现场并着手重建。后面很长一段时间，我们还将持续这些工作。

现在有些人抱怨我们的社会是“分裂的”。在此我要明确地说，事实恰恰相反！我们的国家团结一心。我在各地都能感受到巨大的团结力量、助人为乐精神，以及齐心协力、团结一致的新形态。今天，我要衷心感谢那些每天为大众谋福祉的人们，他们在国内外，在医院、护理机构、诊所或疫苗接种中心、警察局或联邦国防军部，为我们的健康和安全辛勤工作着。

拓展作业 2

上海歌德锦创中心招聘(兼职)德语师资

歌德锦创中心由歌德学院与上海静安文化技术学院合作办学。我们在上海开设语言培训班，承办歌德学院语言考试。锦创中心同时也是区域性德语师资培训机构。

应聘要求：

- 毕业于高校“对外德语”专业或完成歌德学院“德语教学法”远程课程学习；
- 具备对外德语课堂教学经验，并尽可能覆盖不同的水平层级；
- 若没有歌德学院授课经验，愿意接受歌德学院教学法培训；
- 良好的德语水平（至少达到欧标C1）；
- 团队协作能力。

工作条件和待遇：

- 舒适的工作环境；
- 良好的薪资待遇；
- 可免费参加锦创中心的教师培训；
- 有机会申请奖学金，赴德参加歌德学院的研讨课程。

拓展作业 3

这些游记所描写的，是中国对我们来说还无比遥远、陌生的那个时代。一个来自瑞士巴塞尔的年轻丝绸商人阿道夫·克莱尔，于上世纪中叶来到中国经商。在华十年间，他一边为一家英国公司工作，一边感受异域文化带来的冲击，这些游记即是他回忆的产物。受到个人求知欲和冒险精神的驱使，克莱尔的足迹遍布中国大江南北的许多省份。他用敏锐的观察力和自嘲精神创作了这些游记，里面生动形象地描绘了对中国这个神奇国度的惊叹之情。让人感到惊讶的是，克莱尔在中国游历时，并没有戴着以往外国人看待中国时的有色眼镜，而是以一种开明的心境观察着身边的人和事。虽然他也不吝惜发表自己的批评，有时也不乏尖锐的用词，但他的批评不仅针对当地人，也针对欧洲人。在他主观性的批评中，丝毫不见殖民者自负狂妄的影子。

克莱尔属于这样一类商人，他们不仅是商人，同时也是喜欢远足的人，其兴趣远远超越纯粹的商业利益追求，而更在于对陌生环境和文化的感知与理解上。他们继承了马可·波罗的衣钵，在中西文化交流上扮演着阐释者和中间人的角色。在他们自己的国家，有关中国的传说交织成了各种各样执拗的偏见。而这些商人却有意或无意地放下那些偏见，他们所搭起的这座沟通东西方文化的桥梁，是世界历史上早期文化交流的壮举。在他们之后很久，来往东西方的旅游热潮才慢慢兴起。

拓展作业 4

机器翻译问世以来，尤其是近年来由于技术的发展，运用机器翻译的可能性大大增加了。翻译机器不仅用于资源丰富的国际和多语言政治组织(如欧盟委员会、联合国)和商业机构(如 Caterpillar、Ebay),在标准化的专业交流中,翻译机器的使用也不局限于专业译员。

当下,翻译机器不仅被译员用作提高生产率和效率或降低成本、减少时间的"电子工具",翻译机器还特别被非翻译人士用作专业译员,每一个拥有"智能手机"的人都可以随时随地使用"应用程序"作为翻译机器。

例如,"社交媒体"(如 Facebook、Twitter、YouTube 等)的用户只需按一下按钮,就可以将文章帖子译入他们并不理解的语言。一般来说,免费提供的翻译引擎,如 DeepL 或谷歌翻译,可以帮助人们在任何情况下以各种形式获取所有可能的信息,如检索的外文报刊文章、购物时的产品说明、假期里的菜单、住院患者的病史、维也纳驾驶学校的练习材料以及救援行动中被埋人员的位置。

原则上,翻译机器的使用不受任何内在限制。这意味着目前无法翻译的情况越来越少,按照这种趋势,沃伦·韦弗解决世界范围翻译问题的梦想似乎正付诸现实,对翻译的需求已不那么紧迫,也就是说,已经能够长期满足全球的翻译需求。

参考文献

鲍晓英,2013.中国文化"走出去"之译介模式探索——中国外文局副局长兼总编辑黄友义访谈录[J].中国翻译,5.

鲍晓英,2014."中学西传"之译介模式研究——以寒山诗在美国的成功译介为例[J].外国语,1.

曹雪芹,高鹗,1982.红楼梦[M].北京:人民文学出版社.

陈小慰,2006.新编实用翻译教程[M].北京:经济科学出版社.

高利希,2015.我的三十年——怎样从事中国当代小说的德译[J].外语教学理论与实践,1.

贺学耘,陈水平,石红梅,等,2010.翻译理论综合案例教学 中西方译学理论选介[M].北京:中国人民大学出版社.

何自然,李捷,2012.翻译还是重命名——语用翻译中的主体性[J].中国翻译,1.

胡安江,胡晨飞,2012.再论中国文学"走出去"之译者模式及翻译策略——以寒山诗在英语世界的传播为例[J].外语教学理论与实践,4.

胡开宝,2021.对话与多元——试析许钧翻译文化观点的特征、内涵与意义[J].中国翻译,6.

金鑫,2019.穆雷翻译研究综述[J].开封教育学院学报,6.

孔德明,姜锋,綦甲福,2022.理解当代中国汉德翻译教程[M].北京:外语教学与研究出版社.

拉斯韦尔,2017.社会传播的结构与功能[M].何道宽译.北京:中国传媒大学出版社.

蓝红军,2020.应用翻译理论体系建构的方法论原则——方梦之译学思想的启示[J].上海翻译,6.

老舍,2017.茶馆(叶浅予插图本)[M].北京:人民文学出版社.

刘军平,覃江华,2012.西方翻译理论名著选读[M].武昌:武汉大学出版社.

马克思,恩格斯,1995. 共产党宣言[A]. 编译局新版//马克思恩格斯选集[C]. 北京:北京人民出版社.

马克思,恩格斯,2020. 共产党宣言[A]. 吴建广译本(德汉对照),根据 1848 年伦敦初版和 1977 年柏林全集版(MEW. Bd. 4)德文原著译出,载《德意志研究》[C]. 张建伟主编. 武汉:崇文书局:214-256.

莫言,2009. 蛙[M]. 上海:上海文艺出版社.

潘文国,2017. 从"格义"到"正名"——翻译传播中华文化的必要一环[J]. 华东师范大学学报,5.

钱钟书,2008. 围城[M]. 北京:人民文学出版社.

秦慈枫,陶李春,2022. 做优时政话语翻译,全力讲好中国故事——黄友义先生访谈录[J]. 外语教学理论与实践,4.

孙瑜,2014.《浮士德》汉译者主体性及主体间性研究[M]. 上海:上海译文出版社.

谭益兰,2020. 浅谈英汉定语差异与英语定语从句的翻译[J]. 西藏科技,9.

谭渊,2011.《老子》译介与老子形象在德国的变迁[J]. 德国研究,2.

谭载喜,2006. 西方翻译简史[M]. 北京:商务印书馆(1991 年第 1 版).

田璐,赵军峰,2018.《新世纪的功能翻译理论》——克里斯蒂安·诺德教授访谈录[J]. 中国翻译,4.

王宏印,2009. 中国文化典籍英译[M]. 北京:外语教学与研究出版社.

王静,2012. 以《围城》德译本为例浅析文字游戏的翻译[J]. 中国翻译,6.

王颖频,滕硕,2013. 顺应论视角下网络双语展示中文化特色词汇的翻译研究——以"中德文化网"为例[J]. 苏州大学学报(哲社版),6.

王颖频,2018. 语用顺应论视角下的德汉翻译研究和 MTI 翻译教学[M]. 上海:上海译文出版社.

谢天振,2014. 隐身与现身:从传统译论到现代译论[M]. 北京:北京大学出版社.

谢天振,2012. 新时代语境期待中国翻译研究的新突破[J]. 中国翻译,1.

许多,许钧,2015. 中华文化典籍的对外译介与传播[J]. 外语教学理论与实践,3.

许钧,2012. 翻译研究之用及其可能的出路[J]. 中国翻译,1.

许钧,穆雷,2009. 中国翻译研究(1949—2009)[M]. 上海:上海外语教育出版社.

许一飞,2020."走出去"背景下中国传统文化经典西译出版的回顾与思考[J]. 编辑学刊,1.

杨枫,2021. 知识翻译学宣言[J]. 当代外语研究,5.

杨绛,2016. 我们仨(汉德双语)[M]. 译者:Monika Motsch. 北京:外语教学与研究出版社.

杨明星,赵玉倩,2020."政治等效+"框架下中国特色外交隐喻翻译策略研究[J].中国翻译,1.

杨平,2006.文化因素与翻译策略[J].北京第二外国语学院学报,4.

杨平,2013."一位汉化的德国翻译家"——卫礼贤的《易经》翻译和研究评述[J].浙江外国语学院学报,1.

于丹,2007.论语心得[M].北京:中华书局.

张柏然,刘华文,张思洁,2008.中国译学:传承于创新[M].上海:上海外语教育出版社.

张举栋,2019.刘宓庆的翻译语言哲学之路:历程与展望[A].谭渊主编,外语教育[C]:211-220.武汉:华中科技大学出版社.

张美芳,2009a.文本类型理论及其对翻译研究的启示[J].中国翻译,5.

张美芳,2009b.翻译研究的功能途径[M].上海:上海外语教育出版社.

张美芳,2013.文本类型、翻译目的及翻译策略[J].上海翻译,4.

张南峰,2004.艾克西拉的文化专有项翻译策略评介[J].中国翻译,1.

张瑞,2007.同舟共济——德国联邦总统霍斯特·克勒 2007 年 5 月 26 日出席同济大学百年校庆的演讲[J].德国研究,3:4-8.

赵晓阳,2003.传教士与中国国学的翻译——以《四书》《五经》为中心[A].恒道第 2 辑[C].吉林:吉林文史出版社.

朱锦,2016.德语语言学导论[M].北京:外语教学与研究出版社.

朱玲,2019.中国典籍翻译的现状与发展策略[Z].中国社会科学网,2019 年 6 月 24 日.

朱义华,2021.外宣翻译研究体系建构探索[M].上海:上海交通大学出版社.

朱小雪,高立希,等,2010.翻译理论与实践——功能翻译学的口笔译教学论[M].北京:北京大学出版社.

AIXELÁ J F, 1996. Cultur-specific Items in Translation [C]. ÁVAREZ R, VIDAL M C. Translation, Power, Subversion. Clevedon u. a.: Multilingual Matters.

CAO X Q, GAO E, 2006. Sinica. Bd. 14: Der Traum der Roten Kammer oder Die Geschichte vom Stein[M]. Übers. SCHWARZ R, WOESLER M. Hrsg. und mit einem Vorw. von WOESLER M, mit einem Nachw. von WALRAVENS H, TSAU H. 1. Auflage. Bochum: Europäischer Universitätsverlg.

HOUSE J, 2009. Interkultureller Diskurs und Übersetzung. In: ALBL-MIKASA M et al (Hg.): *Dimensionen der Zweitsprachenforschung*. Tübingen: Narr, 195-206.

KAUTZ U, 2002. Handbuch Didaktik des Übersetzens und Dolmetschens[M]. München: udicium.

KOLLER W, 2004. Einführung in die Übersetzungswissenschaft [M]. 7. Aktualisierte Auflage. Wiebelsheim: Quelle & Meyer Verlag.

KRAYER A, 1995. Als der Osten noch fern war. Basel: Schweizerische Gesellschaft für Volkskunde.

Lao She (SHU Q C), 1980. Das Teehaus[M]. tr. KLÖPSCH V, LIU J, PAI Y. Reinbek bei Hamburg: Rowohlt Taschenbuch Verlag GmbH.

Lao She (SHU Q C), 1980. Das Teehaus: Mit Aufführungsfotos und Materialien [M]. tr. KRÄUTER U, HUO Y. Frankfurt am Main: Suhrkamp.

LINKE A, NUSSBAUMER M, PORTMANN P R, 2004. Studienbuch Linguistik. 5. erweiterte Auflage. Tübingen: Niemeyer.

Lu Xun, 2002. Morgenblüte abends gepflückt.(朝花夕拾(汉德对照)[M]).北京:外文出版社.

MO Y, 2013. Frösche[M]. tr. HASSE M. München: Carl Hanser Verlag.

NORD C, 2009. Textanalyse und Übersetzen. Theoretische Grundlagen, Methode und didaktische Anwendung einer übersetzungsrelevanten Textanalyse[M]. 4. überarbeitete Auflage. Tübingen: Narr Verlag.

NORD C, 2011. Funktionsgerechtigkeit und Loyalität. Theorie, Methode und Didaktik des funktionalen Übersetzens[M]. Berlin: Frank & Timme Verlag für wissenschaftliche Literatur.

QIAN Z S, 1988. Die umzingelte Festung[M]. tr. MOTSCH M, SHIH J. Frankfurt a.M.: Insel.

REISS K, 1971. Möglichkeiten und Grenzen der Übersetzungskritik: Kategorien und Kriterien für eine sachgerechte Beurteilung von Übersetzungen [M]. München: Max Hueber.

REISS K, 1976. Texttyp und Übersetzungsmethode. Der operative Text[M]. Heidelberg: Groos.

REISS K, VERMEER H J, 1984. Grundlegung einer allgemeinen Translationstheorie

[M]. Tübingen: Max Niemeyer Verlag.

ROZMYSŁOWICZ, T, 2022. Translation und Translationstheorie im Wandel: Über Menschen und Maschinen im Objektbereich der Translationswissenschaft. In: HEBENSTREIT G, HOFENEDER P (Hg.) Translation im Wandel: Gesellschaftliche, konzeptuelle und didaktische Perspektiven. Berlin: Frank & Timme, 2022: 43-67.

STOLZE R, 2011. Übersetzungstheorien. Eine Einführung [M], 6. Auflage. Tübingen: Narr Verlag.

VERMEER H J, 1978. Ein Rahmen für eine allgemeine Translationstheorie [J]. Lebende Sprachen, 3.

WANG Z F, 2019. Über die Übersetzung der chinesischen Kleidung in *Hongloumeng* aus der Perspektive der Funktionalen Translation—Anhand Beispiel der deutschen Übersetzung von Schwarz[功能翻译视角下的《红楼梦》服装德译研究——以 Schwarz 译本为例]. 同济大学德语系硕士论文.

WANG Y P, LI S S, 2015. Kontrastive pragmatische Untersuchung zu chinesischen und deutschen Verbotsschildern. [德汉禁止类公示语语用对比研究][A] //钱敏汝，魏育青，2015. 跨语言 跨文化 跨学科——日耳曼学的边界扩展. 北京：外语教学与研究出版社.

YU D, 2009. Konfuzius im Herzen[M]. tr. FIEDERLING J. München: Droemer Verlag.